KEVIN HAWKINS & AMY BURKE

Die Achtsamkeits-Toolbox

Kevin Hawkins &
Amy Burke

Die Achtsamkeits-Toolbox

Gewahrsein-basiertes Wohlbefinden in der Schule

Für alle Altersstufen von 4 - 18 Jahren

Aus dem Englischen übersetzt von Christine Bendner

arbor
Arbor Verlag
Freiburg im Breisgau

Dieses Buch ist allen Lehrern und Lehrerinnen in aller Welt gewidmet.
Ihr macht die Welt zu einem besseren Ort.

Die Originalausgabe erschien 2021 unter dem Titel: *The Mindful Teacher's Toolkit. Awareness-based Wellbeing in Schools. Activities for 4-18 year olds* bei CORWIN – SAGE Publications Ltd., London.

Deutsche Erstausgabe
1. Auflage 2023

Umschlaggestaltung und Satz: mediengenossen.de
Druck und Bindung: Memminger MedienCentrum Druckerei und Verlags-AG

Dieses Buch wurde auf 100 % Altpapier gedruckt und ist alterungsbeständig.
Weitere Informationen über unser Umweltengagement finden Sie unter
www.arbor-verlag.de/umwelt

www.arbor-verlag.de

ISBN 978-3-86781-354-9

INHALT

VORWORT

»Ich bin sehr interessiert, aber wo fange ich an?« und »Wie fange ich an?« Das sind Fragen, die ich von vielen Lehrkräften höre, wenn es darum geht, achtsames Gewahrsein und die soziale und emotionale Kompetenz ihrer Schüler*innen zu fördern. Kevin Hawkins und Amy Burke, Pädagogen mit Vision, haben eine bedarfsgerechte »Toolbox« entwickelt, praktische Unterstützung und Übungen, die Lehrer*innen von der Vorschule bis zur 12. Klasse direkt anwenden können. Viele Lehrkräfte sind etwas verwirrt, wenn es um die Ähnlichkeiten und Unterschiede zwischen achtsamkeitsbasierten Praktiken und sozialem und emotionalem Lernen geht. Sollte ich den Schwerpunkt auf Gewahrsein legen? Sollte ich mich auf sozial-emotionales Lernen (SEL) konzentrieren? Mit ihrer langjährigen Erfahrung sowohl im Unterrichten als auch in der Weiterbildung von Lehrkräften ist es Kevin Hawkins und Amy Burke gelungen, Achtsamkeit und sozial-emotionales Lernen zu verbinden. Diese Integration ist der Schlüssel, denn die Entwicklung eines achtsamen Gewahrseins fördert und steigert ganz wesentlich unsere Fähigkeit, mit uns selbst und anderen fürsorglich umzugehen sowie motiviert und freudvoll zu lernen.

Eine große Stärke dieses Buches ist sein sorgfältig konzipierter entwicklungsorientierter Ansatz. Er beginnt mit einfachen Übungen für kleine Kinder, die ihnen helfen zur Ruhe zu kommen und aufmerksam zu sein, und reicht bis hin zu den entwicklungsgerechten Bedürfnissen von Teenagern, einschließlich Übungen, die Angstzustände verringern sowie die Jugendlichen bei ihrer Sinnsuche unterstützen. Die Kernkompetenzen des achtsamen Gewahrseins und der Aufmerksamkeit sind in jeder Entwicklungsphase (auch für Erwachsene!) wichtig, weshalb es von entscheidender Bedeutung ist, diese Fähigkeiten in jedem Alter geschickt zu fördern.

Natürlich hängt die wirkungsvolle Anwendung der verschiedenen, in diesem Buch vorgestellten Übungen davon ab, inwieweit die jeweilige Lehrkraft diese Werte, Haltungen und Verhaltensweisen selbst entwickelt hat und verkörpert. Hier und in Kevin Hawkins vorherigem Buch (Achtsame Lehrer – achtsame Schule) gibt es klare Anleitungen für Pädagog*innen, um ihre persönliche Achtsamkeitspraxis zu entwickeln sowie Ideen, wie sie diese Qualitäten in ihrem Unterricht verkörpern und integrieren können. Sinnvollerweise schließt das Buch mit einem wertvollen Kapitel darüber ab, wie die Transformation des gesamten Schulsystems unterstützt werden kann, bei der achtsames Gewahrsein von zentraler Bedeutung ist, um allen Lernenden – Erwachsenen und Kindern – »wahre Bildung« zu bieten. Beim Lesen dieses Buches empfand ich Freude und Vorfreude: darauf, dass Lehrkräfte neue Wege finden, Gewahrsein zu kultivieren, in ihren Schülerinnen und Schülern und sich selbst, und darauf, eine fürsorglichere und mitfühlendere Welt für alle zu schaffen. Willkommen und viel Spaß!

Mark Greenberg PhD
Emeritierter Professor, Human Development and Family Studies
Penn State University
Vorstandsvorsitzender von CREATE for Education

Wie man dieses Buch benutzt

Unser Buch bietet eine strukturierte Auswahl an Aktivitäten und Übungen, mit denen man Schülern und Schülerinnen aller Schulformen auf altersgerechte Weise ein Training in achtsamem Gewahrsein nahebringen kann. Die Übungen enthalten Anmerkungen zur Umsetzung und es gibt Tipps zu den typischen Fragen, die auftauchen können. Lehrer*innen werden ermutigt und beraten, wie sie ihre eigene Praxis des achtsamen Gewahrseins lebendig halten und während der Arbeit mit ihren Schülern und Schülerinnen verbunden sein können. Wir haben das Buch so strukturiert, dass Sie sich gezielt mit den Themen und Kapiteln beschäftigen können, die Sie am meisten interessieren. Wir empfehlen Ihnen dennoch, zuerst die Einführung zu lesen, um die besten Voraussetzungen für diese Arbeit und eine gemeinsame Basis des Verstehens zu schaffen. Wenn Sie danach direkt in die Aktivitäten und Übungen einsteigen möchten, die für die von Ihnen unterrichtete Altersgruppe am besten geeignet sind, finden Sie diese in Teil 1.

Auswählen und Mischen: Teil 1

Wir haben diese Auswahl in vier verschiedene Altersgruppen unterteilt:

Vorschule: 3–6 Jahre
Grundschule: 7–10 Jahre
Mittelstufe: 11–13 Jahre
Oberstufe: 14–18 Jahre

Diese Einteilung ist einerseits real, andererseits etwas willkürlich. Es ist natürlich sinnvoll, die Herangehensweisen und Inhalte entsprechend des Entwicklungsstands der Kinder zu variieren. Aber diese Alterskategorien überschneiden sich auch. Schüler gleichen Alters können sich in Entwicklungsstand und Engagement stark unterscheiden, und wir alle haben die Erfahrung gemacht, dass manche Klassen derselben Altersstufe viel »jünger« erscheinen als andere. Einige 13-Jährige sind möglicherweise sehr daran interessiert etwas über die wissenschaftlichen Aspekte zu hören, während manche 17-Jährige einen theoretischen Ansatz schätzen, wie wir ihn bei Erwachsenen verwenden würden. Fast alle Aktivitäten können angepasst werden, was Sprache, Tonfall und Inhalt betrifft. Wir empfehlen also, die relevante Altersgruppe zu betrachten und die Übungen dann so anzupassen, dass sie zu Ihren Schülerinnen und Schülern passen. *Schauen Sie sich auch die Aktivitäten an, die oberhalb oder unterhalb Ihrer Altersgruppe aufgeführt sind, denn auch dort können Sie Übungen und Ansätze finden, die an Ihre Lernenden angepasst werden können.*

Wie Erfahrungswerte und Forschung zeigen, lernen und verinnerlichen Schüler und Schülerinnen Aktivitäten am besten, wenn sie in einer Mischung aus Routine und Abwechslung präsentiert werden, Sie müssen also nicht das Gefühl haben, immer wieder etwas »Neues« bringen zu müssen. Vertrautheit und Vertiefung durch Beständigkeit haben auch eine Menge für sich.

Auswählen und mischen: Teil 2

In Teil 2 geht es weniger um die Altersgruppe als um Rollen und Spezialisierung. Wir möchten Sie hier zum Forschen und Experimentieren ermutigen. In diesen Kapiteln überschneiden sich so viele Bereiche, dass sie wahrscheinlich für alle interessant sind, die Achtsamkeit unterrichten.

Zum Beispiel:

- Ob Sie eine Grundschulklasse oder in der Oberstufe Sozialkunde unterrichten, es wird Sie vermutlich auch interessieren, wie Ihre Schüler und Schülerinnen achtsames Gewahrsein im Sport und in anderen Leistungssituationen nutzen können.
- Und eine Sportlehrerin, die daran interessiert ist, achtsames Gewahrsein in den Sportunterricht zu integrieren, wird profitieren, wenn sie herausfindet, wie man Schülerinnen und Schüler mit dem Achtsamkeitstraining vertraut macht und welche Möglichkeiten es gibt, diese Skills in anderen Fächern anzuwenden.
- Alle Lehrer*innen haben neurodivergente Schülerinnen und Schüler mit Förderbedarf in ihren Klassen. Deshalb lohnt es sich für jede Lehrkraft, den Abschnitt »Schüler und Schülerinnen mit besonderem Förderbedarf« anzuschauen.
- Achtsames Führen beschränkt sich nicht auf diejenigen mit Titeln und in verantwortungsvollen Führungspositionen – wir alle übernehmen in unterschiedlichen Kontexten Führungsrollen. Deshalb können wir alle davon profitieren, wenn wir erfahren, wie wir unsere Energie aufrechterhalten können, während wir einerseits Selbstfürsorge verkörpern und andererseits zum Wohlbefinden im gesamten Schulbetrieb beitragen.

Was wir hier meinen, geht etwas über das Thema »Wie man dieses Buch am besten nutzt« hinaus. Wir befürworten alters- und fächerübergreifende Ansätze zur Förderung des Wohlbefindens unserer Schüler und Schülerinnen – Ansätze, die Brücken zwischen Lehrkräften aus unterschiedlichen

Fachbereichen und Altersgruppen bauen. So können Angebote entstehen, die sich wohltuend auf das gesamte Klima in der Schulgemeinschaft auswirken.

Im letzten Abschnitt von Teil 2 und im Schlusswort erweitern wir unsere Perspektive und gehen auf wichtige Probleme und Herausforderungen ein: auf das Schulklima, auf einen Systemwandel und auf globale Trends in der Bildung und darüber hinaus.

Features

In diesem Buch finden Sie eine Reihe von wiederkehrenden Features, die Ihnen auf dieser Reise Orientierung geben sollen.

- Icons zeigen an, welche sozial-emotionalen Kompetenzen durch eine bestimmte Aktivität oder Übung gefördert werden (mehr dazu in der Einleitung).

Selbst-gewahrsein | Selbst-management | Soziales Gewahrsein | Beziehungs-kompezenten | Verantwortungs-volle Entscheidungen

- Die Anleitungen für Lehrkräfte sollen Ihnen ein Gefühl dafür geben, wie man Aktivitäten und Übungen präsentieren und umsetzen kann, müssen aber nicht unbedingt Wort für Wort übernommen oder vorgelesen werden. Sie können sie eher als Wegweiser betrachten, die Sie zu Beginn unterstützen. Wenn Sie dann in einem kontinuierlichen Prozess Ihre persönliche Achtsamkeitspraxis entwickeln und Ihre Erfahrung beim Vermitteln dieser Übungen wächst, werden Sie zunehmend Ihren eigenen Stil finden.

- Tipps für den Unterricht basieren auf praktischen Erfahrungen bei der Vermittlung spezifischer Aktivitäten für eine Altersstufe.
- Top-Tipps für den Unterricht beziehen sich auf alle oder die meisten Altersstufen und sind am Ende von Teil 1 zu finden (siehe Kapitel 5).
- Reflexionen laden Sie ein, innezuhalten, Notizen zu machen und sich wieder mit Ihrer persönlichen Praxis und Erfahrung zu verbinden.
- Literaturempfehlungen und andere Quellen zu jedem Kapitel weisen auf zusätzliche Ressourcen und Ideen hin. Sie finden diese am Ende des Buchs. In Teil 1 können Sie auf diese zurückgreifen, um Aktivitäten und Ansätze so weiterzuentwickeln, wie sie am besten zu Ihnen und Ihren Schülerinnen und Schülern passen.
- In den Kästen finden Sie Hintergrundwissen, Fallstudien und Forschungsergebnisse. Sie sind über das ganze Buch verteilt und enthalten ebenfalls Empfehlungen und Erfahrungen von Lehrenden in den Bereichen Wohlbefinden, SEL (sozial-emotionales Lernen) und Achtsamkeit in weltweiten Bildungssystemen.

Zusammengenommen sind diese Features weit mehr als eine simple »Toolbox«. Die Kombination aus Übungen, Aktivitäten, Handbuch und Beispielen aus dem »echten« Leben gibt Achtsamkeitslehrenden alle Werkzeuge an die Hand, die sie brauchen, um ihr eigenes »achtsames Klassenzimmer« zu entwickeln und einen Beitrag zur Verbesserung des Klimas und Wohlbefindens in ihrer Schulgemeinschaft zu leisten.

Schlüsselterminologie

Dieses Buch wurde hauptsächlich für Lehrkräfte geschrieben, die bereits Erfahrung mit Achtsamkeit haben. Die also schon erste Schritte zur Kultivierung des achtsamen Gewahrseins und eigener sozial-emotionalen Kompetenzen gemacht haben. Wir konzentrieren uns darauf, Ihnen zu zeigen, wie Sie einsteigen und dann ein *Achtsamkeitstraining* (Mindful Awareness Training = Achtsamkeitstraining) für Ihre Schülerinnen und

Schüler entwickeln. Und wir zeigen, wie dieses Training mit *sozial-emotionalem Lernen* (SEL) in Verbindung steht.

Ergänzende Übungen sind kurze beruhigende oder belebende Übungen, die immer wieder in den Schulalltag eingestreut werden können, um den Schüler*innen und Lehrkräften Gelegenheit zu geben, innezuhalten und neu zu beginnen.

Während Sie mit Ihrer Arbeit dazu beitragen, Gewahrsein und Beziehungskompetenzen Ihrer Schüler und Schülerinnen zu fördern, werden Sie wahrscheinlich ab einem gewissen Punkt den Wunsch verspüren, mit Kolleg*innen zusammenzuarbeiten, um tiefergreifende Veränderungen im Schulsystem und Schulklima zu verankern. *Achtsamkeitsbasiertes Wohlbefinden* (Mindfulness Based Wellbeing = MBW) schließt diese weitergehenden Bemühungen ein und ist unsere Definition der Kombination von Programmen, Initiativen, Ansätzen und Prozessen, die alle dazu dienen, bewusst das Wohlbefinden in einer Schulgemeinschaft zu steigern: Sie fördern das Verständnis für sich selbst, füreinander und für das allgemeine Schul-Ökosystem.

Achtsam sein, achtsam unterrichten, Achtsamkeit unterrichten

Ein bedeutsamer systemischer und kultureller Wandel im Bildungswesen ist möglich. Er ist sogar unverzichtbar. Im letzten Kapitel dieses Buches zeigen wir auf, wie Menschen und Organisationen in aller Welt bereits an diesem Wandel arbeiten. Als Lehrende können wir alle eine Rolle in diesem Prozess spielen und wir können genau hier, genau jetzt, damit beginnen, indem wir uns darauf konzentrieren, *selbst der Wandel zu sein, den wir sehen wollen.*

Achtsam sein

Dieser Kernaspekt der Achtsamkeit im Bildungswesen bezieht sich auf das Kultivieren von Selbstfürsorge durch das Entwickeln einer persönlichen

Praxis der Achtsamkeitsmeditation. Man kann auf unterschiedliche Arten an eine solche Praxis herangehen, im Allgemeinen schließt sie formelle Elemente wie Sitzen, Gehen oder den Bodyscan im Liegen ein, aber auch informelle Praktiken wie die Anwendung achtsamen Gewahrseins in Alltagssituationen und überhaupt achtsamer zu leben und zu arbeiten.

Die Achtsamkeitsmeditation lernt man am besten unter der Anleitung einer erfahrenen und zertifizierten Trainerin oder eines Trainers – entweder persönlich oder online, aber es gibt auch einige sehr gute Ressourcen für autodidaktisches Lernen. Durch dieses persönliche Achtsamkeitstraining entwickeln wir allmählich mehr Selbstgewahrsein und unsere Fähigkeit zur emotionalen Selbstregulation verbessert sich, womit wir aktiv dazu beitragen, unsere mentale Gesundheit und Resilienz zu erhalten und zu fördern. Das ist es, was wir meinen, wenn wir von Selbstfürsorge und ihren Auswirkungen auf unser Wohlbefinden sprechen.

Wir empfehlen Lehrkräften unbedingt, diesen ersten Schritt zu tun, um ihre persönliche Achtsamkeitspraxis zu etablieren und zu festigen, bevor sie ihre Schüler und Schülerinnen in Achtsamkeit unterrichten.

Am Ende des Kapitels weisen wir auf Ressourcen hin, die Ihnen helfen können, sich auf diese wunderbare Reise zu begeben.

Achtsam unterrichten

Nachdem Sie mit Ihrem Achtsamkeitstraining begonnen haben, werden Sie wahrscheinlich bemerken, wie es allmählich Ihre Arbeit, Ihre Familie und Ihre Beziehungen im Allgemeinen beeinflusst. Ohne in Ihrem Klassenzimmer das Wort »Achtsamkeit« überhaupt zu erwähnen, bringen Sie vielleicht nach und nach ein erhöhtes Gewahrsein und eine stärkere Präsenz hinein, die ganz subtil nach und nach das Lernumfeld für Ihre Schüler und Schülerinnen verändert. Die zunehmende Fähigkeit, in ihren Körper hineinzuspüren, kann Lehrkräften helfen, aus der Gedankenspirale auszusteigen, ihre emotionale Regulation zu verbessern und mehr Wärme und sogar Freude in ihre Beziehungen mit Schüler*innen und Kolleg*innen zu bringen. Wir können diese erhöhte Sensibilität auch nutzen, um geschickter mit herausfordernden Situationen umzugehen und in unserer Art des Unterrichtens kleine Veränderungen vorzunehmen, um sensibler auf die Bedürfnisse von Einzelnen und der Gruppe einzugehen.

Achtsamkeit ist kein Wundermittel, das Ihre Reizbarkeit, Ihre Frustration oder Ihre Überreaktionen plötzlich zum Verschwinden bringt. Wir haben allerdings in unserem Leben eine tiefgreifende Wirkung durch die Achtsamkeitspraxis wahrgenommen, und diese wird untermauert durch die wissenschaftlichen Erkenntnisse wie auch durch Aussagen von vielen anderen Lehrkräften, die von den positiven Auswirkungen berichten, die sich ergeben, wen man sich ein bisschen Zeit für Selbstfürsorge nimmt.

Achtsamkeit unterrichten

… ist das Thema dieses Buches. Lesen Sie weiter!

Einleitung

ACHTSAMKEITSBASIERTES WOHLBEFINDEN IN SCHULEN

Unser erstes Buch *Achtsame Lehrer, achtsame Schule* war als Einführung für Lehrkräfte und Schulleitungen gedacht, die vielleicht neugierig sind und mehr über diese Arbeit erfahren möchten. In diesem Buch haben wir drei Schlüsselaspekte von Achtsamkeit in der Bildung beleuchtet:

Achtsam sein
Achtsam unterrichten
Achtsamkeit unterrichten

Wir wollten seinerzeit besonders den grundlegenden Aspekt von »Achtsam sein« hervorheben, jenen entscheidenden ersten Schritt, den wir alle tun müssen, bevor wir lernen können, Achtsamkeit zu unterrichten. Es ist dieses Fundament, das uns hilft, achtsam zu unterrichten, denn es beeinflusst stark unsere Art zu *sein* und mit unseren Schülerinnen und Schülern in Kontakt zu treten.

Dieses zweite Buch konzentriert sich nun hauptsächlich auf den dritten Aspekt – Achtsamkeit unterrichten. Wir haben es für Lehrkräfte geschrieben, die bereits eine persönliche Achtsamkeitspraxis etabliert haben. Machen Sie sich keine Sorgen, falls Sie noch nicht praktiziert haben und neugierig sind: Wir zeigen Ihnen, wie Sie diesen entscheidenden ersten Schritt tun können.

Auf den letzten Seiten unseres ersten Buches haben wir auf die Herausforderung hingewiesen, die auftaucht, wenn wir auf die Transformation im Bildungswesen blicken, die notwendig ist, damit es dazu beitragen kann, eine weisere, mitfühlendere und nachhaltigere Gesellschaft zu schaffen. Wir möchten auf diese Herausforderung hier noch einmal hinweisen angesichts

- der komplexen umweltbedingten, gesellschaftlichen und spirituellen Herausforderungen unserer Zeit;
- des Gefühls der Isolation und Getrenntheit, das viele Menschen, insbesondere junge Menschen, überall auf der Welt empfinden;
- des Mangels an überzeugenden Narrativen, die unsere Schulsysteme veranlassen könnten, auf die wahren Bedürfnisse von Schüler*innen und der Gesellschaft im 21. Jahrhundert einzugehen.

Angesichts all dessen ist es Zeit, über ein neues Narrativ für das Schulwesen im 21. Jahrhundert nachzudenken – eines, das klar artikuliert, »worauf es im Leben und beim Lernen wirklich ankommt«.

Wir brauchen ein Narrativ, das Lehrende, Eltern und Schüler*innen überall auf der Welt in einem Gefühl der Sinnhaftigkeit vereint, das uns jeden Tag bei allem trägt, was wir in der Schule tun. Eines, das das Potenzial hat, Schule für alle Lernenden zu einem bedeutsamen Ort zu machen.

Könnten wir uns für einen überschaubaren Zeitraum auf einen prägnanten, universalen, grundsätzlichen Sinn und Zweck von Bildung einigen, würde das vielleicht so aussehen:

> *Wir unterstützen unsere Schülerinnen und Schüler*
> *innerhalb unserer Schulgemeinschaft dabei,*
> *zu lernen, wie wir miteinander am besten*
> *auf diesem Planeten leben können.*

In einer Welt, in der die Spezies Mensch unbestreitbar clever und technologisch mächtig ist, es ihr im Allgemeinen aber anscheinend an Weisheit mangelt, müssen wir unsere Bildungssysteme nutzen, um das gesunde Wachstum junger Menschen zu fördern. Indem wir ihnen Gelegenheiten bieten, Herz, Verstand und Körper mehr in Einklang zu bringen. Und ihnen helfen, junge Menschen zu werden, die sowohl clever als auch weise sind. Denn trotz unserer »Cleverness« sind wir wohl nicht besonders klug, wenn es darum geht, diesen Planeten miteinander zu teilen. Und wir sind nicht sehr klug, wenn es darum geht, den Planeten mit anderen Spezies oder, um genau zu sein, mit allem Leben auf dieser Erde zu teilen. Aber wir können es sein. Wir wissen inzwischen genug darüber, wie Menschen wachsen und sich entwickeln, darüber, wie wir am besten lernen. Und wir wissen genug über unsere eigenen Bedürfnisse und die des Planeten.

Es ist an der Zeit, dass wir unsere Bildungssysteme bewusst so gestalten, dass sie neben der akademischen Leistung effektiv das Wohlbefinden fördern: in Lernumfeldern, die Kindern Erfahrungen von Sinnhaftigkeit vermitteln und sie mit jenen tieferen universellen Werten in Kontakt bringen, die wir uns für unsere Kinder wünschen:

- sicher, gesund und glücklich zu sein,
- fähig zu sein, auf gute Art mit anderen in Beziehung zu treten und zusammenzuarbeiten,
- fähig zu sein, fürsorglich mit sich selbst, miteinander und mit unserem wunderbaren, aber bedrohten Planeten umzugehen.

21st Century Skills – Kompetenzen für das 21. Jahrhundert neu definieren

Zu Beginn des Jahrhunderts war *21st Century Skills* eine bedeutende Bewegung, die zum Ziel hatte, Schüler und Schülerinnen auf ein post-industrielles Informationszeitalter vorzubereiten. Im Besonderen ging es (bzw. geht es bis heute) hauptsächlich darum, Schüler*innen zu helfen, die notwendigen Kompetenzen zu erwerben, um sich in einer Karriere-Landschaft bewegen zu können, die sich ständig verändert. Auch wenn das immer noch wichtig ist, gibt es bei *21st Century Skills* noch eine andere, tiefere Ebene. Vieles, was wir an Unsicherheit in einer fernen Zukunft weit entfernt sahen, ist tatsächlich bereits da. Angesichts der Klimakrise, des Artensterbens, des systemischen Rassismus, der globalen Pandemien und anderer großer Probleme der Menschheit ist es dringend notwendig, unsere Kinder effektiver auf diese sich immer schneller verändernde Welt vorzubereiten. Wenn wir die Kompetenzen und Fähigkeiten für das 21. Jahrhundert neu definieren, müssen wir auch Lernansätze einbeziehen, die dazu beitragen, in jungen Menschen Weisheit, Mitgefühl und Wohlbefinden zu fördern.

Um junge Menschen auszubilden, die alles mitbringen, um diese Qualitäten zu verkörpern, reicht es gewiss nicht allein, ihnen akademische Qualifikationen zu vermitteln, dies es ihnen ermöglichen, in Prüfungssituationen auswendiggelernte Informationen wiederzugeben. Nein, der Schlüssel ist die Entwicklung von Lernsystemen, die sich um die Frage drehen, was es bedeutet, zu diesem Zeitpunkt der Menschheitsgeschichte Mensch zu sein und in denen bewusst *alle* unsere Kompetenzen und Fähigkeiten kultiviert werden, die zum Ziel haben, die menschliche Weiterentwicklung zu fördern.

DIE WELT *IST* DAS CURRICULUM

Umkehr bedeutet, das Innere nach außen und das Äußere nach innen zu bringen

- »Von innen nach außen« bedeutet in diesem Zusammenhang, dass Lernende das Klassenzimmer verlassen und sich in den Hotspots gesellschaftlicher Innovation in ihrer Stadt, Region und ihrem Ökosystem engagieren, kurz: Die Stadt, die Region und das globale Ökosystem sind das Klassenzimmer.

- »Von außen nach innen« bedeutet, dass die Probleme, die globalen Herausforderungen zurück in die Schule gebracht werden, wo sie im Mittelpunkt des Lernens und Forschens stehen können.

Es ist tatsächlich nicht so schwer zu erkennen, wie schulisches Lernen neu gedacht werden könnte, damit jeder Schultag zu einem weiteren Schritt hin zu einem besseren Miteinander auf diesem Planeten wird. Die künstliche Kategorisierung und Aufteilung des Wissens in separate Schubladen spezialisierten Lernens (unsere traditionellen Schulfächer) muss aufgebrochen werden. Viele Schulen haben inzwischen begonnen, mit Ansätzen wie projektbasiertem Lernen und systemischem Denken zu experimentieren, bei denen Bildung und der Erwerb von Wissen, Kompetenzen und Fertigkeiten ganzheitlicher gesehen wird. Selbst im Rahmen traditioneller Fächer sehen wir beispielsweise, dass

- Geografie und Geschichte zu Lernvehikeln werden können, die dazu beitragen, das Verstehen globaler Zusammenhänge, globaler Kooperation und globaler Beseitigung von Ungleichheit zu fördern.
- Technikunterricht, Mathematik und naturwissenschaftliche Fächer sich darauf fokussieren können, ein Verständnis für die Funktionsweise von Ökosystemen zu wecken und Ansätze zu entwickeln, die den Lernenden helfen, auf eine mehr lebensnahe, ganzheitliche und integrative (im Gegensatz zur reduktionistischen) Weise zu denken.
- Kunst und Literatur wichtige Bereiche zur Erforschung des Selbstausdrucks und des kollektiven Ausdrucks sein können und relevante Gelegenheiten bieten können, ein tieferes Verständnis des Menschseins zu fördern.

Aber auch all das hinterlässt beim Lernen noch eine riesige Lücke, wenn wir wirklich wollen, dass Schulen das volle Spektrum der menschlichen Fähigkeiten fördern und ausschöpfen. Wir müssen anfangen, diese Lernbereiche auf eine Weise zu durchdringen, die bei den Lernenden tatsächlich inneres Wachstum und ein Verstehen von Geist, Gefühl und

Körper sowie das Verstehen der äußeren Welt unterstützen. Indem wir die subjektiven, inneren Erfahrungen der Lernenden neben den objektiven äußeren Lernzielen als wertvolle Bereiche des Lernens und Forschens einbeziehen, können wir unseren Kindern helfen, mit einem ausgewogeneren Verständnis für sich selbst und die Welt aufzuwachsen. Nur wenn wir anfangen, uns als Lehrende, Lernende und menschliche Wesen selbst anzuschauen und an uns zu arbeiten, werden wir in Gänze die Perspektiven und Fähigkeiten zur Zusammenarbeit entwickeln, die nötig sind, um dauerhafte Veränderung zu bewirken.

Eine Expertin: »Die Stille ist Teil des Gesprächs«

Die australische Aborigine-Führerin, Professorin Colleen Hayward, gab während einer Online-Diskussion über den Umgang mit globalen Menschheitsproblemen einen bemerkenswerten Kommentar über »Stille« ab. Sie sagte, sie habe bemerkt, dass junge Leute, die in modernen Gesellschaften leben, »Stille« offenbar als unangenehm empfänden. »Aber«, so sagte sie, »Stille ist Teil des Gesprächs. Ein Teil des Vorgangs, dem Land und einander zuzuhören« (GAIA, 2020).

Colleen Hayward erinnert uns daran, wie wichtig stille Reflexion und inneres Wissen sind und daran, dass traditionelle Gesellschaften reiche Quellen der Weisheit und des Wissens sind, wenn es darum geht, nachhaltig und in Einklang mit dem Planeten zu leben. Diese Weisheit ist eine wertvolle Ressource, die unseren jungen Leuten helfen kann, zu verstehen, wie man diese Erde am besten miteinander teilen kann.

Neben der Kultivierung dieses Gewahrseins des Selbst und der Anderen gibt es ein drittes Element des Gewahrseins, das gleichermaßen Bestandteil eines tiefgreifenden Wandels ist: Es geht darum, ein Bewusstsein für die Systeme und das Umfeld zu entwickeln, in welchen wir arbeiten und leben. Wie die Erfahrung gezeigt hat, ist es absolut möglich, eine Gruppe hochmotivierter Individuen in ein mangelhaftes System zu stecken und

Ergebnisse zu produzieren, die diejenigen schädigen, denen es eigentlich dienen soll. Im letzten Kapitel des Buches gehen wir noch näher auf dieses Thema ein. An dieser Stelle möchten wir einfach darauf hinweisen, dass einige der wichtigsten aktuellen Ansätze zur Veränderung der Unternehmenswelt und anderer Systeme inzwischen emotionale Intelligenz, Selbstgewahrsein oder Achtsamkeit als wesentliche Elemente beinhalten, um einen systemischen Wandel anzustoßen.

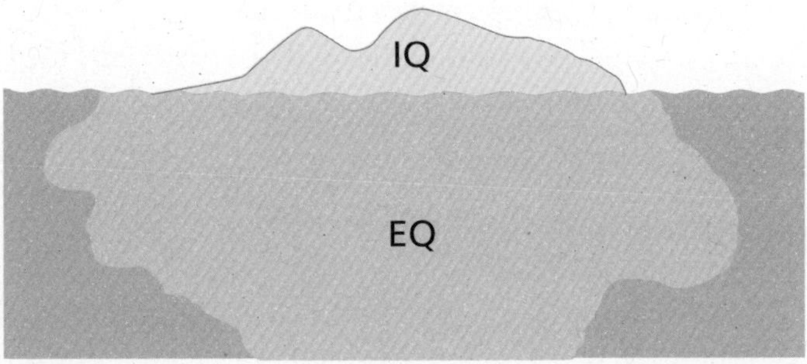

Abbildung 1 EQ/IQ-Eisberg: Die Bedeutung der emotionalen Intelligenz wird zunehmend (an)erkannt.

Wir alle wissen aus eigener Erfahrung, wie persönliche Probleme einer effektiven Zusammenarbeit im Weg stehen können. In der Welt der Wissenschaft, im Businessbereich und seit einiger Zeit auch im Bildungsbereich wird zunehmend erkannt und anerkannt, wie wichtig die sozialen und emotionalen Kompetenzen (EQ) sind, die allem, was wir tun, zugrunde liegen. Seit den 1990er-Jahren helfen uns die Neurowissenschaften, zu verstehen, dass diese sozio-emotionalen Kompetenzen dank der Neuroplastizität des Gehirns trainierbar sind und daher bestens geeignet, in kompetenzbasierte Lernsysteme in der Schule integriert zu werden.

- Was wissen wir also bereits und was können wir den Schulen anbieten, um die Menschen in der Schule und in der Politik zu unterstützen, die unsere Schulsysteme verändern wollen, um mehr Ausgewogenheit und Wohlbefinden hinein zu bringen, indem sie den Schwerpunkt mehr auf soziales und emotionales Lernen setzen und integrieren?

- Welche evidenzbasierten Programme und Strukturen existieren bereits, die uns einen sicheren Rahmen bieten, um diesen Umbau unserer Lehrpläne und Ansätze zu unterstützen?

Glücklicherweise gibt es schon viele Beispiele alternativer Ansätze, die in Lernumfeldern ausprobiert und getestet wurden. Wir können aus der gesamten Geschichte progressiver Bildung schöpfen und wir können uns zahlreiche gegenwärtig existierende Organisationen und Herangehensweisen anschauen, die uns zeigen, wie man »das ganze Kind« unterrichtet und diese essenziellen sozial-emotionalen Qualitäten fördert. Ein Modell, auf das wir in diesem Buch immer wieder zurückgreifen, stammt von der *Collaborative for Academic and Social and Emotional Learning (CASEL)* in den USA. Dieses Gemeinschaftsprojekt hat die prägnanteste und kohärenteste Einordnung sozialer und emotionaler Kompetenzen entwickelt, die uns bisher begegnet ist.

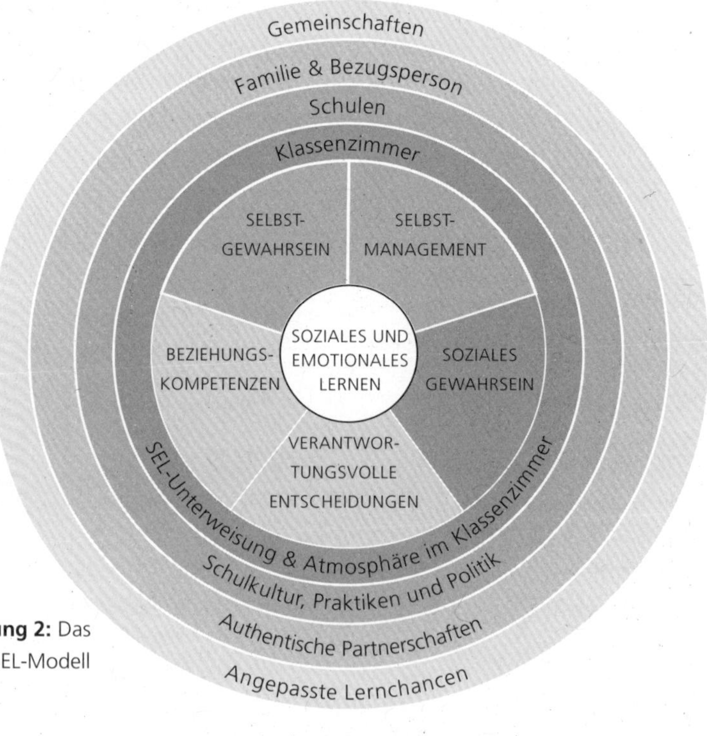

Abbildung 2: Das CASEL-SEL-Modell

SOZIAL-EMOTIONALE KERNKOMPETENZEN (DIE FÜNF CASEL-KOMPETENZEN)

Selbstgewahrsein: Die Fähigkeit, die eigenen Emotionen, Gedanken und Werte zu verstehen, und zu erkennen, wie sie das Verhalten in verschiedenen Kontexten beeinflussen. Das schließt die Fähigkeit ein, auf dem Fundament eines fest verankerten Gefühls der Zuversicht und Sinnhaftigkeit die eigenen Stärken und Grenzen zu erkennen.

Selbstmanagement: Die Fähigkeit, die eigenen Emotionen, Gedanken und Verhaltensweisen in unterschiedlichen Situationen effektiv zu managen, Ziele zu erreichen und Visionen zu verwirklichen. Das schließt die Fähigkeiten ein, Belohnung aufzuschieben, mit Stress umzugehen und die Motivation und Handlungskompetenz aufrechtzuerhalten, um persönliche/kollektive Ziele zu erreichen.

Soziales Gewahrsein: Die Fähigkeit, die Sichtweisen anderer nachzuvollziehen und sich in andere einzufühlen, einschließlich der Menschen aus unterschiedlichen sozialen Umfeldern, Kulturen und Kontexten. Das schließt die Fähigkeiten ein, Mitgefühl mit anderen zu empfinden, traditionelle und soziale Verhaltensnormen in unterschiedlichen Settings in einem erweiterten Rahmen zu verstehen und Ressourcen und Unterstützungsmöglichkeiten in der Familie, der Schule und der Gemeinde zu erkennen.

Beziehungskompetenzen: Die Fähigkeit, gesunde und unterstützende Beziehungen einzugehen und aufrechtzuerhalten und sich effektiv in verschiedenen Settings mit unterschiedlichen Individuen und Gruppen zu bewegen. Das schließt die Fähigkeiten ein, klar zu kommunizieren, aktiv zuzuhören, zu kooperieren, bei der Lösung von Problemen mit anderen zusammenzuarbeiten, Konflikte konstruktiv beizulegen, sich in Umfeldern mit unterschiedlichen sozialen und emotionalen Anforderungen und Gelegenheiten zurechtzufinden, zu führen und wenn nötig, Hilfe zu erbitten oder anzubieten.

Verantwortungsvolle Entscheidungen treffen: Die Fähigkeit, in unterschiedlichen Situationen im Hinblick auf das eigene Verhalten und soziale Interaktionen fürsorgliche und konstruktive Entscheidungen zu treffen. Das schließt die Fähigkeiten ein, auf ethische Normen und Sicherheitsaspekte Rücksicht zu nehmen und die Vorteile und Konsequenzen verschiedener Handlungen für das persönliche und kollektive Wohlbefinden abzuwägen.

Viele Schulsysteme und Bildungseinrichtungen in aller Welt nutzen inzwischen die CASEL-Kompetenzen als wertvolles Werkzeug, um das Lernen in diesen Bereichen besser zu organisieren. Diese Kompetenzen können dazu beitragen, den Schulen einen konkreten Referenzpunkt zu geben, sozusagen einen sozial-emotionalen Leitstern, der sie auf ihrer Reise zu mehr Ausgewogenheit und Wohlbefinden leiten kann.

Die Förderung solcher Lernbereiche, allgemein als SEL (Sozial-emotionales Lernen) bezeichnet, wird von Verantwortlichen im Bildungswesen und Politiker*innen zunehmend als eine der zentralen Aufgaben der Bildung im 21. Jahrhundert betrachtet. Die Bedeutung positiver sozial-emotionaler Interventionen kann nicht oft genug betont werden. Dies wurde dem Präventionsforscher Mark Greenberg klar, als er und seine Kollegen Daten analysierten, die man von Schülern und Schülerinnen über einen Zeitraum von 19 Jahren vom Kindergarten bis zum frühen Erwachsenenalter erhoben hatte. Sie fanden eine starke Korrelation zwischen der frühen Entwicklung sozial-emotionaler Kompetenzen und entsprechender Ergebnisse im Hinblick auf das Wohlbefinden in verschiedenen Bereichen im Erwachsenenalter – einschließlich Bildung und Beruf, mentaler Gesundheit, kriminellem Verhalten und Substanzmissbrauch (Jones et al., 2025).

Achtsames Gewahrsein oder sozial-emotionales Lernen?

Unsere eigenen Erfahrungen als Lehrende und unsere Arbeit mit Schulen in aller Welt haben uns gelehrt, dass es eigentlich keine Rolle spielt, ob man mit SEL oder Achtsamkeit anfängt. Sie können mit SEL-Skills beginnen und das später mit einem Achtsamkeitstraining verstärken oder Sie können mit Achtsamkeit starten und später Ihren Anwendungsbereich weiterentwickeln und sozial-emotionale Kompetenzen einbeziehen.

Abbildung 3: Der Rahmen für achtsamkeitsbasiertes Wohlbefinden
Quelle: © MindWell

Viele Schulen nutzen heutzutage auch die Positive Psychologie als effektiven Ausgangspunkt, um sich dieser Arbeit zu nähern und integrieren dann manchmal ein Achtsamkeitstraining in ihre Programme. Womit Sie auch beginnen, worauf es ankommt ist, dass Sie das, was Sie in diesem Bereich lehren, zuerst selbst auf sinnvolle Art und Weise erforschen und praktizieren.

Hin und wieder über Ihre Ziele und Absichten zu reflektieren (»Was wünsche ich mir wirklich für meine Schüler und Schülerinnen?«) sowie über Ihre eigene Praxis (»Was sind meine Stärken und Herausforderungen in diesem Bereich?«), hilft Ihnen, mit der Realität des Lehrens und Lernens in diesem Bereich in Kontakt zu bleiben. In diesem Buch konzentrieren wir uns auf einen ganzheitlichen Ansatz des Achtsamkeitstrainings (AT), der soziale und emotionale Aspekte des Lernens einbezieht.

Die Kombination von AT und SEL ist das Fundament dessen, was wir als »Achtsamkeitsbasiertes Wohlbefinden« in Schulen bezeichnen.

SEL UND ACHTSAMKEIT ZUSAMMENBRINGEN

In ihrem Artikel »How SEL and mindfulness can work together« zeigen Linda Lantieri und Vicki Zackrzewski (2015) auf, wie die Praxis des Achtsamkeitstrainings (AT) das sozial-emotionale Lernen (SEL) verstärkt und belebt, während SEL sich auf Bereiche fokussiert, die den Lernenden reale Gelegenheiten bieten, ihre zunehmenden Kompetenzen anzuwenden und auszuprobieren:

Selbstgewahrsein: *Das Selbstgewahrsein von Schüler*innen vertieft sich, wenn es durch Achtsamkeitsübungen unterstützt wird, bei denen die Fokussierung der Aufmerksamkeit und Mitgefühl im Mittelpunkt stehen.*

Selbstmanagement: *Achtsamkeit fördert die Fähigkeit zur emotionalen Selbstregulation, was wiederum die Fähigkeit von Schüler*innen verbessert, Konflikte kreativ zu lösen oder auf eine angemessene Weise auszudrücken, wie sie sich fühlen.*

Soziales Gewahrsein: *Achtsamkeit fördert die Empathiefähigkeit von Schüler*innen, indem sie ihnen hilft, ihre Emotionen zu regulieren, anstatt sich überfordert zu fühlen, wenn sie mit einer schwierigen Situation konfrontiert werden. Dadurch nimmt ihre Fähigkeit zu, das Leiden eines anderen wahrzunehmen und darauf zu antworten.*

Beziehungskompetenzen: *Achtsamkeit führt zu mehr Mitgefühl. Wenn Schüler*innen also SEL-Kompetenzen anwenden, indem sie beispielsweise eine Win-win-Lösung mit jemandem herbeiführen, der oder die sie herausfordert, tun sie das mit mehr mitfühlendem Verständnis.*

Entscheidungsfindung: *Achtsamkeit erhöht die kognitive Flexibilität und Kreativität, wodurch Schüler*innen mehr Spielraum in ihren Reaktionen auf herausfordernde Situationen haben. Indem man ihnen hilft, sich der Verbindung zwischen ihren Gefühlen, Gedanken und körperlichen Empfindungen bewusst zu werden und sie zum Ausdruck zu bringen, können sie ihre Gefühle besser regulieren, was wiederum ihr Verhalten, ihren Stresspegel, ihre Beziehungen und ihre Konzentrationsfähigkeit beeinflusst. Kurz: Achtsamkeitsübungen verbinden ihre inneren und äußeren Erfahrungen und helfen ihnen, die Zusammenhänge zwischen beiden zu erkennen.*

Kursiv gedruckte Auszüge mit freundlicher Genehmigung des Online-Magazins des Greater Good Science Center der UC Berkeley. Mehr unter https://greatergood.berkeley.edu/

Ein Training in achtsamem Gewahrsein kann natürlich genutzt werden, um unsere Aufmerksamkeit zu verbessern, aber es ist im Grunde viel mehr als ein bloßes Aufmerksamkeitstraining. Wenn es von Lehrkräften vermittelt wird, die ihre eigene Fähigkeit, aufmerksamer und mehr präsent zu sein entwickeln, erkennen wir allmählich das größere Potenzial eines Trainings, das uns verstehen hilft, wie unser Geist, unser Körper und unsere Gefühlswelt funktionieren, und vor allem, wie wir unsere natürliche Neugier nutzen und unsere natürlichen Qualitäten der Güte und Fürsorglichkeit in uns wachrufen können. Durch dieses Kultivieren sozialer und emotionaler Kompetenzen finden wir allmählich Wege, diese profunden Erkenntnisse und Lehren in unterschiedlichen Bereichen in der Schule und darüber hinaus anzuwenden. Und wir müssen natürlich bei uns selbst anfangen, wenn wir dazu beitragen wollen, gesündere Lern-Ökosysteme zu schaffen, die unsere Schulgemeinschaften wirklich zu Orten machen, an denen Kinder und Erwachsene aufblühen und gedeihen.

Eine Expertin: Selbstfürsorge der Lehrenden

Vielen von uns entscheiden sich für den Lehrberuf, weil sie an die Wirksamkeit einer guten Bildung glauben. Wir lieben es, in unseren Schülern und Schülerinnen Begeisterung für lebenslanges Lernen zu wecken. Als Lehrende sind wir versiert darin, unsere Schüler*innen und ihre Eltern zu unterstützen, aber wir vergessen oft, gut für uns selbst zu sorgen.

- Als Lehrkraft haben Sie vielleicht oft das Gefühl, mit Ihren Schüler*innen in ein Klassenzimmer eingezwängt worden zu sein, in dem Ihnen wenig Zeit und Raum zum Durchatmen bleibt. Ihr Tag ist vollgepackt mit all den Anforderungen in einem Raum voller junger Menschen, die nicht nur Ihre Zeit und Aufmerksamkeit beanspruchen, sondern auch erwarten, dass Sie flexibel und geduldig und in der Lage sind, mit jedem »Sturm«, der vielleicht durch Ihr Klassenzimmer tobt, fertigzuwerden. Zusätzlich wird der Lehrplan immer umfangreicher und Sie haben vielleicht das Gefühl, dass überhaupt keine Zeit mehr bleibt, um Beziehungen zu Ihren Schüler*innen zu entwickeln und die Art von fürsorglichem, unterstützendem Klassenraum zu schaffen, nach dem Sie sich sehnen. Das kann sehr kräftezehrend sein und wenn wir nicht lernen, für die Erfüllung unserer eigenen Bedürfnisse zu sorgen, kann das zu einem Gefühl der Unzulänglichkeit und zum Burnout führen. Als Lehrerin oder Lehrer sind Sie die wichtigste Person im Klassenzimmer. Wenn es Ihnen nicht gut geht, geht überhaupt nichts gut.
- Als Schulleitung haben Sie wahrscheinlich viele Anforderungen und Aufgaben »auf dem Schirm« und fühlen sich oft von vielen Seiten unter

Druck. Sie fühlen sich verantwortlich für das Wohlergehen Ihrer Schülerschaft, des Lehrerkollegiums und anderer Angestellter der Schule. Ihre wichtigste Aufgabe besteht darin, ein Umfeld zu schaffen, in dem sich alle entfalten und wohlfühlen können – einschließlich der Lehrer und Lehrerinnen, der Angestellten, der Schüler und Schülerinnen sowie der Eltern. In den meisten Fällen verspüren Schulleitungen außerdem den Druck, der von Lehrplänen und Benotung ausgeht.

All diese Anforderungen können an Ihrer Gesundheit und Ihrem Wohlbefinden zehren. Deshalb ist Selbstfürsorge für Lehrkräfte kein Luxus, sondern eine Notwendigkeit. Wenn wir ein Schulumfeld schaffen wollen, in dem sich alle wertgeschätzt und zu Hause fühlen, ein Umfeld, in dem unsere Schülerinnen und Schüler ein Gefühl der Zugehörigkeit haben und erfolgreich sein können, müssen wir auch die Gesundheit und das Wohlergehen all unserer Lehrenden im Blick haben.

Christa Turksma – Mitentwicklerin des CARE-Programms
Ausbildungsleiterin, createforeducation.org

Christa Turksmas Botschaft führt uns wieder zum wesentlichen Punkt: zum grundlegenden Aspekt von Achtsamkeit.

Selbstfürsorge ist mehr als regelmäßige Schaumbäder (auch wenn das eine großartige Art ist, sich zu entspannen). Im Kontext dieses Buches geht es bei der Selbstfürsorge von Lehrkräften und Schulleitungen darum, die eigene mentale, emotionale und physische Gesundheit zu unterstützen, um Resilienz und Nachhaltigkeit in einem herausfordernden Beruf zu fördern. Obwohl der Schwerpunkt dieses Buches auf Methoden liegt, mit deren Hilfe Schüler*innen auf effektive Weise ein Training in achtsamem Gewahrsein vermittelt werden kann, kommen wir immer wieder auf die Bedeutung der Selbstfürsorge für uns selbst als Lehrende zurück.

Zu Beginn haben wir darauf hingewiesen, dass dieses Buch für Lehrkräfte gedacht ist, die bereits mit einer persönlichen Achtsamkeitspraxis begonnen haben. Aber wir möchten Ihnen auch versichern, dass Sie, falls Sie das noch nicht getan haben, jetzt mit kleinen Schritten beginnen können. Am Ende des Buchs führen wir verschiedene Optionen auf, die Ihnen den Start erleichtern können. Finden Sie einen Weg, der für Sie stimmt und genießen Sie die Reise! Sie werden es nicht bereuen.

Teil 1

Achtsames Gewahrsein unterrichten

Ein Training in achtsamem Gewahrsein ist ein einzigartiges Unterrichtsfach, das auch auf einzigartige Weise subjektiv ist. Viele Schülerinnen und Schüler sind diese Art des erfahrungsbasierten Lernens und Forschens in der Schule nicht gewöhnt. Deshalb und weil wir sie auffordern, zu untersuchen und zu beobachten, wie ihr Geist, ihr Körper und ihre Gefühlswelt funktionieren, kann ein Achtsamkeitstraining manchmal herausfordernd sein, und für manche Schüler*innen sogar hin und wieder unangenehm.

Kinder und junge Menschen anzuleiten, die Facetten des Menschseins zu erforschen, erfordert eine große Sensibilität und viel Verständnis. Es gibt hier keinen für alle passenden Ansatz und es ist wichtig, Aktivitäten und Übungen anzubieten, die dem Entwicklungsstand entsprechen *und* ansprechend sind.

1

Achtsames Gewahrsein im Kindergarten

(Frühe Kindheit: 3 – 6 Jahre)

IN DIESEM KAPITEL VERMITTELN WIR IHNEN

GEWAHRSEIN FÖRDERNDE AKTIVITÄTEN	AKTIVITÄTEN
Atem-Gewahrsein aufbauen	Den Atem sehen Den Wind beobachten
Belebende Aktivitäten	Den Himmel kitzeln Klatschen und sich verbinden
Beruhigende Aktivitäten	Die Kieselstein-Übung Der Atem-Buddy
Reflexions-Übungen	Glitzer-Glas
Ergänzende Übungen	Springen oder Rennen Zur Ruhe kommen Muschel-Atmung Mmmm, fein!
Ressourcen im Klassenzimmer	Stille Ecken
Konfliktlösung	Frieden beginnt mit mir
Übungen für Lehrkräfte	Absichten und Motive klären Entspannen, loslassen, zurückkommen Innehalten, reflektieren, planen

Mit dieser Altersgruppe arbeiten

»Frühe Kindheit« wird in den verschiedenen Regionen der Welt unterschiedlich definiert. Hier benutzen wir den Begriff für die Altersgruppe der 3 bis 6-Jährigen

Die frühe Kindheit ist eine kostbare und eine frühreife Zeit, voller Wunder und Neugier. Oft sind Kinder in diesem Alter sehr präsent und stellen ständig Fragen über die sie umgebende Welt. Sie sind von Natur aus Suchende, lieben es, Dinge zu erforschen und sind besonders sensibel für die Atmosphäre im Gruppenraum. Es ist von entscheidender Bedeutung, dass Erzieher*innen bzw. pädagogische Fachkräfte praktizieren, was sie sagen, wenn sie 3–6-jährigen Achtsamkeit vermitteln. Der effektivste Weg dafür besteht darin, dass die Erwachsenen, mit denen es die Kinder zu tun haben, diese Qualität verkörpern. Indem Fachkräfte selbst Achtsamkeit praktizieren, legen sie das wesentliche Fundament, das kleineren Kindern hilft, ein Bewusstsein für Körper und Geist zu entwickeln, während sie jene Sprache lernen, mit deren Hilfe sie ihre oftmals starken und wechselhaften Gefühle in einer sicheren und unterstützenden Atmosphäre ausdrücken können. Ob ein Kind frustriert, wütend oder aufgeregt ist – Lehrer*innen können bereitstehen, um ihm zu helfen, durch achtsames Gewahrsein mit diesen intensiven emotionalen Erfahrungen umzugehen.

Diese Altersgruppe lernt entsprechend ihres Entwicklungsstandes am besten durch Spiele, Musik und den Kontakt zur Natur. »Learning by doing« ist hier der Schlüssel. Die Kinder lieben es, Aktivitäten zu wiederholen und immer wieder dieselben Dinge zu hören. Will man einer Kindergartengruppe Achtsamkeit nahebringen, geht es letztendlich darum, in den Kindern Samen des Gewahrseins zu säen, während sie allmählich Fertigkeiten erwerben, die ihnen helfen, ihre Erfahrungen neugierig und freundlich zu untersuchen.

Gewahrsein fördernde Aktivitäten

In diesem Kapitel führen wir einige Aktivitäten ein, die Sie nutzen können, um den Kindern zu helfen, ihre Sinnesempfindungen zu identifizieren und zu integrieren. Im nächsten Kapitel untersuchen wir, wie man das gesamte Spektrum der Sinne als Hauptzugang nutzt, um achtsames Gewahrsein zu entwickeln. Hierbei geht es vor allem um erfahrungsbasierte Übungen, die responsiv, nützlich und praktikabel sind. Achtsam unterrichten bedeutet, die Atmosphäre aufzunehmen – die Stimmung im Klassenzimmer wahrzunehmen und das anzuwenden, was im jeweiligen Moment gebraucht wird. Vielleicht haben Sie das Gefühl, dass eine belebende, lustige Aktivität gerade am hilfreichsten wäre oder Sie greifen auf eher beruhigende Übungen zurück, je nachdem, welche Stimmung in der Gruppe vorherrscht. Diese Übungen können dazu beitragen, das mentale und emotionale Rüstzeug aufzubauen, das den Kindern verstehen hilft, dass Achtsamkeit sowohl in aufregenden, begeisternden Zeiten als auch in Momenten voller Trauer und Wut nützlich sein kann.

Wie bereits in der Einleitung erwähnt, beginnen wir mit dem Achtsamsein immer bei uns selbst. Schauen wir uns nun also für einen Moment unsere persönlichen Motive und Absichten an.

REFLEXION FACHKRAFT: ABSICHTEN/MOTIVE KLÄREN

- Nehmen Sie sich einen Moment Zeit, um sich zu erden.
- Vielleicht möchten Sie ein paarmal bewusst ein- und ausatmen, sich mit Ihrem Körper verbinden, die Empfindungen beim Sitzen, den Fluss des Atems im Körper oder die Geräusche in der Umgebung wahrnehmen.
- Was motiviert Sie, dies mit Ihren Schülerinnen und Schülern auszuprobieren?
- Was ist Ihre Absicht dabei?

- Bleiben Sie noch einen Moment länger neugierig und schauen Sie, ob noch etwas anderes, vielleicht ein tieferes, unterschwelliges Motiv auftaucht …
- Notieren Sie, was bei Ihnen hochgekommen ist.

»Warum mache ich das?« ist eine wichtige Frage, die man während dieser ganzen Reise im Hinterkopf behalten sollte. Versuchen Sie, sich diese kurze Reflexion von Zeit zu Zeit ins Gedächtnis zu rufen und natürlich auch, bevor Sie eine Übung oder Aktivität anleiten.

Beginnen

Die folgenden Aktivitäten sollen helfen, ein Fundament für eine Kultur der Achtsamkeit zu legen. Sie können mit diesen Übungen auch »den Tag würzen« und Momente der Stille und Verbundenheit einstreuen, wann immer das hilfreich ist. Nach der einleitenden achtsamen Atemübung folgen die Übungen »Beleben«, »Beruhigen« oder »Nachdenken« und Sie können sie nach Belieben miteinander kombinieren, um den Erfordernissen und im Moment gerecht zu werden.

Die Skripte in diesem Kapitel sind so aufgebaut, wie wir die Übungen 3 bis 6-Jährigen präsentieren würden, Sie können aber die Worte und den Tonfall an die Bedürfnisse Ihrer Gruppe anpassen. Wie immer sollten Sie diese Übungen zuerst selbst ausprobieren, bevor Sie sie Kindern vermitteln. Vor allem: Fahren Sie mit Ihrer persönlichen Praxis fort, halten Sie eine Vision des Wachstums aufrecht und genießen Sie es!

Atem-Gewahrsein entwickeln

Für ein kleines Kind sind Anweisungen wie »Atme einfach« oder »Achte auf deinen Atem« ziemlich nebulös! Je jünger das Kind, desto konkreter müssen die Anleitungen sein und von den Erwachsenen, in deren Obhut sie sich befinden, vorgelebt werden. So gesehen gibt es eine Reihe von Aktivitäten, die Kindern helfen können, ihren Atem zu erforschen.

Den Atem sehen

Es gibt verschiedene Möglichkeiten, Kindern zu helfen, ihren Atem tatsächlich zu »sehen« und zu spüren. Je nachdem, wo Sie leben, könnten Sie beispielsweise an einem richtig kalten Tag draußen auf die ausgeatmete Luft zeigen oder die Kinder drinnen auf eine kalte Fensterscheibe atmen lassen, auf der sich Kondenswasser bildet. Um mit den Kindern den Atem zu erforschen, können Sie auch Aktivitäten anregen, bei denen die Kinder Spaß haben, wie beispielsweise:

- mit Seifenblasen spielen,
- durch die Atemluft eine Feder in Bewegung versetzen,
- die innere Papprolle aus einer Toilettenpapierrolle nur mit dem Atem über eine Tischplatte bewegen.

Sie könnten jede dieser Aktivitäten strukturieren, indem Sie die folgende Anleitung anpassen:

Den Wind beobachten

Für diese Aktivität braucht man Windrädchen. Sie können sie kaufen oder mit den Kindern basteln.

- Laden Sie die Kinder ein, sich im Kreis hinzusetzen.

  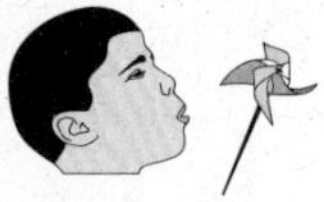

  Heute wollen wir ein bisschen Spaß mit unserem Atem haben. Euer Atem ist immer für euch da wie ein guter Freund, um euch in euren Hochs und Tiefs zu unterstützen. Wir werden diese Windrädchen benutzen, um unseren Atem »in Aktion« zu sehen.

  Setzt euch jetzt bitte mit geradem Rücken ganz entspannt hin.

- Machen Sie es den Kindern vor.

  Jetzt blasen wir alle sanft in unser Windrädchen. Wir atmen dabei lang und tief ein und aus und schauen, was passiert.

- Machen Sie es den Kindern vor, indem Sie gleichmäßig ein- und bewusst langsamer ausatmen. Lassen Sie die Kinder damit experimentieren.

  Ist es leicht oder schwer, euer Windrädchen in Bewegung zu setzen? Wie fühlt es sich innerlich an?

- Die Kinder können sich der Reihe nach über ihre Erfahrung austauschen.

  Schauen wir nun, wie es ist, wenn wir unsere Atmung gar nicht verändern. Schauen wir, ob wir jetzt auf unsere gewohnte Art atmen können. Wir versuchen also, weder schneller noch langsamer zu atmen.

- Das wird eine Herausforderung für diese Altersgruppe sein. Die Kinder wollen automatisch ihren Atemrhythmus verändern, weil sie damit experimentieren wollen. Lassen Sie das für eine Weile zu und führen Sie die Kinder dann sanft zur Anleitung zurück.

  Was habt ihr also diesmal beim Atmen bemerkt? Wie hat sich das angefühlt? Was ist mit eurem Windrädchen passiert?

  Wir können unsere Windrädchen dazu benutzen, mit unserem Atem zu experimentieren, und dann schauen, wie sich das in unserem Körper anfühlt. Wir wollen sie in unserer Stillen Ecke aufbewahren, sodass wir sie gleich wieder zur Hand haben, wenn wir einen Moment Ruhe brauchen oder einfach unseren Atem erforschen wollen.

  Das habt ihr gut gemacht. Diese Übung hat uns gezeigt, dass uns unterschiedliche Arten zu atmen eine Menge darüber sagen können, wie wir uns fühlen.

Beispielübungen: Beleben, Beruhigen, Nachdenken

BELEBEN

Übung: Den Himmel kitzeln

Heute werden wir auf unser Hören achten, während wir lernen, uns nach oben zu strecken, um den Himmel zu kitzeln.

Was bedeutet es, zu hören? Was bedeutet es, zuzuhören?

- Lassen Sie den Kindern etwas Zeit, um sich der Reihe nach mit den anderen auszutauschen.

Und jetzt werden sich sicher einige von euch fragen, wie man den Himmel kitzeln kann. Wie werden wir das anstellen?

- Holen Sie das Klangspiel hervor (möglichst eines, das lange nachklingt).

Ich werde euch zeigen, was es bedeutet, »den Himmel zu kitzeln«. Aber zuerst muss ich meine eigene, persönliche Blase bilden.

Stellt euch jetzt so hin, dass ihr beide Arme ausstrecken und euch langsam drehen könnt und gebt acht, dass ihr nirgendwo anstoßt.

Schaut, wie ich mich langsam zu Boden sinken lasse.

- Machen Sie den Kindern vor, wie Sie sich am Boden zu einem Ball zusammenrollen.

Dann werde ich das Klangspiel anschlagen, und wenn ich den Ton höre, werde ich meinen Körper bewegen, aufstehen und dann meine Hände nach oben strecken – strecken – strecken, auf die Fußspitzen gehen und strecken und mit den Fingern wackeln, um den Himmel zu kitzeln! Und dann einmal tief ein- und ausatmen.

Jetzt wollen wir das einmal gemeinsam versuchen!

Sucht euch einen Platz und bildet eure eigene Blase, indem ihr die Arme ausstreckt und euch langsam im Kreis dreht.

- Machen Sie die Übung mit der ganzen Gruppe noch einmal.
- Es kann sehr belebend sein, die Übung dreimal hintereinander zu wiederholen, weil die Kinder ihre Aufmerksamkeit auf den Klang richten und mit ihrem Körper darauf reagieren.

Tipp für den Unterricht
Machen Sie mit! Die Kinder werden bei dieser Übung oft kichern, weil sie »den Himmel kitzeln«. Versuchen Sie, sich auf die Albernheit einzulassen, Spaß zu haben und fahren Sie einfach mit den Anweisungen fort, während Sie die Kinder durch die Übung führen.

Klatschen und sich verbinden

- Bitten Sie die Kinder, im Sitzen oder Stehen einen Kreis zu bilden (je nachdem, wo die Gruppe in Bezug auf die Entwicklung des räumlichen Wahrnehmungsvermögens steht, funktioniert es vielleicht besser in einem Sitzkreis).

Also, meine Lieben, heute wollen wir eine Übung machen, bei der wir wirklich achtgeben und uns ganz auf unseren Sitznachbarn oder unsere Nachbarin konzentrieren müssen. Könnt ihr jetzt bitte nach links und rechts schauen und »Hallo« sagen.

- Lassen Sie den Kindern dafür eine Weile Zeit – es geht darum, dass sie wissen, wer gerade neben ihnen sitzt.

So, und jetzt spielen wir »Klatschen und sich verbinden«. Beobachtet, wie ich Laura einen Moment in die Augen schaue, bevor wir beide gleichzeitig in die Hände klatschen. Es ist in Ordnung, wenn ihr nicht genau gleichzeitig klatscht, wichtig ist, dass ihr euch zuerst in die Augen schaut und dann so gut ihr könnt zusammen in die Hände klatscht.

- Machen Sie den Kindern vor, wie Sie zuerst Augenkontakt aufnehmen, bevor Sie in die Hände klatschen.

  Nachdem Laura und ich gemeinsam in die Hände geklatscht haben, wird sie das Klatschen an das Kind weitergeben, das auf der anderen Seite neben ihr sitzt. Und dann werden wir das im ganzen Kreis herum machen, bis wir wieder bei mir angekommen sind. Lasst es uns jetzt versuchen und denkt daran, zuerst eurer Sitznachbarin in die Augen zu schauen, bevor ihr in die Hände klatscht!

- Machen Sie das einmal im Kreis herum. Die Kinder werden dabei immer wieder lachen und sich miteinander verbinden. Einige werden es zu hastig machen, aber das ist in Ordnung – versuchen Sie das Ganze mit Humor und Ermutigungen zusammenzuhalten.

  Hey, das war gar nicht so einfach, meiner Nachbarin in die Augen zu schauen und gleichzeitig mit ihr in die Hände zu klatschen. Ich musste wirklich achtgeben und mich konzentrieren! Wie war es für euch?

- Hören Sie sich ein paar Erfahrungen an und versuchen Sie es dann noch einmal.

  Ihr habt euch sehr gut konzentriert, meine Lieben! Ihr habt euch wirklich aufeinander eingestimmt und beim Klatschen miteinander verbunden! Jetzt wollen wir es noch einmal versuchen, aber diesmal in entgegengesetzter Richtung. Los geht's!

- Lassen Sie die Kinder erzählen, was sie wahrgenommen haben. Finden Sie heraus, was ihnen half, gleichzeitig in die Hände zu klatschen. Gehen Sie darauf ein und ermutigen Sie sie, sich freundlich miteinander auszutauschen und gegenseitig Komplimente zu machen.

  So kann man als Gemeinschaft zusammenarbeiten! Ihr habt wirklich hier und jetzt auf eure Nachbarn geachtet und deshalb ist euch diese Übung so gut gelungen. Gut gemacht!

(Diese Aktivität basiert auf einer Psycho-Drama-Übung; im Internet sind verschiedene Versionen zu finden).

BERUHIGEN

Kieselstein-Übung

Geben Sie den Kindern jeweils vier Kieselsteine (oder bitten Sie sie, selbst welche zu sammeln), die man bemalen kann und die in einen kleinen Beutel passen. Die Kinder sollen ihre Kieselsteine mit verschiedenen Farben ihrer Wahl bemalen: Einer steht für Wasser, einer für eine Blume, einer für einen Berg und einer für den Sonnenschein. Wenn die Farbe auf den Steinen getrocknet ist, werden sie in einem kleinen Beutel mit Kordelzug aufbewahrt.

Heute werden wir die Kieselsteinübung kennenlernen. Das ist eine Übung, bei der man zur Ruhe kommt und die wir allein oder gemeinsam machen können.

- Teilen Sie die Beutel aus.

Jetzt nehmen wir unseren Beutel und holen vorsichtig die vier Steine heraus, einen nach dem anderen.

- Machen Sie es den Kindern vor. Zeigen Sie ihnen, wie sie ganz vorsichtig in den Beutel fassen, achtsam einen Stein nach dem anderen herausholen, aufmerksam betrachten und dann vor sich hinlegen sollen.

Jetzt nehmen wir uns einen Moment Zeit, um unsere Steine zu betrachten. Was fällt uns auf? …

- Zeigen Sie den Kindern nun, wie sie den Blumenstein behutsam mit der einen Hand aufheben und sanft in die andere Hand gleiten lassen sollen.

Schaut euch euren Stein an, atmet tief ein und aus und sagt dabei langsam: »Ich atme ein und bin eine Blume … ich atme aus und fühle mich frisch«.

Macht eine kurze Pause. Legt euren Stein vorsichtig vor euch hin und nehmt den nächsten Stein in die Hand.

Macht dann mit den anderen Steinen genauso weiter:

Schaut euren Kieselstein an, atmet tief ein und aus und sagt dabei langsam: »Ich atme ein und bin ein Berg … Ich atme aus und fühle mich stark«.

Schaut euren Stein an, atmet tief ein und aus und sagt langsam: »Ich atme ein und bin Wasser … ich atme aus und fühle mich ruhig«.

Schaut euren Stein an, atmet wieder tief ein und aus und sagt langsam »Ich atme ein und bin Sonnenschein … ich atme aus und fühle mich warm und froh«.

- Jetzt können sich die Kinder selbst umarmen, während sie noch einmal tief ein- und ausatmen.

  Was habt ihr bemerkt, als ihr euren Kieselstein in der Hand gehalten habt?

- Geben Sie den Kindern Zeit zum Antworten und um ihre Erfahrungen miteinander zu teilen. Dieser Austausch kann tiefgehen und voller Staunen sein, lassen Sie den Kindern also, wenn irgend möglich, genügend Zeit dafür. Nicht alle Kinder möchten etwas mitteilen. Schon ein paar Antworten können den Kindern helfen, sich mit ihrer persönlichen Erfahrung und der Gruppenerfahrung zu verbinden.

  Legt jetzt eure Steine vorsichtig zurück in den Beutel und bringt sie zum Korb in der Mitte.

- Geben Sie Feedback, wenn Sie merken, dass die Kinder besonders achtsam damit umgehen.

  Wir werden diese Übung bald wieder machen. Bis dahin bewahren wir eure Beutel in der Stillen Ecke auf, damit sie immer in Reichweite sind.

  Immer wenn ihr euch wütend oder frustriert fühlt, könnt ihr den Blumenstein hervorholen, einen tiefen Atemzug nehmen, die Augen schließen und diese Frische in euch spüren.

  Wenn ihr ängstlich oder besorgt seid, könnt ihr den Bergstein herausnehmen und euch stärker fühlen.

  Wenn ihr aufgewühlt oder durcheinander seid, könnt ihr den Wasserstein in die Hand nehmen und euch ruhiger und klarer fühlen.

  Wenn ihr euch traurig oder einsam fühlt, könnt ihr den Sonnenscheinstein hervorholen und versuchen, die Wärme und Freude in euch zu spüren.

  So kann uns die Kieselsteinübung helfen, mit unseren Gefühlen klarzukommen.

(Angelehnt an die Originalübung von Thich Nhat Hanh aus *Happy Teachers Change the World,* Abdruck mit freundlicher Genehmigung von Parallax Press).

Übung: »Atem-Buddy«

Wenn wir jüngeren Kindern helfen, sich auf eine einfache, lustige Weise mit ihrem Atem zu verbinden, finden sie das oft ziemlich beruhigend. Es gibt verschiedene Möglichkeiten, sie dabei zu unterstützen, in ihre natürliche Bauchatmung hineinzuspüren. Bei dieser Übung nach Susan Kaiser-Greenland (2010) benutzen wir Stofftiere, um den Kindern zu helfen, sich auf ihren Atem einzustimmen. Außerdem sind auch Bohnensäckchen sehr gut für diesen Zweck geeignet oder flache Kieselsteine, die man durch Bemalen als »Atem-Buddys« personalisieren kann.

Bitten Sie die Kinder, ein kleines Stofftier mitzubringen (oder Sie teilen welche aus, um sicherzugehen, dass die Größe stimmt). Das Plüschtier sollte gut auf den Bauch passen, wenn die Kinder liegen, und keinesfalls zu groß sein. Wenn die Kinder ihre eigenen Stofftiere mitbringen, sollten Sie ihnen genügend Zeit lassen, um miteinander über ihr Spielzeug zu sprechen. Vielleicht möchten Sie vor der Übung auch ein paar Matten im Raum auslegen, auf die sich die Kinder legen können. Vor der Übung sollten die Kinder einen Sitzkreis bilden, damit Sie ihnen zeigen können, was sie nun tun sollen. Wenn Sie möchten, können Sie auch jedem Kind ein Augenkissen geben. Solche Augenkissen können die Kinder enorm dabei unterstützen, sich in ihre Erfahrung einzufühlen. Sie kennen Ihre Kinder allerdings am besten, nehmen Sie also Rücksicht auf deren persönliche Vorgeschichte. Falls ein Kind eine traumatische Vorgeschichte hat, sollten Sie keine Augenkissen verwenden und die Kinder auch nicht auffordern, die Augen zu schließen. (Das sollte sowieso freiwillig sein).

Bitte beachten Sie: Kinder, die traumatische Erlebnisse hatten, empfinden Achtsamkeitsübungen manchmal als unangenehm. In Kapitel 5 finden Sie weitere Informationen über traumasensibles Unterrichten.

Guten Morgen, ihr Lieben. Heute werden wir eine Übung kennenlernen, die »Atem-Buddy« genannt wird. Das ist eine sanfte Atemübung, bei der wir uns hinlegen. Was werden wir während dieser Übung wohl mit unseren Stofftieren machen? (Sammeln Sie ein paar Antworten.) Großartige Ideen – ich werde es euch jetzt zeigen.

- Zeigen Sie den Kindern jetzt Ihren »Atem-Buddy«und legen Sie sich dann in die Mitte des Kreises. Legen Sie Ihren Atem-Buddy auf Ihren Bauch.

  Ich lege meinen Buddy jetzt auf meinen Bauch, wenn ich liege. Ich passe auf, dass meinem Buddy nichts passiert, also lege ich ihn so hin, dass er nicht runterfallen kann. Jetzt ist mein Buddy bereit. Beobachtet, wie ich einatme (Buddy hebt sich) und wie ich ausatme (Buddy senkt sich). Achtet genau darauf, wie mein Buddy sich zuerst auf und dann ab bewegt.

- Demonstrieren Sie das den Kindern noch ein paarmal, während Sie ein- und ausatmen. Setzen Sie sich dann auf. Alle Kinder sollen sich jetzt einen Platz zum Hinlegen suchen. Es ist am besten, wenn Sie solche Plätze bereits mit Matten vorbereitet haben.

  Jetzt gehen wir alle zu unserem Platz und legen uns auf den Rücken. Wenn ihr dann bequem liegt, nehmt ihr einen tiefen Atemzug und schaut, wie es sich anfühlt, diese Stelle auf eurem Bauch zu finden, wo euer Buddy sicher ist.

- Wenn die meisten Kinder dann ihren Buddy sicher platziert haben, können Sie sie durch diese sanfte, beruhigende Übung führen.

  Jetzt atmen wir alle einmal tief ein und schauen, ob wir wirklich spüren können, wie sich unser Buddy auf unserem Bauch nach oben bewegt. Dann lassen wir den Atem wieder los und merken, wie sich unser Buddy senkt, während wir langsam ausatmen. Schaut, ob ihr das Auf und Ab eures Atems aufmerksam verfolgen könnt und merkt, wie es euren Buddy beruhigt.

- Demonstrieren Sie die einzelnen Schritte weiterhin. Machen Sie die Übung mindestens fünf bis zehn Atemzyklen lang. Bei den ersten können Sie die Kinder anleiten und bei den letzten können Sie sie ganz ihrer eigenen Erfahrung überlassen.

  Spürt einfach, was wir spüren, wenn wir alle unserem Buddy volle Aufmerksamkeit geben …

- Lassen Sie einen Moment der Stille zu. Natürlich wird es auch zu übertriebenem Atmen kommen – Sie können im Raum herumgehen und einzelne Kinder anleiten, wenn sie etwas Ermutigung brauchen oder daran erinnert werden müssen, auf ihren Buddy zu achten und ihm ihre volle Aufmerksamkeit zu widmen. Nach dieser Einstimmung können die Kinder die Übung mit einem letzten Atemzyklus abschließen.

  Jetzt nehmen wir gemeinsam einen letzten tiefen Atemzug und setzen uns dann langsam auf. Wir schauen im Sitzen unseren Buddy an, umarmen ihn und kommen dann zurück in unseren Kreis. Euer Buddy kann auf eurem Schoß sitzen.

Lassen Sie den Kindern etwas Zeit, um sich über ihre Erfahrung auszutauschen und einander zu erzählen, was sie mit dem Buddy auf ihrem Bauch erlebt haben.

Ergänzung:

Bei all diesen Aktivitäten versuchen wir, die Kinder zu einer freundlichen, liebevollen Aufmerksamkeit zu ermutigen. Wenn Sie den Kindern ganz bewusst helfen *möchten,* sich selbst und anderen gegenüber eine freundliche Haltung zu entwickeln, wäre die Atem-Buddy-Übung eine Möglichkeit dazu. Nachdem die Kinder genügend Zeit hatten, sich mit ihrem Buddy auf ihrem Platz einzurichten, können Sie eine Mitgefühlsübung einflechten, bei der man die Kinder dazu ermutigt, sich darauf zu konzentrieren, zunächst ihrem Buddy und dann vielleicht einer Freundin oder einem Familienmitglied und schließlich sich selbst freundliche Gedanken und gute Wünsche zu schicken. Ein gutes Beispiel dafür ist die Übung *Freundliche Wünsche* von Susan Kaiser-Greenland (aus: Achtsame Spiele, S. 119) von der die folgende Übung adapiert wurde.

NACHDENKEN

Übung »Glitzerglas«

Diese Übung kann uns wirklich in den Moment bringen, indem sie uns einen starken Anker bietet. Sie kann uns helfen, zur Ruhe zu kommen, zu reflektieren und sogar unsere Aufmerksamkeit auf Dankbarkeit zu lenken. Sie können die Glitzergläser vorab herstellen oder gemeinsam mit der Gruppe basteln, wobei Sie allerdings eine Menge Unterstützung brauchen werden (beispielsweise durch freiwillige Helfer*innen unter den Eltern). Auch wenn das Ganze etwas Unordnung oder Chaos mit sich bringen kann, lohnt es sich definitiv, denn die Kinder bekommen so das Gefühl, dass dieses wertvolle Achtsamkeits-Tool wirklich ihr eigenes ist. (Schauen Sie sich beispielsweise die Bastelanleitung für Glitzergläser unter www.mindful.org/how-to-create-a-glitter-jar-for-kids/ an.)

Diese Übung gibt den Kindern den Raum und die Zeit, zur Ruhe zu kommen und zu lernen, achtsam wahrzunehmen, was in ihrem Innern und in ihrer Umgebung vorgeht. Das regelmäßige Üben mit dem Glitzerglas kann ihnen das Gefühl geben, starke Gefühle selbst regulieren zu können. Glitzergläser sind sowohl zu Hause als auch in der Schule ein sehr nützliches Achtsamkeits-Tool. Zu beobachten, wie die glitzernden Teilchen im Glas herumwirbeln und dann zu Boden sinken, gibt einzelnen oder der Gruppe Zeit, zur Ruhe zu kommen und die Aufmerksamkeit neu auszurichten. Das wird soweit wie möglich in Stille geübt. Hier sollten Sie Ihren Tonfall beim Anleiten an die ruhige Atmosphäre anpassen.

Heute lernen wir die Glitzerglas-Übung kennen. Wir fügen diese Übung jetzt zu unserer Toolbox der Übungen hinzu.

Nehmt jetzt euer Glitzerglas in die Hand und schüttelt es kräftig.

- Machen Sie es den Kindern vor und fordern Sie sie dann auf, vorsichtig dasselbe zu tun.

Seht ihr, wie die glitzernden Teilchen im Wasser umherwirbeln? Man kann kaum noch hindurchsehen, nicht wahr? So können wir uns innerlich manchmal fühlen. Unser Verstand kann völlig verwirrt sein und unser Körper fühlt sich dann vielleicht so unruhig an wie diese Glitzerteilchen – er bewegt sich hierhin und dorthin.

Jetzt hören wir auf, das Glas zu schütteln, stellen es hin (machen Sie es den Kindern vor) und beobachten, wie die Glitzerteilchen zu Boden sinken. Und während das passiert, legen wir eine Hand auf unseren Bauch und die andere Hand auf unser Herz. Spürt eure Atmung.

- Demonstrieren Sie jeden einzelnen Schritt – eine Hand auf dem Bauch, eine auf dem Herzen –, die Kinder werden Sie dabei beobachten und es nachmachen.

Beobachtet das Glas genau, bis alle Teilchen zur Ruhe gekommen sind. Gut; jetzt, nachdem die meisten Teilchen zu Boden gesunken sind, atmen wir einmal lang und tief ein und aus. (Machen Sie das gemeinsam mit den Kindern.) Habt ihr bemerkt, dass die Glitzerteilchen nicht verschwunden sind? Sie sind immer noch am Boden des Glases aber jetzt können wir klar sehen. Wie fühlt ihr euch jetzt? Was fällt euch auf? Fühlt ihr euch ein bisschen ruhiger?

- Lassen Sie Raum für die verschiedenen Antworten.

Wie könnten wir das Glitzerglas mit unserem unruhigen Körper und Geist vergleichen? Wie könnte diese Übung uns helfen, wenn wir wütend oder traurig oder aufgeregt sind?

- Lassen Sie den Kindern etwas Zeit, ihre eigenen Erfahrungen in Bezug auf ihre Gefühle auszudrücken.

Es ist schwierig, irgendetwas im Glas klar zu sehen, wenn die Glitzerteilchen überall herumwirbeln. Wenn wir uns Zeit nehmen, um zur Ruhe zu kommen, werden unser Körper und unser Denken langsamer und beruhigen sich, wie die Glitzerteilchen.

- Bitten Sie die Kinder, ihre Glitzergläser noch einmal zu schütteln, hinzustellen, eine Hand auf den Bauch und eine aufs Herz zu legen und dann zu beobachten, wie die Glitzerteilchen zu Boden sinken.

Das Glitzerglas kann uns helfen, ruhiger zu werden und deutlicher zu spüren, wie wir uns fühlen und uns selbst unterstützen können. Wir werden ein paar in die Stille Ecke stellen als Teil unserer Achtsamkeits-Toolbox.

Eine Lehrerin: Glitzerglas in Aktion

Nachdem ich den Kindern mein Glitzerglas gezeigt hatte, bastelten sie ihre eigenen Gläser und ein gemeinsames für die ganze Gruppe. Ihr persönliches Glas nahmen sie mit nach Hause, damit sie es immer zur Hand haben würden, wenn sie es brauchten, was zusätzlich eine starke Verbindung zwischen dem Kindergarten und ihrem Zuhause schuf. Es machte ihnen deutlich, dass diese Übungen auch für ihren Alltag und nicht nur fürs Klassenzimmer sind.

Als wir eines Morgens im Sitzkreis eine Eröffnungsrunde machten, eine so genannte »Rosen-und-Dornen-Runde«, bei der die Kinder über ihre positiven und negativen Erlebnisse sprechen können, sprach ein fünfjähriger Junge, Jeremy, über ein Problem (Dorn), das er am Wochenende auf einem öffentlichen Spielplatz hatte. Ein anderer kleiner Junge war herübergekommen und hatte Jeremy von der Rutsche gestoßen. Jeremy sagte zur Klasse: »Ich wurde so wütend und wollte ihn umschubsen, aber meine Mama sagte, ich solle mich an meine Achtsamkeit erinnern. Da habe ich aufgehört und an mein Glitzerglas gedacht; ich habe mir einfach vorgestellt, wie es in meinem Kopf herumwirbelt. Dann habe ich meine Hand hierhin gelegt (auf seinen Bauch) und ein paarmal tief geatmet. Ich konnte sehen, wie immer mehr Glitzerteilchen auf den Boden sanken und habe mich gut gefühlt.«

Er hatte noch einmal tief durchgeatmet und war dann, unterstützt von seiner Mama, zu dem anderen Jungen hinübergegangen, um ihm zu sagen, wie er sich wegen des Stoßes fühlte. Zum Schluss bat Jeremy den Jungen, beim nächsten Mal etwas rücksichtsvoller zu sein und der Junge stimmte zu.

Alle in der Klasse lauschten gebannt seinen Worten und als er fertig war, begann ein kleines Mädchen spontan zu klatschen. Die ganze Klasse fiel ein und alle klatschten und lächelten ihm zu; sie waren so stolz auf ihn. Das wurde zu einer besonderen Geschichte in unserer Klasse. Viele Kinder erinnerten immer wieder daran, wenn wir darüber sprachen, was Achtsamkeit bewirken kann. Jeder Schüler und jede Schülerin hatte schließlich eine Glitzerglas-Geschichte zu erzählen … so viele, dass man ein ganzes Buch hätte füllen können! Das hat mir gezeigt, wie nützlich dieses Werkzeug ist, um für sie (und für mich) einen Zusammenhang herzustellen: indem es diesen Kindern ermöglicht, sich selbst zu beruhigen und ihnen zeigt, dass Frieden tatsächlich bei jedem Einzelnen von uns beginnt.

Krysten Fort-Catanese –
Rektorin der Grundschule Elementary Friends School in Boulder, Colorado

Andere Aktivitäten für zwischendurch

Wählen Sie eine der folgenden einfachen und kurzen Übungen aus, um den Kindern zu helfen, zur Ruhe zu kommen, wach zu werden oder zu reflektieren, je nachdem, was gerade gebraucht wird. Beispielsweise:

- **Springen oder rennen!** Lassen Sie die Kinder eine Minute lang den Hampelmann machen oder auf der Stelle rennen und dann eine Hand aufs Herz legen. Nun sollen sie darauf achten, wie sich ihr Herzschlag und ihre Atmung anfühlen. Das sollen sie nach ein paar Minuten noch einmal überprüfen und schauen, ob sich etwas verändert hat. »*Wie fühlt ihr euch?*«
- **Zur Ruhe kommen:** Eine Übung auswählen, die schon bekannt ist und sie ganz langsam machen. Beispielsweise: Traumtanzen, in Sirup schwimmen, durch Wasser gehen. Dann innehalten und schauen, wie man sich fühlt.
- **Muschelatmung:** Die Hände flach auf die Ohren legen und langsam ein- und ausatmen. Den Geräuschen lauschen. *Hört es sich wie Meeresrauschen an?*
- **Mmmm, fein!** An etwas denken, das gut riecht – eine Blume oder einen frisch gebackenen Kuchen. Durch die Nase einatmen und den Duft wirklich aufnehmen und beim Ausatmen ein vernehmliches »Mmmm« machen.

Es gibt auch eine Menge großartige Bewegungs- und Atemübungen, zum Beispiel die »Regenbogen-Atmung« (Rainbow Breath: https://www.gonoodle.com/videos/0YZV0Y/rainbow-breath.

Tipps

- *Versuchen Sie, häufig wiederholte Grundübungen zur Förderung von achtsamem Gewahrsein mit der gelegentlichen Einführung neuer Aktivitäten zu kombinieren, um das Interesse und die Begeisterung aufrechtzuerhalten.*
- *Holen Sie sich auch in den anderen Kapiteln von Teil 1 weitere Anregungen.*
- *Viele weitere allgemeine Ratschläge und pädagogische Tipps finden Sie in Kapitel 5.*

Eine Expertin: Wir versuchen nicht, kleine Meditierende heranzuzüchten!

Viele herzerwärmende Bilder zeigen kleine Kinder, die mit geschlossenen Augen mit gekreuzten Beinen dasitzen und still meditieren. Ohne den Wert dieser Erfahrung schmälern zu wollen – man kann Kindern und Jugendlichen Achtsamkeit auf eine Weise nahebringen, die mehr Relevanz für ihre täglichen Erfahrungen und ihr Alltagsleben hat. Achtsamkeit hat ein viel größeres Potenzial, das über eine simple Entspannungsmethode oder einen Weg, Dinge »in Ordnung zu bringen« weit hinausgeht. Achtsamkeit zu üben, um Qualitäten wie natürliche Neugier, Freundlichkeit und Zulassen zu fördern, ist wertvoller als still mit geschlossenen Augen und nach innen gerichteter Aufmerksamkeit dazusitzen. Wir müssen Dinge lehren, die Beziehungsfähigkeit, Resilienz sowie wirkliche Sensibilität für uns selbst, andere Menschen und unsere Umwelt fördern. Beim theoretischen Lernen sehen wir, dass wir dann am besten lernen, wenn das Lernen einen klaren Bezug zu den Bereichen hat, in denen wir es auch anwenden können. Können wir unsere Vorstellung von Achtsamkeit dahingehend erweitern, dass wir dem Üben von achtsamem Gewahrsein im täglichen Leben den gleichen Wert beimessen? Beim Gehen, Sprechen, Spielen, Arbeiten, in Bewegung und in der Stille? Denn bei der Achtsamkeit geht es eher darum, zu üben, achtsamer zu leben und nicht, kleine Meditierende heranzuzüchten. Es: geht eher darum, »achtsam zu sein« als »Achtsamkeit zu praktizieren«.

Sarah Silverton, Achtsamkeitslehrerin und Trainerin, UK
www.thepresentcourses.org

Die Atmosphäre beeinflussen

Wenn Sie während einer dieser Übungen oder Aktivitäten merken, dass Sie ärgerlich auf ein Kind werden oder frustriert sind, sollten Sie versuchen, mit ein paar tiefen Atemzügen wieder in Ihre Mitte zu kommen. Dadurch kann sich die gesamte Atmosphäre im Raum verändern und ein mögliches »Machtspiel« zwischen Ihnen und einem Kind vermieden werden. Auf diese Weise können Lehrkräfte den Raum *co-regulieren,* was einen spürbaren Effekt auf die gesamte Atmosphäre haben kann. Scheuen Sie sich nicht, eine Übung abzubrechen, wenn sie sich nicht stimmig anfühlt. Vielleicht sind die Kinder zu abgelenkt oder es fällt ihnen schwer, zur Ruhe zu kommen und sich zu konzentrieren. Vielleicht gibt es aber auch äußere Faktoren, die die Atmosphäre im Klassenzimmer stören. Woran es auch liegen mag, es ist in Ordnung, sich einzugestehen, dass dieser Moment nicht der beste ist, um die Übung durchzuführen, und sie auf einen anderen Zeitpunkt zu verschieben. Versucht man, solche Aktivitäten zu forcieren, wenn der Zeitpunkt ungünstig ist, könnte das dazu führen, dass man sie am Ende ganz aufgibt.

Ich bin zu der erschreckenden Erkenntnis gelangt, dass ich das entscheidende Element bin. Es ist mein persönlicher Ansatz, der die Atmosphäre bestimmt. Es ist meine tägliche Stimmung, die das Wetter beeinflusst. Als Lehrer:in habe ich eine enorme Macht, das Leben eines Kindes leidvoll oder freudvoll zu machen. Ich kann ein Folterwerk-

zeug sein oder ein Instrument der Inspiration. Ich kann demütigen oder heilen. In allen Situationen liegt es in meiner Verantwortung, ob eine Krise eskaliert oder deeskaliert und ob die Menschenwürde eines Kindes geachtet oder ob es entmenschlicht wird.

Ginott, 1994 [1972]

Übung: »Entspannen. Loslassen. Zurückkommen«

Probieren Sie diese Übung aus, wenn Sie wirklich zu kämpfen haben, insbesondere, wenn diese Altersgruppe nicht »tut, wie ihnen geheißen« und Sie erschöpft sind. Es ist eine sehr flexible Übung, die zwischen 20 Sekunden (mit offenen Augen) und 20 Minuten (mit geschlossenen oder halb geschlossenen Augen) dauern kann. Man kann sie im Stehen oder Sitzen machen.

1. **Entspannen:** Nehmen Sie Ihren Körper und alle Spannungen darin wahr. Schauen Sie, ob Sie diese Muskeln ein wenig entspannen können, besonders in den Schultern, im Rücken und im Kieferbereich.
2. **Loslassen:** Lenken Sie die Aufmerksamkeit auf den Atem – dieser Atemzug kommt herein, dieser Atemzug geht hinaus. Schauen Sie, ob Sie ein bisschen länger aus- als einatmen können. Nehmen Sie Ihr Gedankenkarussell wahr und lassen Sie die Gedanken weiterhin beim Ausatmen los.
3. **Zurückkommen:** Dehnen Sie die Aufmerksamkeit auf den gesamten Körper aus, von der Schädeldecke bis zu den Fußspitzen und erden Sie sich. Bleiben Sie neugierig – genau hier, genau jetzt. Nehmen Sie Ihre Umgebung wahr und kehren Sie zur anstehenden Aufgabe zurück. Fragen Sie sich dabei: »Welche Atmosphäre will ich schaffen?«

(Aus dem Programm *Cultivating Emotional Balance*, adaptiert mit freundlicher Genehmigung von Dr. Alan Wallace)

Stille Ecken – einen sicheren Raum schaffen

Wir empfehlen Ihnen unbedingt, in Ihrem Kindergarten eine »Stille Ecke« (oder »Friedens-Ecke«) einzurichten, in die die Kinder sich zurückziehen können, um sich um ihre Bedürfnisse zu kümmern, körperlich und mental/emotional zur Ruhe zu kommen und sich entspannt und sicher zu fühlen. Diese Ecke muss nicht viel Raum beanspruchen, es kann auch einfach ein niedriger kleiner Tisch mit Kissen drumherum sein. Auf dem Tisch können verschiedene Utensilien stehen, als Ressourcen, zu denen die Kinder stets Zugang haben, wie Glitzergläser, Windrädchen, Mini-Hoberman-Kugeln (»Breath Ball«), Sanduhren, Markierstifte und Papier, um Gefühle/Erfahrungen auszudrücken, Tools zur Konfliktlösung und Bücher mit sozial-emotionalen und Achtsamkeitsthemen und vielen Bildern. Sie können auch ein Poster mit einigen der Grundübungen, die die Kinder bei Ihnen gelernt haben, an die Wand hängen.

Wenn Sie diese Ecke in Ihrem Klassenzimmer einrichten, ist es wichtig, den Kindern zu vermitteln, dass es kein Ort für »Auszeiten« ist, die oft mit negativen Assoziationen verbunden sind, sondern einer, der ihnen helfen soll, sich selbst besser zu verstehen – ihren Körper, ihre Gedanken und ihre Emotionen und wie sie sich in einem bestimmten Moment fühlen. Es ist wichtig, die Stille Ecke als einen positiven Raum zu etablieren, der ihnen helfen soll, sich wohlzufühlen.

Frieden beginnt bei mir

Die Stille Ecke kann auch genutzt werden, um einen ersten Schritt in Richtung einer Konfliktlösung zu machen. Wenn es Probleme mit Freunden gibt, können die Kinder zunächst ihre Achtsamkeits-Ressourcen und diesen Ort nutzen, um in sich selbst einen friedlicheren, ruhigeren Raum zu finden.

- Kinder können lernen, es Sie wissen zu lassen, wenn sie ein Problem mit etwas oder jemandem haben.

- Sie können ihnen helfen, zu lernen, auf eine ihrer Achtsamkeits-Skills zur Selbstberuhigung zurückzugreifen, bevor sie den nächsten Schritt machen.
- Falls nötig, können die nächsten Schritte der Mediation in der Stillen Ecke stattfinden.
- Helfen Sie den Kindern, sich miteinander auszutauschen – abwechselnd zu sprechen, einander zuzuhören – und dann einen Plan zu entwickeln, um gemeinsam weiterzumachen.

Auf diese Weise können Achtsamkeitsübungen schön in die Nutzung von »Stillen Ecken« einbezogen werden und so beispielhaft demonstrieren, wie man durch Selbstgewahrsein und Achtsamkeit gegenüber anderen Freundlichkeit und Mitgefühl kultiviert, Qualitäten, die wir in unseren Schulgemeinschaften fördern wollen.

Eine Lehrerin: Stille-Ecke-Verbundenheit

Kürzlich besuchte ich einen Kindergarten und bemerkte, dass ein vierjähriges Mädchen während meines Besuchs eindeutig mit seinen Gefühlen zu kämpfen hatte. Ihre Großmutter war gerade gestorben und die Erzieherin hatte das nur aufgrund einer Übung mitbekommen, bei der es darum ging, Emotionen auszudrücken. Sie konnte die Mutter kontaktieren und mit ihr besprechen, wie sie ihrer Tochter helfen könnte, mit dem Verlust umzugehen, und auch ein Buch anbieten, in welchem Verluste thematisiert wurden. Später am selben Tag hatte die Lehrerin in einer Stuhlkreis-Übung mit der Klasse die Hoberman-Kugel benutzt, um das Wahrnehmen des Atems zu üben. Die Kugel ist ein nützliches Instrument, um Kindern zu helfen, sich mit dem physischen Ausdruck ihrer Atmung zu verbinden. Später deponierte die Lehrerin die Hoberman-Kugel[1] in der Stillen Ecke des Klassenzimmers, in die sich die Kinder zurückziehen können, um eine Weile für sich zu sein. Sie können dort CDs anhören, in einem Buch lesen, den Goldfisch

1 Siehe diesen Artikel für detaillierte Tipps für die Verwendung der Hoberman-Kugel mit Schüler*innen: www.mindful.org/a-mindful-kids-practice-the-breath-ball/

beobachten, an Topfpflanzen mit Lavendel schnuppern oder beobachten, wie der Schnee in einer Schneekugel zu Boden sinkt.

Einmal ging das kleine Mädchen in die Stille Ecke, nahm von sich aus die Hoberman-Kugel in die Hand und begann bewusst ein- und auszuatmen, während sie damit spielte. Als eine ihrer Klassenkameradinnen zu ihr ging und fragte, was sie da tue, sagte sie: »Das kann dir helfen, dich besser zu fühlen – du atmest ein und aus – willst du es ausprobieren?« Gemeinsam machten die beiden Mädchen ihre Atemübung mithilfe der Kugel. Nach einer Weile erschien ein Lächeln auf ihren Gesichtern und sie beschlossen, noch gemeinsam zu beobachten, wie die Teilchen in den Glitzergläsern zu Boden sanken, bevor sie sich wieder anderen Aktivitäten zuwandten. Diese kurzen Momente der Selbstfürsorge unter Zuhilfenahme bestimmter Ressourcen, die den Kindern helfen, mit ihren Gefühlen umzugehen, sie wahrzunehmen und darauf zu reagieren, werden zu einem wesentlichen Teil des Lernens für diese Kinder.

Dr. Helen Maffini, *Mindfulness in the Early Years,* Beraterin und Trainerin
www.mindbe-education.com

Innehalten, reflektieren, planen

Nachdem Sie nun einen Anfang gefunden haben, hängen Ihre nächsten Schritte davon ab, wie viel Zeit und Raum Ihnen zur Verfügung stehen und was Sie tatsächlich für die Kinder tun wollen. Dies ist ein guter Zeitpunkt, um einmal innezuhalten und zu reflektieren, wohin die Reise mit dieser Arbeit für Sie gehen soll und woraus Sie dabei selbst Kraft schöpfen können.

Die Anregungen zur Reflexion auf Seite 82 können Sie dabei unterstützen.

Letztendlich ist die frühkindliche Bildung eine Zeit des Erforschens und Spielens. Es ist also wesentlich, dass achtsames Gewahrsein hier auf eine Weise eingeführt und vermittelt wird, die Spaß macht. Den Kindern zu helfen, sich in ihrem Körper zu verankern ist ein guter, wirkungsvoller Einstieg. Die oben genannten Übungen repräsentieren nur ein paar Ideen, mit denen man Kindern helfen kann, die Fähigkeit zu entwickeln, ihre Aufmerksamkeit auszurichten und aufrechtzuerhalten sowie Freundlichkeit und Mitgefühl zu kultivieren. Besinnen Sie sich immer wieder auf Ihre Absichten und Motive. Seien Sie sich Ihres etwaigen persönlichen Bedürfnisses bewusst, die Dinge nach Ihrem Willen zu gestalten und »Recht« zu haben, anstatt sich an den Bedürfnissen der Klasse zu orientieren und empfänglich für die Kinder zu sein, die Sie vor sich haben. Das Allerwichtigste ist, dass Sie aus einem *inneren Raum der Achtsamkeit* kommen. Schauen Sie für sich selbst, was »entspannen, loslassen und zurückkommen« in diesen Momenten bedeutet, damit Sie wirklich üben können, *im Moment zu sein.* Und vor allem, lassen Sie dabei die Freude und den Spaß nicht zu kurz kommen, bleiben Sie neugierig und bewahren Sie sich ein Gefühl des Staunens. Das wird zu neuen, aufregenden Entdeckungen führen – sowohl für Sie selbst als auch für die Ihnen anvertrauten Kinder. Sie legen das Fundament für ein emotionales Rüstzeug, auf das diese Kinder ihr Leben lang immer wieder zurückgreifen können.

ZUSAMMENFASSUNG

In diesem Kapitel haben wir:

- Ihnen anhand von Beispielen gezeigt, wie man 3–6-jährigen Kindern Übungen für achtsames Gewahrsein nahebringen kann,
- einige Aktivitäten vorgestellt, die Sie ausprobieren können, um allmählich die Übungspraxis der Kinder zur Entwicklung dieser Qualitäten und Fähigkeiten zu erweitern und um ihrem Kindergartenalltag ein bisschen »Würze« zu verleihen,
- auf die Bedeutung einer »Stillen Ecke« in Ihrem Klassenzimmer und/oder Ihrer Schule hingewiesen.

2

Achtsames Gewahrsein in der Grundschule

(7 – 10 Jahre)

IN DIESEM KAPITEL VERMITTELN WIR IHNEN:

ACHTSAMKEITSTRAINING	AKTIVITÄTEN
Gewahrsein der Sinne	Sinn 1: Hören Sinn 2: Berühren Sinn 3: Sehen Sinne 4 und 5: Schmecken und riechen
Erweiterung	Die Sinne verbinden Klänge »schmecken«
Achtsame Bewegung	Wasser-Übung Feder-Gang Knusper-Gang
Ergänzende Übungen	Stehendes Seegras 30 Sekunden zuhören Einfrieren und Schmelzen Feder-Atmung Rücken-an-Rücken-Atmung Schulterkreisen Aufstampfen Drücken und bürsten
Übungen für Lehrkräfte	Reflexion über Absichten und Sinne, Innehalten, reflektieren, planen

Mit dieser Altersgruppe arbeiten

In diesem Kapitel konzentrieren wir uns auf die praktische Umsetzung des Achtsamkeitstrainings für 7 bis 10-Jährige. Im Allgemeinen sind jüngere Kinder recht gut darin, im Moment zu sein, weshalb wir uns mit diesen Übungen diese Fähigkeit zunutze machen und bewusst ihr natürliches Gewahrsein über die Sinne wecken können. Damit helfen wir ihnen, zu verstehen, wie sie diese Fähigkeiten zur Selbstberuhigung und Fokussierung einsetzen können. Kinder dieses Alters profitieren von der Wiederholung von Aktivitäten, Bewegungsübungen und anderen Übungen, die dazu beitragen, die synaptischen Verbindungen zwischen dem Hippocampus und dem sich entwickelnden präfrontalen Cortex zu stärken. So können die Kinder Möglichkeiten der Impulskontrolle entdecken und lernen, ihre Emotionen zu regulieren und auszudrücken.

Wir lieben es, Kinder dieser Altersgruppe mit Achtsamkeit vertraut zu machen und so für sie eine Tür zu öffnen, indem wir ihnen zeigen, wie sie über ihre Sinne Zugang zum Gewahrsein im gegenwärtigen Moment finden.

- Von Anfang an legen wir sowohl auf der kognitiven als auch auf der Erfahrungsebene das Fundament für eine ganze Reihe von Aktivitäten zum »Runterkommen und Innehalten«, auf die Kinder während der gemeinsamen Zeit im Klassenzimmer zurückgreifen können. Indem wir im Laufe des Tages solche Übungen einstreuen, können wir die Hektik des Schulalltags durch gelegentliche Momente der Ruhe durchbrechen.

- Wenn wir die Schüler*innen anleiten, diese Momente bewusst zu erleben, helfen wir ihnen, durch Aktivierung ihres parasympathischen Nervensystems allmählich die Fähigkeit zu entwickeln, sich selbst zu erden und zu beruhigen. Im Laufe der Zeit können wir ihnen Tools mit Übungen und Fertigkeiten an die Hand geben, die sie nutzen können, um positive geistige Gewohnheiten zu fördern und ihr allgemeines Wohlbefinden zu steigern.

- Auf diese Weise zu lernen, sich bewusst selbst zu beruhigen ist außerdem der erste Schritt hin zu jeglichem effektiven Ansatz der Konfliktlösung.

- Diese Altersgruppe umfasst hinsichtlich der Entwicklung der einzelnen Schüler*innen ein ziemlich breites Spektrum. Die Anleitungen für die Aktivitäten und Übungen wurden als Leitfaden für Kinder mit durchschnittlichem Entwicklungsstand geschrieben, Sie werden sie also in Bezug auf Sprache und Tonfall an die Voraussetzungen und Bedürfnisse Ihrer Klasse anpassen müssen. Achten Sie darauf, sie locker und spaßig zu halten und ermutigen Sie die Kinder, neugierig zu bleiben. Der Schlüssel ist hier, sich darüber im Klaren zu sein, was dem jeweiligen Entwicklungsstand angemessen ist. Probieren Sie die Übungen selbst aus, bevor Sie sie der Klasse präsentieren – und haben Sie Spaß beim Experimentieren! Bevor Sie tatsächlich anfangen, diese Dinge zu unterrichten, sollten wir uns noch einmal die persönlichen Absichten und Motive anschauen:

REFLEXION: ABSICHT UND SINNE

- Warum möchten Sie diese Übung mit Ihren Schüler*innen ausprobieren?
- Was ist Ihre Absicht/Ihr Motiv?

Nehmen Sie sich einen Moment Zeit, um darüber zu reflektieren und machen Sie sich Notizen.

- Bitte stellen Sie sich dieselbe Frage noch einmal: *Warum mache ich das?*
- Schauen Sie, ob noch irgendetwas anderes, vielleicht ein tiefer liegendes Motiv zutage tritt.

Schauen wir uns schließlich Ihr persönliches Verhältnis zum Thema dieser Aktivitäten an, das heißt dazu, sich bewusst mit Sinneserfahrungen zu verbinden.

- Wann haben Sie sich zum letzten Mal einen Moment Zeit genommen, um bewusst zu hören, zu schmecken, zu schauen, zu berühren, zu riechen?

Falls Sie das seit einiger Zeit nicht mehr getan haben (und so ehrlich sind, es zuzugeben!), versuchen Sie sich jetzt einen Augenblick Zeit zu nehmen …

Können Sie beim Lesen dieses Abschnitts ein bisschen langsamer werden, ein bisschen langsamer weiterlesen, während Sie Ihrer körperlichen Empfindungen gewahr werden – in Ihren Füßen, Ihren Händen, Ihrem Gesäß sowie der Sie umgebenden Geräusche oder der Stille, oder des ein- und ausströmenden Atems …?

Nehmen Sie einfach weiter diese Empfindungen wahr und heben Sie am Schluss dieses Satzes den Blick, strecken Sie sich ein wenig, wenn Sie möchten, nehmen Sie sich einen Moment Zeit zum Atmen und Wahrnehmen …

»Wahrnehmen, was man fühlt« ist eine so wichtige Grundlage für diese Arbeit, und je mehr es uns gelingt, unsere Aufmerksamkeit zu unserer eigenen Erfahrung des gegenwärtigen Augenblicks zurückzubringen, umso besser sind wir darauf vorbereitet, andere bei diesen wichtigen Wahrnehmungsübungen anzuleiten.

Wenn Sie also bereit sind, wollen wir nun versuchen, unseren Schüler*innen diese Aktivität nahezubringen!

Aktivität: Gewahrsein der Sinne

Absicht: Eine Reihe kurzer, aktiver erfahrungsorientierter Übungen anzubieten, die den Kindern zeigen, wie man sich bewusst mit Sinneserfahrungen auseinandersetzt.

Diese Aktivität umfasst eine Reihe unterschiedlicher Übungen und kann, je nach Altersstufe, 30 bis 40 Minuten dauern. Sie können sie auch anpassen und kürzen, sodass die Kinder sich jeweils nur einen Sinneskanal auf einmal vornehmen. Das können Sie als 5- bis 10-minütigen »Starter« nutzen. Dann könnten Sie sich im Laufe der Woche immer wieder einmal auf unterschiedliche Arten mit demselben Sinn beschäftigen.

Heute werden wir etwas über unsere Sinne lernen und darüber, wie sie uns helfen, lebendiger zu sein und wacher wahrzunehmen, was um uns herum und in unserem Innern vor sich geht. Wer kann mir einen unserer Sinne nennen?

- Fragen Sie auch alle anderen Sinne ab.

1. Hörsinn (zuhören)

Also … wo fangen wir an? Beginnen wir mit den Ohren und unserem Hörsinn. Ich werde jetzt für 30 Sekunden still sein und ich möchte, dass ihr ebenfalls still bleibt und einfach alle Geräusche wahrnehmt, die ihr hört. Wenn die Zeit um ist, werde ich euch fragen, welche Geräusche ihr wahrgenommen habt. Okay? Schauen wir einmal, wie gut wir lauschen können …

Bleibt also still sitzen und achtet 30 Sekunden lang auf alles, was ihr hört, ohne zu sprechen. Wir beginnen jetzt …

- Beim letzten Satz stellen Sie vielleicht fest, dass Sie automatisch langsamer sprechen und vielleicht auch etwas leiser werden, während Sie sich selbst und die Klasse auf den stillen Modus des Hörens einstimmen. So geben Sie den Ton für Ihre Schüler*innen vor. Bleiben Sie während der nun folgenden Gruppenerfahrung in diesem ruhigen Modus. Machen Sie sich keine Sorgen und reagieren Sie nicht übermäßig, falls einige Schüler*innen herumzappeln oder Geräusche von sich geben. Versuchen Sie einfach, sie durch Augenkontakt oder Gesten, dazu zu bringen, ebenfalls still zu sein.

Gut, was habt ihr gehört?

- Hören Sie sich die Antworten nacheinander an und sprechen Sie die ganze Gruppe an *(Horizontale Inquiry*, siehe Kapitel 5, Top Tipp 11)

Oh, ich sehe, dass noch andere nicken. Habt ihr das auch gehört?

- Versuchen Sie durch Nachfragen so viele Geräusche wie möglich herauszubekommen und loben Sie die Gruppe:

Toll, ihr seid sehr gut im Zuhören. Wie viele Geräusche und Klänge ihr gehört habt! Ich habe nicht mal das Ticken der Uhr oder den Vogel gehört, der draußen gezwitschert hat.

Diese Übung können Sie von Zeit zu Zeit wiederholen. Den Kindern machen solche Hör-Übungen oft Spaß und sie mögen es, wenn sie dafür gelobt werden, dass sich ihre Fähigkeit zum Zuhören noch verbessert hat. Sie können den Kindern auch helfen, die Bedeutung der Verbindung zwischen Zuhören und Lernen, Sprachen, Musik oder Beziehungen etc. zu erkennen.

- Außerdem haben Sie, ohne es zu erzwingen, im Klassenzimmer für einen gemeinsamen Moment der Stille gesorgt – was im normalen Schulleben äußerst ungewöhnlich ist! Wenn Sie wollen, können Sie das auch offen ansprechen:

  Wie fühlt es sich an, auf diese Art in der Klasse gemeinsam still zu sein? Wir verlangen immer von euch, zuzuhören, aber wir bringen euch kaum bei, wie man aufmerksam zuhört. Damit haben wir jetzt angefangen.

2. Tastsinn (berühren)

Als Nächstes wollen wir unseren Tastsinn untersuchen! Woran denken wir hauptsächlich, wenn wir an Berührung denken? Ja, unsere Finger. Versucht, bei diesen Sinnesübungen ganz neugierig zu sein, wie ein Wissenschaftler oder eine Wissenschaftlerin und untersucht, was ihr erlebt.

Die nächste Übung wollen wir im Stehen machen. Reibt eure Hände so aneinander.

- Halten Sie die Hände vor den Körper und reiben Sie sie aneinander.

  Unsere verschiedenen Sinneserfahrungen sind natürlich nicht voneinander getrennt, sie überschneiden sich. Lasst uns also beim Händereiben auch dem Geräusch lauschen, das jetzt dabei entsteht …

  Spürt in eure Hände und Finger hinein, nehmt die Bewegung wahr, vielleicht werden die Hände wärmer …

  So, jetzt ist es genug; Legt behutsam eine Hand auf euren Brustkorb oder aufs Herz und eine auf euren Bauch. Schaut, ob ihr ganz neugierig untersuchen könnt, was eure Hände spüren. Fast so, als würdet ihr mit den Händen lauschen.

Spürt ihr, wie die Kleidung eure Hände berührt? …
Spürt ihr irgendeine Bewegung im Brust- oder Herzbereich? …
Und im Bauch? …
Lasst jetzt eure Hände locker seitlich herunterhängen. Und spürt noch einmal in eure Finger hinein, in alles, was ihr in euren Fingern empfindet …
euren Händen …
euren Armen …
euren Schultern …
oder in irgendeinem anderen Bereich eures Körpers, jetzt …
Wie fühlt es sich in eurem Körper an?
Könnt ihr jetzt, während wir alle still sind, vielleicht die Atembewegung im Körper spüren? …
in eurem Bauch …
in eurer Brust …
oder in der Nase …

- An diesem Punkt können Sie die Übung abschließen, indem Sie die Kinder noch einmal auffordern:

  Spürt in euch hinein: Wie fühlt ihr euch und wie fühlt sich der Raum an?

Falls es die Zeit erlaubt, können Sie danach noch eine weitere kleine Übung anhängen, indem Sie die Kinder einladen, wie ein neugieriger Wissenschaftler einen Partner, eine Partnerin zu fragen, was sie oder er bemerkt hat. Dabei liegt die Betonung auf dem aufmerksamen Zuhören. Bitten Sie dann ein oder zwei Schüler*innen, der ganzen Klasse von ihren Erfahrungen zu berichten.

- Sie können den Kindern hier auch einen Moment Zeit lassen, um über diese Aktivität zu reflektieren. Beispielsweise:

  Wie könnte uns der Tastsinn hier von Nutzen sein?

- Sammeln Sie die Ideen der Kinder und steuern Sie, wenn Sie möchten, ein persönliches Beispiel bei. Hier eins von unseren:

  Manchmal, wenn ich merke, dass ich mir über irgendetwas zu viele Sorgen mache, kann es mir helfen, mich weniger zu sorgen, wenn ich mich kurz auf meinen Tastsinn konzentriere. Wenn ihr wollt, könnt ihr das jetzt mit mir zusammen ausprobieren.

Ich werde versuchen, meine Aufmerksamkeit in meine Füße zu lenken und zu spüren, wie sie sich anfühlen.

Schaut, ob ihr jetzt eure Füße spüren könnt – von innen – eure Fußzehen und vielleicht die Socken und Schuhe, in denen eure Füße stecken …

Und jetzt nehmt einfach wahr, wie ihr euch fühlt …

Anfangs bemerkt ihr vielleicht nichts Neues. Unterschiedliche Übungen funktionieren für unterschiedliche Menschen zu unterschiedlichen Zeiten. Bei mir habe ich festgestellt, dass ich, wenn ich für einen Moment meine Füße spüren konnte, mir gar keine Sorgen über irgendetwas gemacht habe, und jetzt fühle ich mich ein bisschen ruhiger.

Diese Übung oder Ihre eigene Version davon kann auch zwischendurch im Laufe des Schultages zu jedem Zeitpunkt eingestreut werden. Probieren Sie das zu verschiedenen Zeiten aus. Vielleicht stellen Sie fest, dass eine kurze Übung, selbst wenn sie nur eine Minute dauert, die Atmosphäre im Klassenzimmer verändern und den Schüler*innen helfen kann, in Gang zu kommen, sich zu sammeln und wieder zu konzentrieren.

Tipp für den Unterricht

Beobachten Sie bei dieser Art von Übungen stets Ihre eigene Erfahrung, während Sie die Kinder anleiten. Das ist ein weiteres Grundprinzip bei Achtsamkeitstrainings. Unsere persönliche Wahrnehmung von Empfindungen im gegenwärtigen Moment kann diese kurzen geführten Übungen lebendig werden lassen. Dieses buchstäbliche »Verkörpern« kann uns auch helfen, in unseren Reaktionen flexibel zu bleiben, wenn beispielsweise alle durch ein plötzliches Geräusch abgelenkt werden und wir das in unsere Anleitung integrieren.

*Wenn wir eine Klasse voller energiegeladener 8-Jähriger vor uns haben, hat unser inneres Monitoring natürlich seine Grenzen! Wir müssen eine Balance finden zwischen Selbstgewahrsein und der Notwendigkeit, die Gruppe zu halten. Das könnte zu einer gewissen inneren Anspannung führen, aber etwas Achtsamkeit in Bezug auf das, was im Klassenzimmer geschieht, kann uns helfen, fokussiert zu bleiben, während wir unsere innere Fähigkeit, »weicher« zu werden, manchmal nutzen können, um sensibler auf das herausfordernde Verhalten von Schüler*innen zu antworten. Es kann auch sehr hilfreich sein, sich einen gewissen Sinn für Humor zu bewahren!*

3. Sehsinn (sehen)

Einer unserer Sinne, den wir oft als selbstverständlich betrachten, ist das Sehen. Wir benutzen unsere Augen so viel, dass wir oft vergessen, was für eine wunderbare Sache es ist, sehen zu können. Die Welt ist voller herrlicher Farben und Formen.

Jetzt wollen wir eine Minute lang ausprobieren, ob wir Dinge untersuchen können, indem wir sie neugierig mit unseren Augen betrachten. Steht bitte alle auf und sucht euch einen Platz, sodass ihr den anderen nicht zu nahe kommt.

Atmet einmal tief ein und aus und schließt beim Ausatmen langsam die Augen oder schaut auf einen Punkt am Boden …

Öffnet nun behutsam wieder die Augen, bleibt auf demselben Platz stehen und fangt an, euch langsam um euch selbst zu drehen. Schauen wir, ob wir uns auf alle Dinge im Raum konzentrieren können, die rot sind (oder irgendeine andere Farbe, die in Ihrem Klassenzimmer auftaucht).

Schaut nun, ob ihr, nur mit den Augen, ohne zu sprechen, verschiedene Rottöne wahrnehmen könnt. Manche Dinge sind vielleicht mehr rosarot, andere mehr orangerot. Schaut euch weiter um und nehmt die Dinge wahr.

Und was ist mit Blau? Mit Blautönen? Dunkleres Blau. Helleres Blau. (Man kann auch Dinge einbeziehen, die man durchs Fenster sieht).

Und jetzt Grün.

Schaut euch jetzt, nur für einen Moment, alle Farben um euch herum an. Was bemerkt ihr? …

Wie sehen sie alle zusammen aus? Was für schöne Farben wir in unserem Klassenzimmer haben!

Das habt ihr alle sehr gut gemacht. Wie ich am Anfang schon gesagt habe, wissen wir es nicht immer zu schätzen, wie wunderbar es ist, sehen zu können. Wie farbenprächtig unsere Welt ist. Manche Menschen können einige Farben nicht sehen, weil ihre Augen und ihr Gehirn, sie nicht wiedergeben. Kennt ihr so eine Person? Und dann gibt es natürlich noch Menschen, die schon von Geburt an nicht sehen können oder später im Leben ihr Augenlicht verloren haben. Was für ein Glück wir haben, dass wir sehen können.

Denkt daran – unsere Sinne sind wie Türen, die sich zur Welt hin öffnen und uns helfen, die Dinge um uns herum zu verstehen und uns mit ihnen und allen Menschen in unserem Leben zu verbinden.

Tipp für den Unterricht

*Die meisten Grundschul-Klassenzimmer sind ziemlich farbenfroh gestaltet. Sollten Sie sich aber in einem farblich recht monotonen Raum befinden, versuchen Sie, eine Hauptfarbe auszuwählen – selbst wenn es Grau oder Weiß oder Braun ist – und ermutigen Sie die Schüler*innen, feine Schattierungen dieser Farbe wahrzunehmen. Oder weisen Sie auf Stellen hin, wo das Licht in den Raum fällt und verschiedene Bereiche zum Leuchten bringt. Formen können ebenfalls geeignet sein. Es ist manchmal erstaunlich, wie viele Rechtecke man in einem Raum entdecken kann!*

Kinder wollen natürlich mit dem, was sie entdecken, sofort herausplatzen, aber wir versuchen ihnen bei solchen Übungen zu helfen, die Fähigkeit zu entwickeln, nach innen zu lauschen. Es könnte also hilfreich sein, sie anzuleiten, »aus ihrem Inneren zu antworten«. Wir leiten solche Übungen oft mit den Worten ein:

Unterschiedliche Menschen mögen unterschiedliche Aktivitäten und diese mag für euch gut funktionieren oder auch nicht, aber versucht bitte zu vermeiden, auf die anderen zu schauen, denn das könnte sie ablenken, wenn sie gerade etwas wirklich Wichtiges entdecken.

4 und 5: Geschmacks- und Geruchssinn (schmecken und riechen)

- Dies funktioniert vielleicht am besten als separate Aktivität, da es einige Planung erfordert. Falls Sie aber das Thema »Sinne« jetzt mit einer kurzen »Geschmacksübung« abschließen möchten, können Sie das ohne großen Aufwand auf ganz simple Weise tun, indem Sie kurz über diesen Sinn sprechen und dann jedem Kind ein Stück Schokolade (oder etwas anderes) geben. Bitten Sie die Kinder, sich wirklich auf das Schmecken zu konzentrieren, während sie es still genießen.
- Im Folgenden zeigen wir, wie man achtsames Essen als abschließende Einzel-Aktivität nutzen kann, bei der wir uns etwas Zeit nehmen, alles zusammenzufassen, was wir bis hierhin besprochen haben:

  Heute wollen wir zwei Sinne untersuchen, mit denen wir uns bisher noch nicht beschäftigt haben. Welche werden das wohl sein? … Richtig; der Geruchssinn und der Geschmackssinn. Aber zuerst möchte ich euch fragen: Was glaubt ihr, weshalb wir diese ganzen Sinnes-Übungen gemacht haben? …

  Ja, wie wir letzte Woche gesagt haben, können wir uns sehr glücklich schätzen, dass alle unsere Sinne funktionieren und es ist wirklich gut für uns, sie zu würdigen und dankbar dafür zu sein. Aber es gibt auch noch einen anderen Grund. Wissenschaftler sagen uns, dass wir, wenn wir versuchen, über die Sinne herauszufinden, was in unserem Körper vor sich geht, unserem Gehirn helfen können, sich entspannter zu konzentrieren. Das kann sich sehr positiv auf unser Denken und Fühlen und sogar auf unseren Körper auswirken. Es kann uns beispielsweise helfen, wenn wir uns vielleicht zu viele Sorgen über etwas machen. Schauen wir uns einmal diesen kurzen Trickfilm über jemanden an, von dem ihr vielleicht schon wisst, dass er sich Sorgen über etwas macht …

- In seinem Kurs »Innehalten und Atmen« für 11–18-Jährige nutzt das *Mindfulness in Schools Project* einen netten Clip über Kung Fu Panda. Sie können ihn an dieser Stelle als schönen Einstieg in die Geschmacksübung nutzen. (Suchen Sie auf YouTube nach: Kung Fu Panda. »Warum bist du verärgert. Das Gestern ist Geschichte«).

- Wir haben diesen Clip auch bei der Einführung der Aktivität »Gewahrsein der Sinne« mit guter Resonanz verwendet. (Er funktioniert auch gut bei älteren Teenagern; sogar Studierende und Erwachsene scheinen ihn wirklich zu mögen!).
- Der Film endet damit, dass Po (der Kung Fu Panda) beginnt, achtsam einen Pfirsich zu essen.

  Sieht Po jetzt noch genauso verärgert aus wie am Anfang? Was hat Master Oogway, die weise alte Schildkröte, Po über das »Geschenk« der Gegenwart erzählt? Als Po das hörte, schaut er den einen Pfirsich an, der in seine Hand gefallen war und versteht nun, dass er die Wahl hat, diesen einen Pfirsich langsam und achtsam zu essen, ihn wirklich zu genießen und alles daran wahrzunehmen. Sich nicht einfach vollzustopfen, wie er es getan hatte, als er verärgert war.

  Gleich wollen wir schauen, ob auch wir irgendetwas ganz achtsam, mit allen Sinnen, essen können. Erinnert euch: Ich habe gesagt, dass wir etwas von Wissenschaftlern gelernt haben, die erforscht haben, wie unser Geist, unser Körper und unsere Gefühle funktionieren, und ihr wisst, dass ihr alle auch Wissenschaftler und Wissenschaftlerinnen seid. Mit eurer Aufmerksamkeit und Neugier könnt ihr Dinge achtsam über eure Sinne erforschen.

  Und bei dieser letzten Übung werden wir alle unsere Sinne gebrauchen, die wir bisher erforscht haben. Wir werden schauen, hören, berühren und ja, riechen und schmecken.
- Diese Übung kann man mit fast allen Nahrungsmitteln machen, aber wir haben sie gerne mit Mandarinen gemacht. Sie eignen sich sehr gut, um alle Sinne anzusprechen. Falls Sie das Gefühl haben, dass die Schüler*innen zu lange gesessen haben und etwas Bewegung brauchen, können Sie sie einladen, aufzustehen und nach vorne zu kommen, um sich aus einem Korb eine Mandarine (und eine Serviette) zu holen. Es ist hilfreich, aber nicht unbedingt notwendig, die Mandarinen im Kühlschrank aufzubewahren, damit sie kalt sind.

Tipp für den Unterricht

Sie nehmen sich ebenfalls eine Mandarine und machen alles, wozu Sie Ihre Schüler und Schülerinnen auffordern, auch selbst. Ihre eigene Erfahrung wird den Kindern bei der Übung ein Beispiel geben und Ihnen helfen, bei den Fragen, die Sie ihnen stellen und beim Tempo der Anleitung das rechte Maß zu finden.

*Manchmal leiten Lehrer*innen Geschmacksübungen an, ohne selbst daran teilzunehmen. Dadurch können sie Gelegenheiten verpassen, die Übung lebendiger und interessanter zu gestalten oder, wie ich es in einem Fall beobachtet habe, noch damit beschäftigt sein, Empfindungen zu beschreiben, wenn die Kinder ihre Mandarine längst gegessen haben!*

So, jetzt habt ihr alle eure Mandarine vor euch liegen, und wir wollen zuerst einmal unseren Sehsinn gebrauchen, um diese Mandarine zu untersuchen.

- Sie können es den Schüler*innen freistellen, die Antworten auf die folgenden Fragen für sich zu behalten oder ein paar Kinder ermutigen, ihre Antworten mit der Klasse zu teilen! Der Schlüssel zu dieser Übung liegt, wie bei vielen anderen, darin, das Interesse der Kinder zu wecken – und natürlich auch dafür zu sorgen, dass sie Spaß dabei haben!

Wie nehmt ihr die Farbe wahr? Ist sie überall gleichmäßig? Und was ist mit der Oberfläche? Ist sie glatt oder rau? Und wie sieht es aus, wenn Licht auf die Mandarine fällt? Macht euch mit eurer Mandarine vertraut. Lernt sie so gut kennen, dass ihr eure eigene wiederfinden würdet, wenn ich alle einsammeln und zurück in den Korb legen würde!

Keine Sorge! Das mache ich natürlich nicht! Versucht einfach, so viel wie möglich an dieser Mandarine zu entdecken, indem ihr euren Sehsinn gebraucht. Jede:r von euch hat eine Mandarine vor sich, aber nur du hast diese Mandarine. Sie ist einzigartig. Genau wie du.

Hebt jetzt die Mandarine auf und legt sie in eine Hand. Was spürt ihr jetzt mit eurem Tastsinn? Ist die Mandarine warm oder kalt? Und was ist mit dem Gewicht? Ihr könnt die Mandarine behutsam von einer Hand in die andere gleiten lassen und dabei feststellen, wie schwer oder leicht sie ist. Und wie fühlt sie sich an; ist ihre Oberfläche glatt oder rau?

Machen Mandarinen irgendwelche Geräusche? Haltet sie mal an ein Ohr. Da ist soweit nichts zu hören. Aber was ist, wenn wir langsam anfangen, die Mandarine zu schälen? Lasst euch einen Moment Zeit, bevor ihr mit dem Schälen anfangt … hebt sie jetzt noch einmal ans Ohr und lauscht einfach, wenn wir alle anfangen, gemeinsam unsere Mandarinen zu schälen.

- Lassen Sie den Kindern etwas Zeit zum Schälen und Hören.

Wow! Habt ihr bemerkt, dass noch ein anderer Sinn geweckt wird, während wir die Mandarine schälen? Richtig – der Geruchssinn! Was bemerkt ihr da? Könnt ihr ihn über eure Nasenlöcher wahrnehmen? Und was ist jetzt mit eurem Mund – bereitet er sich darauf vor, die Mandarine zu essen? Wie merkt ihr das? Schält also jetzt weiter eure Mandarine und nehmt den Geruch wahr, während ihr dann vorsichtig ein Stück so abreißt. (Demonstrieren Sie das, indem Sie eine Mandarinenspalte hochhalten).

Esst dieses Stück noch nicht – wir wollen es erst noch kurz untersuchen. Haltet es gegen das Licht. Spürt seine Oberfläche und sein Gewicht. Und jetzt steckt es auf einer Seite in den Mund zwischen die Zähne – beißt aber noch nicht zu!

- Tun Sie das ebenfalls. Es ist schwierig, mit einem Stück Mandarine im Mund zu sprechen, aber es ist auch lustig und die Schüler*innen können diesen spielerischen Umgang genießen.

Spürt noch einmal genau, was in eurem Mund passiert. Ist da jetzt mehr Speichel? Wenn ihr bereit seid, dann fangt jetzt an, dieses Mandarinen-Stück ganz langsam zu kauen und nehmt dabei eure Sinne wahr …

Spürt und schmeckt … Vielleicht nehmt ihr auch wieder andere Sinne wahr. Auch beim Schmecken ist der Tastsinn aktiv – die Zunge berührt die Mandarine, der Gaumen … Manchmal könnt ihr vielleicht auch beim Kauen etwas hören …

- Lassen Sie den Kindern etwas Zeit, während sie das Mandarinenstückchen zu Ende essen und dabei ihre Sinne wahrnehmen.

  Wendet euch jetzt eurem Lern-Partner oder eurer -Partnerin zu und findet heraus, wie diese Erfahrung für ihn oder sie war. Ihr könnt dann beide den Rest eurer Mandarine ganz normal essen, während ihr euch erzählt, wie es sich anfühlt, etwas zu essen, wenn eure »Sinnestüren« offen sind.

  Essen wir normalerweise so? Wir könnten natürlich nicht immer auf diese Weise essen, aber vielleicht könnt ihr ab und zu versuchen, beimEssen wirklich aufmerksam zu sein und eure Sinne zu gebrauchen – und wenn es nur für ein paar Bissen ist. Vielleicht wollt ihr sogar euren Eltern beibringen, wie man eine Mandarine wie Po essen kann!

Tipps für den Unterricht

- *Wenn wir Lebensmittel in eine Klassenaktivität einbeziehen, bringt das immer ein bisschen Aufregung in die Klasse, was ein sorgfältiges Classroom-Management erfordert. Geben Sie klare Anweisungen und erklären Sie den Kindern vorab, was auf sie zukommt und was zu erwarten ist. Versuchen Sie, die Aktivität so gut wie möglich vorzubereiten und gehen Sie »mit dem Fluss«!*
- *Vergessen Sie nicht, nach Allergien zu fragen und halten Sie ein paar Alternativen vor, falls nötig.*
- *Es ist auch hilfreich, die Mandarinen und Servietten verdeckt bereitzuhalten, damit die Schüler*innen sie nicht sehen, bevor Sie mit der Übung beginnen.*

(Weitere Tipps und pädagogische Empfehlungen zum Unterrichten von Achtsamkeit finden Sie unter Top-Tipps für den Unterricht, Seite 191)

Was wir hier tun, löst bei den Schülern und Schülerinnen natürlich teilweise auch ein Gefühl der Wertschätzung und Dankbarkeit für die wunderbaren Dinge aus, die wir haben, und für die Möglichkeiten, uns über unsere Sinne damit zu verbinden. Die Forschung (Emmons, 2010) zeigt, dass es einen positiven Effekt auf unser Wohlbefinden haben kann, wenn wir die Aufmerksamkeit bewusst auf Gefühle der Wertschätzung und Dankbarkeit lenken.

Ein Lehrer: Was lief gut?

In meiner Klasse machen wir jeden Freitag eine »Was-lief-gut-Übung«, bei der wir unsere Schulwoche Revue passieren lassen und uns an drei kleine Dinge erinnern, die für uns gut gelaufen sind und warum. Wir schreiben sie auf eine Haftnotiz, kleben sie an das »Was-lief-gut-Brett« und feiern die positive Woche, die hinter uns liegt.

Meine Erfahrung mit der Integration von Wohlfühl-Übungen in den Schulalltag der Schulen, in denen ich gearbeitet habe, hat mir gezeigt, dass es am effektivsten ist, kurz und bündig zu erklären, warum die Übungen wichtig für das Wohlbefinden sind und es den Lehrkräften dann so einfach wie möglich zu machen, diese Übungen ebenfalls im Unterricht einzuführen. Ich lud Kollegen und Kolleginnen also in mein Klassenzimmer ein und zeigte ihnen das Brett. Dann erläuterte ich kurz den wissenschaftlichen Hintergrund der Aktivitäten und Übungen und gab ihnen ein Info-Blatt mit einigen Links und Hinweisen auf weiterführende Literatur, falls sie sich für die diesbezüglichen Studien interessierten. Schließlich gab ich ihnen noch einen Stapel Haftnotizen und ein »Was-lief-gut«-Banner, sodass sie ganz einfach selbst ein solches Brett für ihr Klassenzimmer herstellen konnten. Vielbeschäftigte Lehrer*innen müssen wissen, weshalb es sich lohnt, etwas Bestimmtes zu tun, und es muss einfach umzusetzen sein. Deshalb kann diese Wohlfühl-Praxis in Schulen so gut funktionieren.

Adrian Bethune – Grundschullehrer, Aylesbury, UK und Autor von *Wellbeing in the Primary Classroom: A Practical Guide to Teaching Happiness*, www.teachhappy.co.uk

Ergänzende Übungen – Sinne

Sinneserfahrungen miteinander verbinden

Bei nachfolgenden Aktivitäten möchten Sie die Aufmerksamkeit der Schüler*innen vielleicht manchmal explizit darauf lenken, verschiedene Sinneserfahrungen miteinander zu verbinden. Zum Beispiel:

- Können die Kinder dem Ticken der Uhr und anderen Geräuschen lauschen und gleichzeitig ihrer Atembewegungen gewahr sein? Sie können die Kinder behutsam in diese kurzen Übungen einführen, indem Sie beispielsweise mit den Geräuschen beginnen und dann das Gewahrsein der Atembewegung einbeziehen.
- Können die Schüler*innen den Baum durchs Fenster betrachten und gleichzeitig spüren, wie der Atem durch ihren Körper strömt?
- Können sie ihre Füße »von innen« spüren, während sie dem Ticken der Uhr lauschen?

Klänge »schmecken«

Falls Sie die ursprüngliche Hör-Übung noch weiterführen wollen, könnten Sie an einem anderen Tag Folgendes ausprobieren:

Wir wollen noch einmal auf das Üben unserer Hör-Fähigkeiten zurückkommen. Erinnert ihr euch, wie nützlich es ist, zu lernen, gut zuhuören zu können? Und wie hilfreich es für unseren Körper und Geist ist, wenn wir uns manchmal die Zeit nehmen, eine Weile still zu sein? Gleich werde ich mit dem Klangspiel läuten. Wir setzen (oder stellen) uns jetzt also so hin, dass es uns hilft, uns daran zu erinnern, aufmerksam zu sein. Wenn ihr wollt, könnt ihr die Augen schließen. Manche Menschen stellen fest, dass ihr Hörsinn besser funktioniert, wenn sie ihren Sehsinn nicht gebrauchen. Aber es ist auch in Ordnung, die Augen offen zu lassen, wenn euch das lieber ist. Schaut dann einfach auf einen Punkt vor euch auf dem Tisch oder am Boden, ohne zu starren.

Jetzt hört auf den Klang, hört, wie er schwächer wird, und wenn ihr ihn nicht mehr hören könnt, schaut, ob ihr still, entspannt und aufmerksam bleiben könnt und einfach andere Geräusche bemerkt, auf die ihr aufmerksam werdet …

Ihr müsst euch dabei nicht anstrengen, lasst die Klänge einfach zu euch kommen. Diesmal müsst ihr euch nicht merken, was ihr gehört habt, schaut einfach, ob ihr es genießen könnt, den Klängen zu lauschen. Seid neugierig …

Achtet auf laute Geräusche … leise Geräusche, hohe Töne … tiefe Töne … Geräusche, die von draußen kommen … Geräusche innerhalb des Klassenzimmers …

Zum Schluss werde ich noch einmal mit dem Klangspiel läuten und wenn ihr den Klang nicht mehr hört, könnt ihr langsam die Augen öffnen.

Wie fühlt ihr euch? Wie fühlt sich der Raum an? Und streckt euch ein bisschen, wenn ihr möchtet.

Wie war das für euch? Wendet euch jetzt eurem Lern-Partner oder eurer Partnerin (oder jemand anderem in der Nähe) zu und fragt, was er oder sie erlebt hat. Nicht nur, welche Geräusche oder Klänge sie gehört haben, sondern auch, wie sie sich bei dieser Übung gefühlt haben.

- Wenn die Übung gut lief, können Sie das der Gruppe bestätigen:

  Also, ihr habt bei dieser Übung wirklich einen schönen Moment der Stille erzeugt. Das habt ihr gut gemacht.

- Wenn es holprig war, könnten Sie sagen:

  OK. Danke, dass ihr das versucht habt. Achtsames Hören fällt nicht immer leicht. Es ist wirklich eine Fähigkeit, die man üben muss. Manchmal funktioniert es besser, manchmal schlechter. Wir können das wieder einmal gemeinsam üben.

Tipp für den Unterricht

Ziehen Sie diese Übung beim ersten Mal nicht zu sehr in die Länge. Sie können Ihre eigenen Worte verwenden und im Lauf der Übung immer wieder kurze Pausen zulassen. Achten Sie darauf, wann es nach Ihrem Gefühl Zeit ist, die Übung zu beenden.

Nachdem wir alle Sinne vorgestellt haben, hängen die nächsten Schritte davon ab, wie viel Zeit und Raum uns jede Woche zur Verfügung stehen – und natürlich auch von unseren tieferen Motiven.

Was wollen wir wirklich für unsere Schüler*innen?

Nehmen Sie sich die Zeit, innezuhalten und noch einmal darüber nachzudenken, was Sie erreichen möchten und wie Sie sich selbst weiterhin auf dieser Reise unterstützen können.

REFLEXION: INNEHALTEN, REFLEKTIEREN, PLANEN

Falls Sie dieses Buch gemeinsam mit Kolleg*innen durcharbeiten, könnte dies eine gute Fokus-Übung für Partner- oder Gruppenarbeit sein. Falls Sie die Übung allein machen, können Sie Ihre Antworten in Ihrem Tagebuch festhalten.

1. Was will ich wirklich für meine Schüler*innen?
   Denken Sie einen Moment über diese Frage nach. Erinnern Sie sich an frühere Absichten und Ziele und schauen Sie, ob irgendetwas Neues auftaucht oder ob Sie weiterhin Ihre ursprünglichen Ideen verfolgen wollen.
2. Wie viel Unterrichtszeit kann ich realistischerweise erübrigen für
   - regelmäßige Achtsamkeitslektionen
   - kurze ergänzende Übungen?

3. Welche anderen Gelegenheiten gibt es eventuell, um das, was meine Schüler*innen hier lernen, mit anderen Fächern und Aktivitäten zu verbinden?
4. Welche Unterstützung könnte ich vielleicht von Kolleg*innen, Schulleitungen und Eltern bekommen?
5. Wie kann ich in der Schule für mein eigenes Wohlbefinden sorgen und diese Selbstfürsorge aufrechterhalten?
6. Wie kann ich außerhalb der Schule (z. B. in örtlichen Meditationsgruppen, Retreats, Yoga-Kursen, Online-Tai-Chi- oder Qi-Gong-Kursen) Unterstützung finden? Siehe Abbildung 7 in Kapitel 4 »Baum der Kontemplation«.

Während Sie Ihre Arbeit in diesem Bereich entwickeln und vertiefen, werden Sie zu einer, wie wir es nennen, »Champion-Lehrkraft« in dem Sinne, dass Sie diese Qualitäten so gut Sie können selbst verkörpern, weil Sie persönlich den Wert von Selbstfürsorge und achtsamkeitsbasiertem Wohlbefinden verstehen. In Kapitel 8 schauen wir uns weitere Fragen und Herausforderungen an, die bei Ihrer Arbeit in Schulen auftauchen, und fragen, welchen Beitrag sie zu einem umfassenderen Perspektivwechsel in Ihrer Schulgemeinschaft leisten kann.

Achtsame Bewegung

Nachdem Sie Ihren Schüler*innen eine Reihe von bewussten Sinneserfahrungen nahegebracht haben, möchten Sie vielleicht andere Aktivitäten ausprobieren, um die Achtsamkeit im gegenwärtigen Moment auf eine unterhaltsame Weise zu fördern und anzuwenden. Die folgende Aktivität ist ein Beispiel dafür, wie man das umsetzen kann.

Wasser-Übung

Nachdem wir die Sinne erforscht und gelernt haben, uns zu fokussieren, können wir diesen Fokus auch auf Bewegung richten und uns darin üben, unsere Sinne zu wecken, während wir gleichzeitig aufeinander achten.

Für diese Aktivität brauchen wir Wasser und Becher. Falls es in Ihrer Schulkantine wiederverwendbare Plastikbecher gibt, könnten Sie diese benutzen. (Unten finden Sie alternative Vorschläge, wenn Sie diese Übung ohne Wasser durchführen möchten.)

Vorbereitung

- Sie können die Übung im Klassenzimmer machen, oder Sie suchen einen größeren Raum oder führen sie sogar draußen durch.
- Füllen Sie die Becher fast bis zum Rand mit Trinkwasser. Stellen Sie sicher, dass Sie für jedes Kind und für sich selbst (und eventuelle Assistenten) je einen Becher haben.
- Stellen Sie außerdem noch einen Krug mit Trinkwasser bereit.
- Falls Sie die Übung drinnen machen, sollten Sie ein Tuch bereithalten, um verschüttetes Wasser aufwischen zu können!

Übung:

- Laden Sie die Schüler*innen ein, sich einen mit Wasser gefüllten Becher zu nehmen und damit langsam im Raum umherzugehen – und zu versuchen, kein Wasser zu verschütten.
- Die Kinder werden beim Gehen natürlich ihren Blick auf das Wasser richten, was ihnen hilft, sich darauf zu konzentrieren, kein Wasser zu verschütten.
- Leiten Sie sie in ungezwungenem, spielerischem Ton weiter an:

  Geht so langsam wie möglich, damit das Wasser im Becher bleibt.

  *Achtet auf eure Klassenkamerad*innen, wenn ihr einander nahe kommt.*

Haltet ihr den Atem an? Wenn ja, atmet langsam aus, während ihr weitergeht.

Haltet ihr den Becher krampfhaft fest? Schaut, ob ihr den Griff ein bisschen lockern könnt.

- Lassen Sie beim Anleiten der Übung hin und wieder einen Moment der Stille zu.
- Gehen Sie mit dem Krug im Raum umher und gießen Sie willkürlich in den einen oder anderen Becher noch ein bisschen Wasser nach. Das wird für ein wenig Aufregung sorgen und manche Kinder werden ebenfalls noch mehr Wasser in ihrem Becher haben wollen, andere werden versuchen, Ihnen auszuweichen! Es ist nicht nötig, alle Becher nachzufüllen. Das Zufällige ist hier Teil des Vergnügens.
- An einem bestimmten Punkt könnten Sie die Kinder auffordern, ihren Becher vorsichtig mit dem Kind zu tauschen, das ihnen im Raum gerade am nächsten ist.
- Lassen Sie die Kinder noch eine Weile langsam im Raum umhergehen und dann anhalten.
- Sie können die Übung beenden, indem Sie die Aufmerksamkeit der Kinder auf ihren Körper und ihre Atmung lenken und den Fokus dann kurz auf die Dankbarkeit für sauberes Trinkwasser richten.

  Nachdem wir jetzt stehen geblieben sind, schaut, ob sich eure Muskeln verspannt anfühlen. Vielleicht sind eure Schultern und Arme angespannt. Versucht, die Schultern fallen zu lassen und zu entspannen, während ihr immer noch den Becher haltet. Jetzt richtet euren Blick (Sehsinn) und eure Aufmerksamkeit auf das Wasser im Becher. Ihr steht still, aber ist das Wasser auch still? Bemerkt ihr irgendeine Bewegung im Wasser? Und wie fühlt ihr euch jetzt?

- Dann können Sie die Schüler*innen bitten, das Wasser zurück in den Krug oder ins Waschbecken zu schütten oder, noch besser, damit die Pflanzen zu gießen (sofern es im Klassenzimmer welche gibt). Falls Sie die Übung im Freien machen, können die Kinder das Wasser an die Erde zurückgeben oder es in der Nähe stehenden Pflanzen zugutekommen lassen.

Ergänzende Übung

Verspürt ihr den Drang, das Wasser zu trinken? Vielleicht ja, vielleicht nein. Unser Körper braucht täglich Wasser, um gesund zu bleiben. Wir haben großes Glück, dass wir jederzeit Wasser trinken können. Wenn ihr wollt, könnt ihr langsam einen Schluck oder ein paar Schlucke trinken. Und achtet dabei auf euren Tastsinn – im Mund, so wie wir es mit den Mandarinen gemacht haben –, um das Wasser zu schmecken. Falls jemand nicht trinken will – kein Problem.

Variationen der Wasser-Übung

- Anstatt mit dem Wasser herumzugehen, können die Kinder einen mit Wasser gefüllten Becher im Kreis herumgeben (im Sitzen oder Stehen).
- Das kann die ganze Klasse gemeinsam oder in kleinen Gruppen machen. Geben Sie der Gruppe zunächst einen Becher und später noch weitere. Falls die Übung im Kreis stattfindet, können Sie die Kinder nach einer Weile auffordern, die Richtung zu wechseln.

Alternative (trocken!): Mit einer Feder oder Murmel gehen

Die Idee dahinter ist dieselbe wie beim Gehen mit Wasser. Probieren Sie es zuerst selbst aus und entscheiden Sie dann, ob Federn oder Murmeln besser für Ihre Klasse geeignet sind.

- Geben Sie jedem Schüler und jeder Schülerin eine kleine Feder oder eine Murmel.
- Zeigen Sie den Kindern, wie sie die Feder/Murmel auf der offenen Handfläche halten sollen. Sie sollen die Hand nicht um die Feder oder Murmel schließen, um sie zu sichern. Helfen Sie ihnen, sich zu fokussieren, bevor sie sich bewegen: Sie könnten beispielsweise ihre Aufmerksamkeit auf

ihre Füße richten oder darauf, wie sich der Gegenstand auf ihrer Handfläche anfühlt, wenn sie ihn nicht anschauen, etc.

- Dann sollen die Kinder anfangen, sich so langsam zu bewegen, dass die Feder oder Murmel auf der offenen Handfläche liegen bleibt, ohne dass sie die Hand schließen müssen.
- Sie könnten auch der Hälfte der Klasse Murmeln geben und der anderen Hälfte Federn und die Kinder während der Übung tauschen lassen.

Knusper-Gang

- Legen Sie auf dem Boden einen Weg mit zerknülltem Zeitungspapier (oder Küchenpapier) aus.
- Laden Sie die Schüler*innen ein, vorsichtig über diesen Pfad zu gehen und sich mit ihren Ohren und Füßen auf die »knusperigen« Empfindungen zu konzentrieren.
- Sie können ein paar unterschiedliche Wege mit verschiedenen Materialien und Farben machen (beispielsweise mit Schals, Watteböllchen etc.), die unterschiedliche Empfindungen hervorrufen und die Klasse in kleinere Gruppen von »Entdeckern« aufteilen.
- Wenn möglich, können Sie das im Freien auf raschelndem Herbstlaub ausprobieren!

Eine Lehrerin: Unser Weg zum Wohlbefinden

Ich hatte das große Glück, Schulleiterin einer neuen staatlichen Schule in Kanada zu werden, und wir beschlossen nach gründlicher Planung, dass Achtsamkeit und Wohlbefinden von Anfang an das Fundament unserer Schulkultur sein sollten.

Wir fanden dann heraus, dass das MindUP-Curriculum gut zu unserer Schule passte. Um das Programm in den Schulalltag einzubauen, nahmen alle Kolleginnen und Kollegen an einem dreitägigen Achtsamkeitstraining teil, bei dem sie auch wertvolle Erkenntnisse über ihr eigenes Wohlbefinden gewannen. Sie bemerkten Veränderungen bei sich selbst – sie fühlten sich im Klassenzimmer ruhiger, waren eher in der Lage, ihre Gefühle wahrzunehmen und erkannten, wie sie am besten für sich selbst sorgen konnten. Wir fragten unsere Schüler*innen, ob sie die Atemübungen hilfreich fänden:

> »Sie helfen, wenn man wütend ist, man kann sich damit selbst beruhigen. Sie geben einem auch, wenn einen niemand ärgert, Gelegenheit, ein bisschen Zeit für sich zu haben.«
>
> Schülerin der 4. Klasse

> »Ich fühle mich entspannter und kann besser lernen; sonst würde ich total vom Thema abschweifen und meine Aufgaben nicht erledigen. Jeden Tag, nehme ich mir, immer wenn ich wütend werde, einen Augenblick Zeit zu atmen und die Sache zu vergessen, damit mein Kopf nicht für den Rest des Tages damit beschäftigt ist.«
>
> Schüler der 5. Klasse

> »Es zeigt mir, wie hyperaktiv ich in Wirklichkeit bin. Wenn ich das erkenne, weiß ich, dass ich runterkommen muss. Wenn ich es nicht erkenne, bin ich weiterhin einfach außer Rand und Band.«
>
> Schüler der 6. Klasse

> »Die Atemübungen machen es einem leichter, sich zu konzentrieren und lassen einen zur Ruhe kommen, aber man muss sie auch wirklich machen, damit es funktioniert.«
>
> Schülerin der 5. Klasse

Jedes Klassenzimmer hat eine »Stille Ecke« mit Achtsamkeits-Tools für die Schüler*innen und trotz des begrenzten Platzes in unserer Schule haben wir einen besonderen Raum eingerichtet, in dem die Lehrkräfte und Assistent*innen Achtsamkeitsübungen machen können. Ich werde alles dafür tun, um diesen Raum nicht aufgeben zu müssen, denn er ist ein Zufluchtsraum für Lehrerinnen und Lehrer während eines hektischen Schultages!

Sich in der Schule auf »Wohlbefinden« zu fokussieren ist ein Prozess und passiert nicht über Nacht. Klare Kommunikation, professionelle Entwicklung und Unterstützung für die Lehrkräfte sind der Schlüssel. Mir ist es sehr wichtig, Zeit für das Training der Kolleg*innen zur Verfügung zu stellen – das ist eine fortwährende Herausforderung, aber es ist entscheidend! Wir können nicht von unseren Schüler*innen erwarten, dass sie Achtsamkeit praktizieren, wenn *wir* es nicht tun und uns nicht selbst in Selbstregulation üben. Es ist nicht immer leicht, in einer betriebsamen Schule dafür Zeit zu finden, aber wir beginnen unsere Meetings immer mit Achtsamkeit und machen sie bei unserem Lernen zur Priorität.

Pauline McKenna –
Leiterin der Kanata Highlands Public School, Ottawa, Kanada

Aktivitäten für zwischendurch

Nachdem Sie mit den Sinnes-Aktivitäten ein Fundament für die ganze Klasse gelegt haben, können Sie mithilfe kurzer Übungen, die Sie zwischendurch einstreuen, darauf aufbauen, um die Schüler*innen in die Lage zu versetzen, sich selbst zu beruhigen und/oder »aufzuwecken«. Diese kurzen Übungen können zu Beginn oder am Ende des Unterrichts eingestreut werden, als Übergang zwischen zwei Aktivitäten oder immer dann, wenn Sie möchten, dass die Klasse für einen Moment innehält. Bei jeder Altersgruppe ist es wichtig, den Schüler*innen Gelegenheiten zu bieten, sich zu bewegen und physisch zu erden. Für 7–10-Jährige müssen wir Möglichkeiten schaffen, sich häufig zu bewegen. Wenn wir die Bewegung mit einem Achtsamkeitselement verbinden, können wir den Schüler*innen helfen, Wege zu finden, sich selbst zu trösten und zu beruhigen. Diese einfachen Übungen können dazu beitragen, sie mit Tools der Selbstfürsorge auszustatten, auf die sie bei Bedarf zurückgreifen können.

Es folgen ein paar Beispielübungen. Wenn Sie erst einmal ein Gefühl dafür bekommen haben, wie diese Aktivitäten physisches, emotionales und mentales Gewahrsein kombinieren, können Sie Ihre eigenen kreieren und vielleicht sogar die Schüler*innen einladen, Übungen vorzuschlagen, die für sie funktionieren. Am Ende dieses Kapitels weisen wir Sie auf weitere Ressourcen hin, die Sie nutzen können, um Ihr Repertoire an »Übungen für zwischendurch« zu erweitern.

Stehendes Seegras

- Bitten Sie die Schüler*innen, sich mit viel Abstand zueinander im Raum zu verteilen und nach vorne zu Ihnen zu blicken.
- Erzählen Sie ihnen etwas über Seegras, insbesondere über Kelp: zum Beispiel, dass diese Algen eine Art Unterwasserwald bilden und jeder einzelne Strang im Meeresboden fest verankert ist.

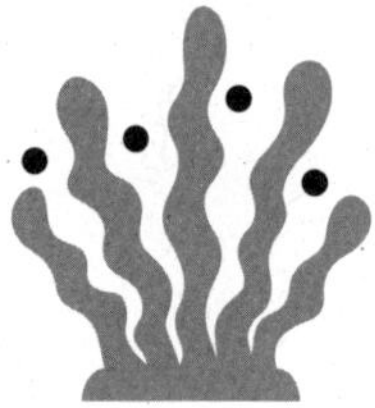

- Machen Sie den Schüler*innen vor, wie sie aufrecht und locker wie eine Kelp-Pflanze dastehen können und laden Sie sie ein, in ihre Füße – die Kelp-Wurzeln – hineinzuspüren, die fest im Meeresboden verankert sind.
- Schließen Sie die Augen oder senken Sie den Blick, um diese Empfindung deutlicher über die Füße wahrnehmen zu können.
- Stellen Sie sich vor, dass das Meer sie sanft umwogt, sie unterhalb der Wellen sanft hin und her bewegt.
- Während die Wellen stärker werden, werden die Körper stärker vom Wasser hin und her geschoben, aber die Wurzeln halten die Füße der Kinder an Ort und Stelle.
- Während sich die Wellen allmählich beruhigen, wird auch die Bewegung schwächer, bis es nur noch eine ganz leichte, sanfte, wiegende Bewegung ist.

- Schließlich kommt die Wellenbewegung ganz zum Stillstand und die Kinder können stillstehen – ein stiller Wald aus Kelp-Pflanzen.
- Bitten Sie die Kinder, in ihren Körper hineinzuspüren und wahrzunehmen, ob noch irgendwo winzige Bewegungen stattfinden – sogar wenn sie stillstehen.
- Wer die Augen geschlossen hatte, kann sie jetzt öffnen und schauen, wie er oder sie sich fühlt. Wer möchte, kann die Arme nach oben strecken, einen tiefen Atemzug nehmen und die Arme beim Ausatmen wieder sinken lassen. Bitten Sie die Kinder dann, zu ihren Plätzen zurückzukehren und dabei weiter das Gefühl zu behalten, »stiller Kelp« zu sein.
- Falls es sich für Sie stimmig anfühlt, beglückwünschen Sie die Schüler*innen, dass sie so gut mitgemacht haben und sagen ihnen, wie sehr sie wirklich wie ein Kelp-Wald waren. Erinnern Sie sie auch daran, dass die Seetang-Übung eine Möglichkeit ist, uns über den Körper mit unseren Sinnen zu verbinden und dass diese kurzen Momente wirklich gut für uns sind und uns helfen, gesund und innerlich ruhig zu bleiben.

Tipp für den Unterricht

*Für diese Übung verwenden wir manchmal ein Hintergrund-Video, auf dem Kelp zu sehen ist, der sich sanft im Meer wiegt, weil die visuellen Eindrücke und die Geräusche eine Verbindung zur Natur und natürlicher Bewegung schaffen und es den Schüler*innen erleichtern können, ruhiger zu werden. Zum Beispiel: YouTube-Suche: Spring Seaweeds.*

30-Sekunden-Lauschen

- Diese Übung wurde erstmals in der Einführung »Gewahrsein der Sinne« vorgestellt und kann jederzeit als Einzelaktivität durchgeführt werden.
- Verlängern Sie sie jedes Mal um ein paar Sekunden.
- Sie können die Übung auch variieren, je nachdem auf welche Geräusche oder Klänge Sie die Aufmerksamkeit lenken. Zum Beispiel:

  Achtet einmal nur auf die von draußen kommenden Geräusche oder versucht heute, wahrzunehmen, ob manche Geräusche ständig da sind und andere nur kommen und gehen.

Einfrieren und schmelzen

- Diese Übung kann man im Sitzen oder Stehen machen.
- Dabei lässt man den ganzen Körper allmählich »einfrieren«, fest, fest, fest, wie ein Eisblock.
- Dann lässt man den »Block« langsam »schmelzen«, indem man die Anspannung Stück für Stück lockert. Sie können die Kinder durch einen Körperbereich nach dem anderen führen.

Tipp für den Unterricht

*Einige Schüler*innen halten beim »Einfrieren« vielleicht die Luft an. Erwähnen Sie das in diesem Moment eher als etwas Interessantes und nicht als einen »Fehler«. Sie können die Kinder auch darauf aufmerksam machen, dass wir oft unwillkürlich länger ausatmen, wenn wir anfangen zu »schmelzen«.*

Feder-Atmung

- Man kann die Übung mit einer echten oder imaginären Feder machen. Halten Sie die Feder zwischen Daumen und Zeigefinger.
- Blasen Sie über die Feder – so sanft wie möglich – mit der Absicht, den Atemfluss aufrechtzuerhalten, sodass sich die Feder bewegt (aber so wenig wie möglich).

Wiederholen Sie das ein paar Mal. Atmen Sie lange und tief ein (passen Sie auf, dass Sie nicht die Feder einatmen!) und dann langsam aus, während Sie sanft pusten.
Nehmen Sie wahr, wie Sie sich fühlen.

- Erinnern Sie die Kinder daran, dass längeres, sanftes Ausatmen dem Körper hilft, sich zu entspannen, wenn wir uns beruhigen wollen. Den Körper zur Ruhe zu bringen, kann auch helfen, den Geist zur Ruhe zu bringen, wenn wir sehr beschäftigt oder besorgt sind.

Tipps für den Unterricht

- *Achten Sie auf Hyperventilation! Falls einige Kinder zu stark atmen oder sich dabei zu sehr anstrengen, helfen Sie ihnen einfach, entspannter und sanfter zu atmen. Auch der natürliche Atemstrom wird die Feder leicht bewegen.*
- *Längere Phasen der Stille und die Konzentration auf den Atem können sich unangenehm für Schüler oder Schülerinnen anfühlen, die in der Vergangenheit Traumata erlebt haben. Bitte informieren Sie sich in Kapitel 5, wie man traumatisierte Kinder sensibel unterrichten kann.*

Rücken-an-Rücken-Atmung

Setzt euch Rücken an Rücken mit eurem Partner oder eurer Partnerin. Sitzt aufrecht, haltet den Körper ruhig und werdet still.

Jetzt fängt eine Person an, langsam tief ein- und auszuatmen. Sie versucht, ihren Atemrhythmus an den des Partners oder der Partnerin anzupassen.

Achtet darauf, wie ihr euch dabei fühlt. Frag deinen Partner oder deine Partnerin, was er oder sie gespürt hat.

Für weitere Achtsamkeitsübungen mit dem Atem siehe Kapitel 1 und 3.

Schulterkreisen

Setzt euch bequem hin.

Zieht jetzt, während ihr tief und langsam durch die Nase einatmet, die Schultern in Richtung der Ohren hoch.

Atmet langsam durch den Mund aus und lasst dabei die Schultern nach hinten und unten kreisen.

Wiederholt das langsam und lasst die Schultern mit dem Ein- und Ausatmen nach oben und unten kreisen.

Drücken und »bürsten«

Reiben Sie die Hände aneinander, um Wärme zu erzeugen.

Drücken Sie verschiedene Stellen Ihres Körpers, und nehmen Sie wahr, wie sich diese vorher und nachher anfühlen.

Stellen Sie sich vor, Ihre Hände seien Bürsten und »bürsten« Sie damit fest Ihre Arme, den Nacken, den Bauch, den unteren Rücken und die Beine.

Stehen Sie jetzt still, senken Sie den Blick oder schließen Sie die Augen und nehmen Sie alle Empfindungen wahr, die noch vom »Bürsten« zu spüren sind.

Aufstampfen

- Diese Übung kann im Sitzen oder Stehen gemacht werden.
- Beginnen Sie langsam mit den Füßen aufzustampfen und werden Sie dann immer schneller und schneller.
- Leiten Sie die Kinder ein bisschen an, wie eine Dirigentin.
- Werden Sie wieder langsamer und stellen Sie das Stampfen dann ganz ein.
- Lenken Sie die Aufmerksamkeit der Schüler*innen auf Empfindungen, die sie jetzt vielleicht in den Füßen und Zehen wahrnehmen (Wärmegefühl, Kribbeln, Prickeln).
- Einfach spüren!

Wenn Sie ein Gefühl dafür bekommen haben, was für Ihre Schüler*innen funktioniert, können Sie eigene Übungen ausprobieren oder welche aus dem umfangreichen Ressourcen-Pool auswählen, den Sie am Ende des Buchs finden. Und denken Sie daran, einige angepasste Aktivitäten aus den anderen Kapiteln von Teil 1 auszuwählen und zu mischen.

In Teil 2 finden Sie viele Ideen, wie Sie Gelegenheiten für Ihre Schüler*innen schaffen können, die neuen Fähigkeiten anzuwenden, die sie im Rahmen des Curriculums und im Laufe des Schultags lernen. Wenn Sie zu einer Veränderung der Schulkultur und der schulischen Prozesse beitragen wollen, um den Fokus mehr auf Gewahrsein, Wohlbefinden und inneres Gleichgewicht zu legen, sollten Sie nicht vergessen, Ihre eigene Ausgeglichenheit und Ihr persönliches Wohlbefinden zur Grundlage all dessen zu machen, was Sie tun.

ZUSAMMENFASSUNG

In diesem Kapitel haben wir:

- Ihnen gezeigt, wie Sie 7–10-Jährige mit Übungen zur Sinneswahrnehmung vertraut machen können,
- das Fundament gelegt, um Kompetenzen zu entwickeln, die die Kinder befähigen, aufmerksam zu sein, zuzuhören und ihre Emotionen zu regulieren,
- eine Reihe von Übungen vorgestellt, die Sie ausprobieren können, um Ihrem Schultag ein bisschen zu »würzen« und den Schüler*innen Gelegenheit zu geben, sich weiterhin in diesen Fähigkeiten zu üben.

3

Achtsames Gewahrsein in der Mittelstufe

(11 – 13 Jahre)

IN DIESEM KAPITEL VERMITTELN WIR IHNEN:

ACHTSAMKEITSTRAINING	AKTIVITÄTEN
Einheit 1: Körper und Geist • Körper und Geist über die Aufmerksamkeit verbinden	Einführung: Achtsamkeit vorstellen In den Körper hineinspüren Füße, Sitzfläche, Hände
Einheit 2: Verankern • Den Körper und Töne zum Erden nutzen • Beim Zuhören Aufmerksamkeits-Skills anwenden	Entspannt und wach Kurze einleitende Übung »Schüttel es ab« »Hineinhorchen« Unaufmerksam werden – der Ballon Flüsternde Paare
Einheit 3: Atem-Gewahrsein • Den Atem als Anker nutzen • Atem-Gewahrsein für die emotionale Regulation nutzen	Alternative Anker anwenden »Sich locker machen« Der Atem Atemübung: »Heiße Schokolade«

...

ACHTSAMKEITSTRAINING	AKTIVITÄTEN
Einheit 4: Die Tools anwenden • Was wir gelernt haben und wie man es anwendet • Positive Gefühle erforschen • Den Kurs abschließen	Den Anker setzen Die eigene Toolbox Feedback-Umfrage Papierwolken Einen Kreis bilden Genießen und teilen
Ergänzende Übungen	Achtsames Gehen Bodyscan Dem Körper die Führung überlassen »Rate mal, wer …?« Safari der Sinne
Übungen für Lehrkräfte	Absichten/Motive klären Innehalten, reflektieren, planen

Mit dieser Altersgruppe arbeiten

Eine meiner Kolleginnen, die eine Mittelschule leitete, begrüßte neue Eltern einmal mit folgenden Worten: »Die mittleren Schuljahre sind eine Zeit rascher Veränderungen. Wenn Ihre Kinder zu uns kommen, sind sie noch ›Babys‹ und wenn sie uns verlassen, können sie Babys bekommen«. Obwohl eine solche Aussage bei Eltern garantiert die Alarmglocken schrillen lässt, ist doch etwas Wahres dran, sie beschreibt den riesigen Bogen der biologischen Entwicklung innerhalb eines relativ engen Zeitrahmens. Auch wenn es den »Durchschnittsmittelschüler« nicht gibt, existieren doch ein paar allgemeine Charakteristika, die für diese Jahre typisch sind. Zum Beispiel:

- Das Selbstbewusstsein nimmt zu (nicht immer auf eine positive oder angenehme Art).
- Beziehungen zur Peergruppe bekommen oft oberste Priorität.
- Physiologische Veränderungen können zu einer Achterbahn der Stimmungs- und Gefühlsschwankungen führen.

In diesem Entwicklungsstadium sind Schüler*innen oft fürsorglich, idealistisch und sehr energiegeladen. Manche empfinden ihre rasche körperliche Veränderung (oder ein Ausbleiben derselben!) als etwas Aufregendes, für andere ist sie ein Horror und bei vielen kann das im physischen und sozialen Bereich Gefühle der Scham und Verlegenheit auslösen. Ein wachsendes Interesse daran, »*Wer bin ich und wie funktioniert mein Geist, mein Körper und meine Gefühlswelt?*«, kann im Rahmen dieser Veränderungen genutzt werden, um diese Themen genauer zu untersuchen.

Kleinere Kinder gehen oft ganz unbefangen mit Übungen zu achtsamem Gewahrsein um, aber für Kinder bzw. Jugendliche in diesem Alter können sie durchaus herausfordernd sein. Bei der Strukturierung ihrer Lernprozesse werden der Lernrhythmus und die Auswahl der Lerninhalte immer wichtiger, weil ihr »wandernder Geist« immer mehr Dinge findet, zu denen er herumstreunen kann! Authentizität ist entscheidend, um bei Schüler*innen der Mittelstufe das Interesse auf einer tieferen Ebene zu wecken, und es braucht eine Lehrkraft, die sowohl achtsam als auch altersgerecht unterrichten kann und somit in der Lage ist, diese Tür auf eine effektive Weise zu öffnen. Viele Schüler*innen dieser Altersgruppe entwickeln eine enge Beziehung zu Gleichaltrigen (und zu ihren technischen Geräten), aber die Beziehungen zu Erwachsenen sind immer noch der Schlüssel zu ihrem Lernen. Lehrkräfte, die diese Altersgruppe unterrichten, entwickeln oft ein großes Geschick darin, jene besondere Beziehung herzustellen, die bei dieser manchmal frustrierenden, aber letztendlich sehr dankbaren Altersgruppe am besten funktioniert.

Wir empfehlen Ihnen sehr, während des gesamten Zeitraums, in dem Sie Schüler*innen in Achtsamkeit unterrichten, immer wieder Ihre eigenen Erfahrungen, Ihre persönliche Achtsamkeitspraxis und Ihre Motivation anzuschauen.

REFLEXION LEHRKRAFT: ABSICHTEN/MOTIVE KLÄREN

Sammeln Sie sich zunächst, indem Sie sich in einer geerdeten, achtsamen Haltung hinsetzen und dreimal bewusst tief ein- und ausatmen.

- Warum möchten Sie diesen Bereich mit Ihren Schüler*innen erforschen?
- Was ist dabei Ihre Absicht?

Nehmen Sie sich einen Moment Zeit, um darüber nachzudenken …

Stellen Sie sich nun dieselbe Frage noch einmal ›Warum mache ich das?‹ – und schauen Sie, ob noch etwas anderes auftaucht, vielleicht eine tiefere, bis dahin verborgene Motivation.

Notieren Sie alles, was Ihnen in den Sinn kam.
Halten Sie einen Moment inne und schauen Sie, ob irgendwelche neuen Gefühle oder Bilder auftauchen.
Von Zeit zu Zeit die eigenen Absichten zu hinterfragen, kann bei dieser Arbeit sehr hilfreich sein.

Achtsames Gewahrsein: Trainingseinheiten

Wenn Sie Ihre Schüler*innen mit diesen neuen Skills vertraut machen, werden Sie Übungen und Reflexionen anleiten, und dabei müssen Sie, neben all Ihren Fähigkeiten, zu unterrichten, so gut Sie können eine »verkörperte Präsenz« in diese Art des Unterrichts einbringen (siehe Kapitel 5, Top-Tipp für den Unterricht 1). Falls Sie bislang noch keine persönliche Achtsamkeitspraxis begonnen haben, empfehlen wir Ihnen dringend, damit zu beginnen, und erst wenn sie etabliert ist, die folgenden Übungen im Klassenzimmer einzuführen. Unterstützung und Ressourcen für das Entwickeln Ihrer persönlichen Praxis finden Sie im Anhang am Ende des Buchs.

Beginnen

Es gibt verschiedene Möglichkeiten, Schüler*innen der Mittelstufe mit achtsamem Gewahrsein vertraut zu machen. In diesem Kapitel zeigen wir beispielhaft auf, wie man beginnen kann, und schauen uns dann an, wie Sie anschließend am besten Ihren eigenen Weg finden können.

- Hier stellen wir ein empfohlenes Format mit vier Einheiten vor, die aber ohne Weiteres auch auf acht bis zehn kürzere Einheiten verteilt werden können.
- Bei den jüngeren Schüler*innen könnten Sie mit einigen der Gewahrsein der Sinne-Übungen (siehe Kapitel 2) beginnen und dabei die Sprache so abändern, dass sie zu dieser Altersgruppe passt.

Einführung: Achtsamkeit vorstellen

Unten geben wir ein Beispiel, wie man das Training vorstellen kann, aber es lohnt sich auch, einmal darüber nachzudenken, wie Sie Ihre Einführung am besten formulieren könnten, um sie für Ihre Schüler*innen so verständlich wie möglich zu machen. Manche Schulen ziehen dem Begriff »Achtsamkeit« beispielsweise Begriffe wie »Mentale Fitness« vor, um ihren Ansatz, Wohlbefinden und mentale Gesundheit zu fördern, zu vermitteln. Der Vergleich mit körperlicher Fitness wird von allen Mittelstufen-Schüler*innen verstanden, und weil wir hier anfangs von der Entwicklung bestimmter Fertigkeiten sprechen, sind auch Analogien wie »Brain Gym« und »Performance Training« angemessen. Es ist jedoch auch wichtig, die gemeinschaftlichen Werte des Trainings für Wachstum, Verbundenheit und ethisches Verhalten hervorzuheben. Es geht hier nicht um ein reines Aufmerksamkeitstraining. Versuchen Sie, Ihren Schüler*innen ein Gefühl dafür zu vermitteln, welche weitreichenderen positiven Auswirkungen es hat, mit Neugier und Freundlichkeit auf sich selbst und die eigenen Beziehungen zu schauen.

1 Einheit 1: Geist und Körper

Absicht:

- Die Formulierung und Einführung der Trainingseinheiten, wobei den Schüler*innen eine Begründung für diese Arbeit gegeben und verschiedene Zugangsmöglichkeiten aufgezeigt werden.
- Schüler*innen eine einladende Erfahrung zu vermitteln, bei der achtsames Gewahrsein als Möglichkeit genutzt wird, durch die Verbindungen zwischen Geist und Körper die Aufmerksamkeit zu trainieren.

Die Übungsanleitungen sind so formuliert, wie wir sie 12-Jährigen vermitteln würden, Sie können die Formulierungen und den Tonfall natürlich jederzeit an Ihre Klasse anpassen. Die Einführung kann mit oder ohne die Verwendung einer Präsentation stattfinden. Manchmal ist es einfacher, ein fokussiertes Umfeld ohne die Verwendung eines Screens zu schaffen, aber visuelle Hilfsmittel können tatsächlich auch hilfreich sein, um die Aufmerksamkeit der Schüler*innen aufrechtzuhalten. Wir verwenden gerne Folien mit interessanten Bildern und wenig Text.

Dieser kurze Kurs, mit dem wir heute beginnen, soll uns helfen, die Verbindung zwischen unserem Geist und unserem Körper besser zu verstehen. Das ist ein Thema, das Wissenschaftler und Philosophen seit Jahrtausenden fasziniert. Uns selbst zu verstehen – zu verstehen, wie unser Geist funktioniert, wie unser Körper funktioniert, wie unsere Gefühle funktionieren – und zu verstehen, wie diese drei Aspekte des Menschseins zusammenwirken und uns manchmal verwirren und Probleme bereiten können, ist ein wesentlicher Teil unserer Reise, auf der wir erwachsen werden.

Indem wir mehr darüber herausfinden, wie dieses Verständnis in der Welt umgesetzt wird, lernen wir, wie wichtig es für unser Wachstum, unsere Gesundheit und unser Wohlbefinden ist, Selbsterkenntnis und Selbstgewahrsein zu entwickeln. Eine der Hauptaufgaben der Familie und der Schule besteht darin, uns zu helfen, solide Lebensgrundlagen zu entwickeln. Und dafür brauchen wir ein inneres Gleichgewicht der körperlichen, emotionalen und mentalen Gesundheit. Wenn wir unser Gewahrsein entwickeln, können wir es nutzen, um besser mit anderen Menschen, Familie und Freunden verbunden zu sein, und das kann uns auch helfen, besser zu verstehen, wie wir mit schwierigen Situationen und schwierigen Gefühlen wie Angst und Wut fertigwerden können. Diese sozial-emotionalen Fähigkeiten können dann zu einer Art »Werkzeugkasten« oder »Toolbox« werden, die uns in unserem Privatleben und im Arbeitsalltag zur Verfügung steht.

An dieser Stelle können Sie ein paar Beispiele für die Anwendung des Achtsamkeitstrainings in der professionellen Arbeit einfließen lassen. Wir beschreiben Beispiele aus dem Sport und der Polizeiarbeit, die Sie verwenden oder entsprechend anpassen können. Sie können natürlich auch andere finden, die Ihrer Meinung nach besser passen.

Sport:
Heutzutage machen sich viele Spitzensportler die Forschungsergebnisse und das Wissen der Sportpsychologie zunutze, um ihre Fähigkeiten weiterzuentwickeln. Bei Individualsportarten wie Tennis oder Golf können einem die eigenen Gedanken und kritischen inneren Kommentare beim Spiel tatsächlich in die Quere kommen. Vielleicht hast du alle physischen Voraussetzungen und Fertigkeiten, die du brauchst, aber das ist bestenfalls die halbe Miete. Sogar der Tennis-Champion Novak Djokovic hat manchmal mitten in einem wichtigen Turnierspiel mit seinen Gedanken und Gefühlen zu kämpfen, und wenn er nicht gelernt hätte, mit seinem Geist zu arbeiten, hätte er nie ein solch erfolgreicher Spieler werden können. Auch im Mannschaftssport haben sich Achtsamkeitstrainings für viele Profis als äußerst nützlich erwiesen. So hat beispielsweise der Basketball-Trainer Phil Jackson, der seine Teams (einschließlich der LA Lakers und der Chicago Bulls) in 11 NBA-Turnieren zum Sieg geführt hat, Achtsamkeit in sein Training integriert, um seinen Spielern zu helfen, wirklich präsent zu sein und sich aufeinander einzustellen. Manche Trainer und Sportpsychologen nennen diese Art des Trainings »Mentale Fitness«, weil es genauso wichtig ist wie körperliche Fitness und ebenso notwendig, um im Sport die eigene Bestform zu erreichen. (Siehe

auch Kapitel 6 für weitere Informationen über die Anwendung von Achtsamkeitstrainings im Sport und anderen Leistungsbereichen.)

Polizeiarbeit:

Viele Arbeitgeber suchen heute nach Angestellten, die über emotionale Intelligenz verfügen, weil diese uns zu effektiven Teammitgliedern und Führungspersönlichkeiten macht. Selbst in Bereichen wie der Polizeiarbeit wächst das Interesse an Achtsamkeit, um Polizisten und Polizistinnen in ihrer äußerst herausfordernden Arbeit zu unterstützen. Sie lernen dadurch, mit Stress umzugehen und wie man vermeidet, überzureagieren oder in Konfliktsituationen unnötige Gewalt anzuwenden.

- Es gibt eine Reihe von Studien über die Anwendung von Achtsamkeitstraining in der Polizeiarbeit. Hier ein paar Beispiele zu diesem Thema:

FALLSTUDIE: ACHTSAMKEIT UND POLIZEIARBEIT

Viele Länder haben inzwischen Studien über das Potenzial von Achtsamkeitstrainings für Polizeibeamte durchgeführt, die positive Resultate ergaben. Einige haben ihre eigenen Trainingsprogramme entwickelt.

- Achtsame Polizeiarbeit: Die Zukunft des Polizeiwesens
  Aufgrund häufiger Berichte über Polizeigewalt in den Medien und einer zunehmend sensibilisierten Öffentlichkeit wenden sich Städte Achtsamkeitsprogrammen zu, um den Beamten zu helfen, mit dem Stress dieses Berufes umzugehen. (Yeoman, 2017)
  Dieser Artikel geht auf einige der Forschungsergebnisse und positiven Effekte ein, welche die von verschiedenen Initiativen angeregte Anwendung von Achtsamkeitstrainings in amerikanischen, kanadischen und finnischen Polizeieinheiten ergab.
- Die Royal Canadian Mounted Police (königliche kanadische berittene Polizei)
  Die von der Pacific University durchgeführten Studien deuteten auf Verbesserungen in diesen Bereichen hin: bei Stress, sowohl durch die

administrativen wie auch die operativen Aufgaben, Schlafqualität, Umgang mit Schmerz und Wut (emotionale Regulation), Reaktivität, Burnout, Resilienz und achtsamem Handeln. (Goerling, 2014).

Indem wir besser verstehen, wie unser Geist funktioniert, können wir auch unsere Lernfähigkeit verbessern – und zwar nicht nur in der Schule, sondern in allen Bereichen, in denen wir neue Fertigkeiten erwerben wollen. Die wissenschaftliche Forschung sowie Menschen, die mithilfe von Meditation über lange Zeiträume ihren Geist beobachtet haben, sagen uns, dass der Geist nicht wirklich aufmerksam ist, solange uns nichts wirklich Wichtiges widerfährt. Wenn irgendetwas gefährlich ist, wachen wir unmittelbar auf und geben acht, weil es sein kann, dass unser Überleben von unserer Reaktion abhängt. Manchmal müssen wir uns auch nicht besonders anstrengen, aufmerksam zu sein, weil wir gerade etwas lernen, an dem wir von Natur aus Interesse haben. Aber wir sind nicht von Natur aus an allem interessiert und selbst die Dinge, die uns vielleicht wirklich attraktiv erscheinen – wie beispielsweise in einer Band Gitarre zu spielen – erfordern eine Menge Arbeit und Übung, was wiederum nicht so attraktiv ist. Und natürlich wird unsere Aufmerksamkeit heutzutage durch die sozialen Medien, das Internet und unser Smartphone in alle möglichen Richtungen gelenkt.

Wie können wir also angesichts all dessen lernen, unser Gehirn effektiver zu nutzen und unsere Aufmerksamkeit auf die Dinge zu richten, auf die wir sie bewusst richten wollen? In diesem Training greifen wir auf das zurück, was seit Urzeiten von Menschen gelernt wurde, die sich darin geübt haben, Geist und Körper auf bestmögliche Art zu nutzen. Dabei stützen wir uns auf wissenschaftliche Forschungsergebnisse der vergangenen 30 bis 40 Jahre aus den Bereichen Neurowissenschaft, Meditation und Psychologie. Am Anfang werden wir lernen, wie wir unsere Aufmerksamkeit trainieren können und das können wir tun, indem wir die Verbindung zwischen Körper und Geist erforschen.

- Benutzen Sie das folgende Diagramm, um dies zu veranschaulichen:

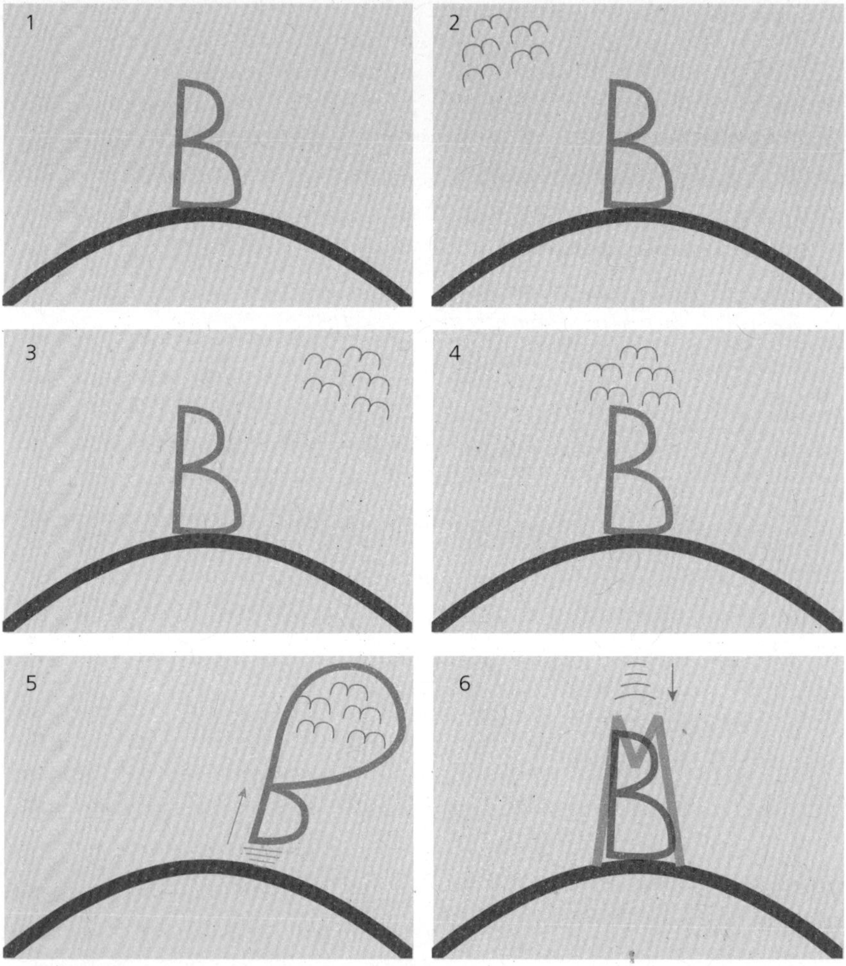

Abbildung 4: Geist-Körper-Schema

1. Das ist unser Körper, der auf der Erde sitzt.
2. Und wir haben einen Geist. Eines der Dinge, die unser Geist tut, ist denken. Er denkt über die Vergangenheit nach, erinnert sich an Dinge.
3. Er denkt über die Zukunft nach – stellt sich Dinge vor, plant …
4. Der Geist plappert auch gerne über die Gegenwart – kommentiert, urteilt, lehnt ab …

5. Wenn sich der Geist mit Gedanken füllt, beispielsweise, indem er sich Sorgen über die Zukunft macht, wird die Verbindung des Körpers zur Erde unterbrochen.
6. Um uns wieder zu verbinden, können wir unser Gewahrsein dessen, was in unserem Körper und Geist vorgeht, nutzen. Wir können das ganze Geplapper loslassen und den Geist zur Ruhe bringen, indem wir in den Körper hineinspüren. Wir können unsere Schultern spüren, unser Gesicht, unsere Fußsohlen. Überall, wo Empfindungen sind, können wir das fühlen.

Quelle: Abbildung 4 adaptiert von der ursprünglichen Version Arawana Hayashis mit freundlicher Genehmigung des Presencing Institute – Otto Scharmer.

Jetzt wollen wir versuchen, dieses Wissen konkret auf eine praktische Weise anzuwenden, um unseren Geist und Körper zu verbinden. Ich möchte euch dazu ermutigen, wie ein Forscher oder eine Wissenschaftlerin an diese Sache heranzugehen und eure persönliche Erfahrung mit Neugier zu betrachten. Lasst uns jetzt zunächst unsere Körper »aufwecken«, während wir uns geistig auf ihn einstimmen.

Bewegung: In den Körper hineinspüren

Sie können Ihre eigene Methode entwickeln, um den Schüler*innen zu helfen, den Körper auf achtsame Weise »aufzuwecken«. Eine Möglichkeit ist die folgende kurze Bewegungseinheit. Alle Schüler*innen brauchen einen Platz, auf dem sie frei stehen können, und einen Stuhl, auf den sie sich direkt nach der Bewegung setzen können. Versuchen Sie sicherzustellen, dass so viel Raum wie möglich zwischen den Schüler*innen ist. Für diese Aktivität sind ein paar simple Bewegungsabfolgen aus der traditionellen chinesischen Bewegungslehre besonders gut geeignet. Die Chinesen haben jahrhundertelange Erfahrung in der Anwendung solcher Übungen zur Rückverbindung von Körper und Geist:

1. Hüftdrehung – Armschwingen
2. Den Körper abklopfen (Body Tapping)

3. Still stehen, Empfindungen wahrnehmen
4. Sich still hinsetzen, weiterhin Empfindungen wahrnehmen

(Sie finden diese Bewegungen in diesem Video: www.mindwell-education.com/mtt-resources. Es ist sinnvoll, das Video vorher anzuschauen.)

Übung: Füße-Sitzfläche-Hände (FSH)

Diese einleitende Übung im Sitzen sollten Sie einfach und ziemlich kurz halten, weil es die erste formelle Übung ist. In späteren Einheiten können Sie dann eine etwas längere Version anbieten. Es geht einfach nur darum, den »Scheinwerfer der Aufmerksamkeit«, wie Mark Williams es nennt, auf die Füße, die Sitzfläche und die Hände zu richten und die körperlichen Empfindungen wahrzunehmen.

Versucht jetzt, eine Sitzposition zu finden, in der ihr euch entspannt fühlt und trotzdem wach und aufmerksam sein könnt. In Kontakt mit dem Stuhl und dem Boden und auch mit einem Gefühl, gut zu sitzen; die Wirbelsäule aufgerichtet, die Hände liegen entspannt auf dem Tisch oder im Schoß … Lasst den Blick weich auf dem Tisch oder einer Stelle am Boden ruhen oder schließt die Augen, falls sich das gut anfühlt, und spürt nach innen; nehmt alle körperlichen Empfindungen wahr, die noch von der Bewegung zurückgeblieben sind.

Und jetzt lade ich euch ein, eure Aufmerksamkeit wie einen Scheinwerfer auf eure Füße zu richten. Könnt ihr eure Füße von innen spüren … die Socken und Schuhe, in denen die Füße stecken, den Kontakt mit dem Boden unter euren Füßen? Wenn es hilft, könnt ihr dabei ein bisschen mit den Zehen wackeln und dann, wenn ihr sie wieder still haltet, schauen, ob ihr irgendwelche Empfindungen wahrnehmen könnt.

Jetzt bewegt sich der Scheinwerfer der Aufmerksamkeit langsam nach oben, die Unterschenkel und Oberschenkel entlang, bis ihr euch auf den Kontakt mit dem Stuhl, auf dem ihr sitzt, fokussieren könnt. Der Druck des Gesäßes auf den Stuhl, das durch die Schwerkraft nach unten gezogen wird. Wie fühlt sich das im Moment an?

Und zum Schluss von den Füßen über die Sitzfläche zu den Händen. Wo sich eure Hände auch gerade befinden … könnt ihr diesen Scheinwerfer der Aufmerksamkeit jetzt auf die Hände richten wie zuvor auf die Füße? Wie fühlen sich eure Hände an? Könnt ihr die Handflächen spüren? … Die Handrücken? …

Betrachtet eure Erfahrung mit freundliche Neugier; macht euch keine Sorgen, wenn ihr vielleicht überhaupt nichts spürt; versucht einfach so gut wie möglich, den Scheinwerfer der Aufmerksamkeit auf die Hände zu richten. Vielleicht könnt ihr die Zwischenräume zwischen den Fingern wahrnehmen. Eine Empfindung der Schwere oder Leichtigkeit. Wärme oder Kälte. Irgendein Kribbeln oder Pulsieren …

Und jetzt konzentriert euch nicht mehr auf die Füße, Sitzfläche und Hände, sondern nehmt einfach alles wahr, was jetzt eure Aufmerksamkeit auf sich zieht … Vielleicht das Gefühl beim Ein- und Ausatmen … die Stille oder die Geräusche um euch herum …

Falls eure Augen geschlossen waren, öffnet sie jetzt behutsam, achtet darauf, wie ihr euch fühlt, wie sich der Raum um euch anfühlt. Vielleicht möchtet ihr euch ein wenig strecken …

Austausch mit einem Partner/einer Partnerin: *Was hast du gespürt?* Ermutigen Sie die Schüler*innen, ehrlich zu sein – wenn sie sich nicht auf etwas Bestimmtes fokussieren konnten oder die Übung langweilig fanden, dann war das eben ihre Erfahrung! Sie können ihnen auch vorschlagen, ihre persönlichen Erfahrungen in ein Tagebuch zu schreiben, falls ihnen das lieber ist. Manche Kinder malen lieber als zu schreiben. Sie könnten nach den Übungen auch kurze Reflexionen einbauen.

Austausch in der Gruppe:
Stellen Sie ein paar einfache Fragen, die die Schüler*innen zum Austausch einladen, aber nicht zu aufdringlich sind, und die ihnen das Gefühl geben, dass ihre

Erfahrungen »normal« sind. Es geht darum, einen sicheren Raum zu schaffen und zu vermitteln, dass, was immer sie spüren, eben das ist, was sie spüren, und dass das in Ordnung ist. Es ist wichtiger, dass sie das Gefühl haben, ihre Erfahrung ehrlich mitteilen zu können (z. B. »Ich war wirklich müde/gelangweilt«) als sich angestrengt bemühen zu müssen, »es richtig zu machen«. Seien Sie offen für Kommentare über gedankliches Abschweifen und erklären Sie den Kindern, dass das normal ist (so verhält sich der menschliche Geist ...) und dass man das beim nächsten Mal noch genauer untersuchen wird.

In manchen Gruppen sind die Kinder nicht sehr gesprächig vor ihren Schulkamerad*innen. Vorschläge, wie man einen solchen Austausch nach Übungen durchführen kann, finden Sie in Kapitel 5 unter Top-Tipp für den Unterricht 11.

In manchen Gruppen haben Sie vielleicht Schüler*innen, die daran interessiert sind, etwas über wissenschaftliche Ergebnisse zur Anwendung von Achtsamkeitstrainings in Schulen zu erfahren.

FALLSTUDIE MITTELSCHULE

2018 testete eine Forschungsgruppe der Harvard University und des Massachusetts Institute of Technology Mittelstufen-Schüler*innen, um herauszufinden, ob diese Art von Training tatsächlich messbare Ergebnisse produziert. Sie führten mit den Schüler*innen exakt dieselben Übungen durch, die wir gerade beschrieben haben, und brachten sie dazu, acht Wochen lang mehrmals pro Woche zu üben. Die Ergebnisse, die auch Gehirn-Scans mehrerer Teilnehmer*innen einbezogen, zeigten, dass diese Schüler*innen, verglichen mit der Kontrollgruppe

- sich besser auf den Moment fokussieren konnten,
- besser lernten und eher in der Lage waren, ihre Gefühle zu regulieren,
- und ihre Amygdala weniger sensibel auf negative Stimuli reagierte.

Gutierrez et al. 2019

Es kann für Schüler*innen auch hilfreich sein, Berichte von Gleichaltrigen zu hören, die bereits an einem solchen Training teilgenommen haben. Hier einige Kommentare aus einer Gruppe von 13-Jährigen:

- »Mir fällt es schwer, mit Stress und Gefühlen umzugehen. Ich fand das Training hilfreich, weil es mir half, ruhiger zu werden.«
- »Ich fand es hilfreich, weil ich mir, wenn ich einen Konflikt hatte, einen Moment Zeit genommen habe, um durch Atmen meinen Stresspegel zu senken; ich habe meine Atemzüge gezählt.«
- »Ich habe nur aus Neugier mitgemacht, aber es hat mir sehr beim Lernen und in meinen Beziehungen zu anderen geholfen.«
- »Es hat mir wirklich die Augen für die einfachsten und doch wichtigsten Dinge in meinem Leben geöffnet.«

Tipp für den Unterricht

*Falls Sie bei Ihrer ersten Einheit nicht genug Zeit haben, alle Übungen/Aktivitäten durchzuführen, könnten Sie einfach eine oder zwei einfache Übungen anbieten, um den Schüler*innen ein Gefühl dafür zu vermitteln, was achtsames Gewahrsein ist. Beispielsweise die Übung »In die Hände klatschen« wie von Richard Burnett in TEDx: www.youtube.com/watch?v=6mlk6xD_xAQ demonstriert.*

Übungen für zu Hause

Wir wollen eigentlich vermeiden nach den Einheiten »Hausaufgaben« aufzugeben, aber viele Lehrkräfte haben festgestellt, dass besonders bei Mittelstufen-Schüler*innen eine gewisse Struktur hilfreich ist, weil sie ihnen regelmäßig Gelegenheit bietet, außerhalb der Lektionen Dinge auszuprobieren und zu üben. Nicht alle Schüler*innen werden sich in diesem Sinne engagieren, aber einige profitieren sehr davon, Übungen in Ruhe zu Hause auszuprobieren, wo sie sich keine Gedanken darüber machen müssen, was ihre Schulkamerad*innen tun oder denken!

PROBIERT DAS!

Versucht, zwei- bis dreimal pro Woche die Aufmerksamkeit auf die Hände zu lenken, den Scheinwerfer der Aufmerksamkeit ein paar Minuten dort zu halten und »zu spüren, was ihr spürt«.

Achtet in dieser Woche auf Momente, in denen ihr die Aufmerksamkeit beim Gehen, Sitzen oder in Bewegung im Körper wahrnehmen könnt.

---

2 Einheit 2: Verankern

Absicht:

- Sowohl den Körper als auch Töne und Geräusche als Anker für die Praxis des achtsamen Gewahrseins nutzen und wahrnehmen, wann Körper und Geist sich verbundener anfühlen, und wann die Aufmerksamkeit abschweift.
- Diese Aufmerksamkeits-Skills auf das achtsame gegenseitige Zuhören anwenden.

Viele Lehrkräfte leiten eine Einheit gerne mit Fragen zur häuslichen Praxis oder anderen Erfahrungen ein, die die Schüler*innen im Laufe der Woche gemacht haben. Das kann als zwangloses Gruppengespräch stattfinden oder in einem strukturierten Format, beispielsweise durch die Arbeit mit dem Tagebuch oder den Austausch mit einem Partner oder einer Partnerin. Der Schwerpunkt sollte hierbei aber eher auf Ermutigung liegen und weniger auf Kontrolle. Wie wir wissen, ist es nicht einfach, eine persönliche Praxis zu etablieren!

Abbildung 5: Verankern von Körper und Geist

Quelle: Adaptiert von der Original-Version von Arawana Hayashi und lizensiert vom Presenting Institute – Otto Scharmer.

Letzte Woche haben wir festgestellt, dass wir, wenn wir die Aufmerksamkeit auf den Körper richten, einen Anker setzen können, der uns erdet und uns hilft, präsenter zu sein. Unsere Sinne sind wie Fenster zur Außenwelt, aber wir können auch Empfindungen in unserem Körper wahrnehmen. Jetzt wollen wir schauen, ob wir über unseren Körper dieses Gefühl der Lebendigkeit erforschen können.

Entspannt und wach

- Laden Sie die Schüler*innen ein, sich so lässig wie möglich auf ihre Stühle zu »lümmeln«. Übertreiben Sie das ein bisschen, wenn Sie es ihnen vormachen.

  Welche Botschaft wird hier an euer Gehirn gesendet?

  Ja, Zeit abzuschalten und zu schlafen!
- Fordern Sie sie im militärischen Befehlston auf, sich ganz aufrecht hinzusetzen – wie ein Soldat oder eine Wache im Dienst.
- Bitten Sie die Schüler*innen schließlich, eine Sitzposition einzunehmen, die zwischen diesen beiden Extremen liegt, eine »Wohlfühlposition«, in der man sich sowohl entspannt als auch wach und aufmerksam fühlt.

Geerdet durch die Sitzposition und die Füße und ein Gefühl, als ob die Wirbelsäule und der Nacken leicht nach oben gezogen würden. Das Kinn leicht heranziehen, sodass der Blick nach unten gerichtet ist, oder die Augen behutsam schließen, falls ihr euch dabei wohlfühlt.

- Gehen Sie dann direkt zur unten stehenden Übung über:

Kurze einleitende Übung

- Führen Sie die Schüler*innen behutsam und kurz durch die Füße-Sitzfläche-Hände-Übung.

  Wandert mit eurer Aufmerksamkeit entspannt durch den Körper und schaut, ob es euch leichtfällt, auch an anderen Stellen Empfindungen wahrzunehmen.

  Welche Stellen kann man nicht so leicht direkt wahrnehmen?

- Schließen Sie die Übung ab.

  Ihr müsst wissen, dass mit euch nichts verkehrt ist, wenn euch diese Übung schwerfällt. Manchen Leuten fällt es leichter, ihre Aufmerksamkeit auf die Füße zu richten und sie zu spüren, während es anderen sehr schwerfällt. Wir alle sind verschieden und die gute Nachricht ist, dass wir unsere Aufmerksamkeit trainieren können, wie die Neurowissenschaft gezeigt hat, sodass wir diese Verbindungen immer besser herstellen können. Und das tun wir hier: Wir stellen über das Nervensystem Verbindungen in Geist und Körper her.

Austausch mit einem Partner/einer Partnerin: Warum machen wir das überhaupt?

- Sammeln Sie ein paar Antworten.

  Wir entwickeln unsere Fähigkeit, unsere Aufmerksamkeit aufrechtzuhalten, und das kann in vielen Bereichen unseres Lebens sehr nützlich sein (zum Beispiel beim Lernen, beim Umgang mit Stress oder wenn wir uns übermäßig Sorgen machen). Nach der nächsten Übung werden wir uns das noch einmal anschauen.

Es gibt noch andere Sinnes-Anker, die wir nutzen können, um mehr in der Gegenwart zu sein, beispielsweise, indem wir Geräuschen und Tönen lauschen.

Bewegung: »Schüttel es ab«

Heute fangen wir damit an, uns im Körper zu verankern und dann gehen wir zum Zuhören über.

Aber vorher wollen wir noch den Körper »aufwecken«, damit wir uns leichter mit ihm verbinden können.

1. Sich frei hinstellen.
2. Schüttel-Übung (Ihre eigene oder wie auf folgendem Video gezeigt: www.mindwell-education.com/mtt-resources).
3. Sich hinsetzen und aufmerksam in den Körper hineinspüren.

Übung: »Hineinhorchen«

- Beginnen Sie wieder mit der »Entspannt-und wach-Position« und dem Verankern Führen Sie beispielsweise eine kurze Füße-Sitzfläche-Hände-Übung durch oder laden Sie die Schüler*innen ein, wieder in irgendeinen Körperbereich hineinzuspüren, in welchem sie ein Gefühl der Lebendigkeit wahrnehmen können …
- Überleitung zu Geräuschen:

  Richtet den Scheinwerfer der Aufmerksamkeit jetzt auf Geräusche und Töne, die ihr hört …

  Wenn es für euch angenehm ist, schließt die Augen, sodass ihr einfach nur lauschen könnt.

  Lasst die Geräusche auf euch zukommen, ihr müsst nicht angestrengt hinhören – einfach dasitzen und die Töne kommen … und gehen lassen.

  Geräusche von vorne … von links … von rechts … von hinten … von oben … aus der Nähe … und aus der Ferne …

... dauerhafte Geräusche ... Geräusche, die kommen und gehen.

Genießt es einfach, die physischen Klänge zu hören.

Vielleicht könnt ihr sogar ganz subtile Geräusche wie euren Herzschlag oder eure Atemgeräusche wahrnehmen ...

Wenn ihr feststellt, dass eure Gedanken abgeschweift sind, könnt ihr direkt zur Wahrnehmung der Geräusche zurückkehren oder euch zuerst noch einmal über die Füße-Sitzfläche-Hände-Übung verankern, bevor ihr euch wieder auf das Lauschen konzentriert ...

Richtet jetzt die Aufmerksamkeit auf den ganzen, atmenden Körper.

Und falls eure Augen geschlossen waren, könnt ihr sie jetzt behutsam wieder öffnen und euch ein bisschen strecken ...

Austausch mit einem Partner/einer Partnerin: *Was hast du wahrgenommen?*

Austausch in der Gruppe: Greifen Sie entsprechende Aussagen auf oder erwähnen Sie von sich aus die Möglichkeit, dass der Geist vom Wahrnehmen der Geräusche abgeschweift und bestimmten Gedankengängen oder Tagträumen gefolgt ist. Vergewissern Sie sich, dass die Schüler*innen verstehen, dass das völlig normal ist, dass es jedem passiert, dass wir es aber nicht immer bemerken.

Ein Großteil des Trainings dreht sich darum, das zu merken und unsere Aufmerksamkeit dann wieder auf den Anker zu richten, den wir für die jeweilige Übung gewählt haben. Wir werden allmählich vertrauter mit dieser faszinierenden Eigenschaft des menschlichen Geistes – seiner Art, ständig in den Denkmodus abzudriften, selbst wenn wir gar nicht beabsichtigt hatten, über irgendetwas nachzudenken.

Das soll nicht heißen, dass etwas verkehrt daran ist, zu denken – es ist ein Schlüsselaspekt des Menschseins. Auch an Tagträumen ist nichts verkehrt, sie können sogar manchmal sehr hilfreich und kreativ sein. Musiker und Dichter bekommen oft eine Idee für ein neues Lied oder Gedicht, wenn sie ihren Geist frei schweifen lassen. Aber oft sind unsere wiederholten Denk-

muster auch ziemlich negativ. Diese Art des Denkens kann sehr selbstkritisch oder kritisch gegenüber anderen und deshalb nicht wirklich hilfreich sein. Unsere Aufmerksamkeit zu trainieren kann uns also helfen, es wahrzunehmen, wenn unsere Gedanken an negativen Dingen hängen bleiben, die dazu führen, dass wir uns schlecht fühlen oder dass uns eine schlimme Situation noch schlimmer erscheint.

Es ist wichtig, dass uns bewusst wird, wann wir aufmerksam sind und wann nicht. Und auch, wie wir eine Qualität der freundlichen, neugierigen Aufmerksamkeit in unsere Praxis hineinbringen können.

ABSCHWEIFEN – DER BALLON

Das wiederholte Zurückbringen des abschweifenden Geistes zu unserem Anker – mit freundlichem Interesse und Neugier – ist im Grunde der Weg, diesen »Achsamkeits-Muskel« der Aufmerksamkeit zu stärken.
Qualitäten wie Freundlichkeit und Neugier sind Schlüsselelemente unserer Aktivitäten und Übungen und sollten gefördert werden.

Es ist wichtig, an diesem Punkt die Botschaft zu vermitteln, dass wir nicht versuchen, unsere Gedanken zu stoppen und dass es völlig normal ist, gedanklich abzudriften und den Fokus der Aufmerksamkeit zu verlieren. Das Abschweifen zu bemerken und die Aufmerksamkeit bewusst zurückzubringen ist das Training in achtsamem Gewahrsein.
Und das erfordert Übung!

Übung zu zweit: Flüstern

Lassen Sie die Kinder Paare bilden und sich mit so viel Abstand wie möglich im Raum verteilen. Jedes Kind nimmt sich einen Stuhl.

- Die Kinder sitzen Rücken an Rücken und blicken in entgegengesetzte Richtungen.
- Die Paare entscheiden gemeinsam, wer zuerst spricht (flüstert), wenn Sie dazu auffordern.
- Schlagen Sie das Klangspiel an und führen Sie eine kurze Geräusch-Übung durch, um die Schüler*innen auf das Zuhören einzustimmen.
- Sagen Sie ihnen, dass Sie das Klangspiel noch einmal anschlagen werden und wenn der letzte Ton verklungen ist, die erste Person anfangen soll, so leise zu flüstern, dass nur sein Partner oder seine Partnerin es hören kann.
- Alle sprechen nur kurz, vielleicht für eine Minute. Das Thema kann beispielsweise sein »Mein Lieblingsessen« oder »Warum ist Zuhören wichtig?«
- Der Zuhörer oder die Zuhörerin schaut den Partner nicht an, sagt nichts und bewegt sich nicht, sondern konzentriert sich nur auf das aufmerksame Zuhören.
- Nach etwa einer Minute schlagen Sie noch einmal das Klangspiel an und bitten die Kinder wieder, einen Moment still zu sein.
- Dann läuten Sie wieder und bitten die andere Person, zu sprechen, während der Partner oder die Partnerin nur zuhört.
- Sie läuten noch einmal und fordern beide nun auf, sich ganz »normal« darüber zu unterhalten, was während der Übung gesagt wurde und wie sie sich bei der Übung gefühlt haben (die Schüler*innen können ihre Stühle jetzt herumdrehen, sodass sie sich gegenüber sitzen).
- Gruppenaustausch: *Wie war das für euch?*
- Besprechen Sie möglichst gemeinsam, wie wichtig Zuhören, Hören und Gehörtwerden sind.
- Wie könnte die Fähigkeit, zuhören zu können, hilfreich sein? Beispielsweise beim Lernen allgemein, beim Lernen einer zusätzlichen Fremdsprache, in der Musik, in Beziehungen, in der Beziehung zu sich selbst.

»Dem Partner/der Partnerin zuhören« in allen Fächern anwenden

Nachdem Sie den Kindern klargemacht haben, weshalb es wichtig ist, die Fähigkeit zum Zuhören zu entwickeln, und der Klasse Gelegenheiten geboten haben, Partner-Arbeit auszuprobieren und sich darin zu üben, ihre Fähigkeiten anzuwenden, wird das zu einem nützlichen Unterrichts-Tool, das Sie in allen Ihren Klassen anwenden können. Sie können mit der Sitzordnung experimentieren (beispielsweise wie oben beschrieben oder nebeneinander (»Fahrer- und Beifahrer-Position«) oder einander gegenüber. Sie können die Frage wählen, die am besten zur Situation passt, beispielsweise:

- Was ist euch bei dieser Arbeit am schwersten gefallen?
- Was hat euch am besten gefallen?
- Mit welcher Figur in der Geschichte, die wir gerade gelesen haben, identifiziert ihr euch am meisten? Und warum?

(Weitere Ideen für Übungen in achtsamem Zuhören und Sprechen in strukturierten Gruppen-Settings finden Sie in Kapitel 7.)

Wenn Sie zusätzlich ein Klangspiel benutzen, um Stille einzuläuten, fördern Sie die Entwicklung von Achtsamkeits-Skills zusätzlich zu diesen konkreten Trainingseinheiten und ermöglichen gleichzeitig Momente der Ruhe und Stille im Schulalltag. Das ist in der Tat ein wichtiges Ergebnis dieser Einheiten, denn es hilft den Schüler*innen, sich in Momenten gemeinsamer Stille wohler zu fühlen. (Aber lesen Sie auch »Kein ständiges Gebimmel, bitte!« unter Top-Tipp 6 in Kapitel 5).

Schüler*innen können für sich selbst oder zusammen mit Gleichaltrigen Zugang zu diesen nicht-akademischen Fähigkeiten finden und wenn solche Ansätze in unser Schulsystem aufgenommen werden, verändert sich allmählich die Kultur in unseren Schulen. Die Bedeutung von Fähigkeiten wie achtsames Sprechen und Zuhören und die Erfahrungen und Perspektiven der Lernenden werden gewürdigt.

Ein Lehrer: Stille Zeit

In meinen Achtsamkeitsgruppen geschahen die Momente des Durchbruchs immer dann, wenn sich eine Klasse voll und ganz auf gemeinsame Stille-Übungen eingelassen hat. Solche Momente ergeben sich oft aufgrund der Begeisterung über die positiven Erfahrungen, die sie in diesen Gruppen machen. Außerdem hat mir Covid-19 vor Augen geführt, wie es introvertierten Schüler*innen geht, die im extrovertierten Schulumfeld still vor sich hin leiden und dann im Fernunterricht aufblühten. Ich glaube, dass die Schulen hier gefordert sind, mehr stille Zeiten und Räume in den Schulalltag einzubauen, um auch den Bedürfnissen dieser Schüler*innen gerecht zu werden.

Michael Anderson, Kunstlehrer an einer Mittelschule in Österreich

Ergänzende Übung: Zuhören – sich auf Klänge einstimmen

- Wählen Sie einen beliebten Song aus
- Spielen Sie ein paar Takte, halten Sie inne und laden Sie die Schüler*innen ein, EINEN Aspekt des Songs auszuwählen, auf den sie sich konzentrieren wollen, beispielsweise das Schlagzeug oder die Singstimme. Das wird dann ihr Anker beim Zuhören. Wenn die Aufmerksamkeit abschweift, sollen sie registrieren, wohin sie gewandert ist und sie wieder zurückbringen.
- Austausch mit Partner/Partnerin: Was hast du wahrgenommen? Und Gruppendiskussion.

PROBIERT DAS!

Achtet auf Umgebungsgeräusche. Versucht diese Woche, an einem Fenster oder irgendwo in der Natur zu sitzen und einfach nur Klänge und Geräusche wahrzunehmen. Kehrt immer wieder zu den physischen Empfindungen der Klänge zurück.

Versucht diese Woche, euch zu Hause auf Geräusche einzustimmen. Erforscht und genießt die besondere Qualität der Geräusche, die ihr achtsam hören wollt.

3 Einheit 3: Atem-Gewahrsein

Absicht:

- Dem Atem nachspüren als weiterem potenziellen Aufmerksamkeits-Anker.
- Erfahren und verstehen, wie man den Atem zur Selbstberuhigung und Stressbewältigung nutzen kann.

Expertenrat: Sensibilität für Traumata

Atem- und Stille-Übungen können manchmal intensive Gefühle auslösen – insbesondere bei Kindern (und Erwachsenen), die Traumata in irgendeiner Form erlebt haben. Bitte lesen Sie die Empfehlungen des Lehrers und Trauma-Experten David Treleaven auf Seite 202, bevor Sie diese Übungen durchführen und behalten Sie Schüler*innen im Auge, die offensichtlich damit zu kämpfen haben.

Kurze einleitende Übung

Nachdem Sie nun schon einige Erfahrung im Anleiten solcher Übungen gesammelt haben, können Sie versuchen, eine kurze Übung »zum Ankommen« ohne Skript anzuleiten. Ein paar Minuten genügen, bei denen man kurze Sequenzen einbaut, die dazu dienen, zur Ruhe zu kommen und sich zu erden.

Alternative Anker anwenden

Bevor Sie mit der folgenden Übung beginnen, bei der Bewegungs- und Atem-Gewahrsein im Fokus stehen, sollten Sie sicherstellen, dass diejenigen, die sich unwohl dabei fühlen, ihre Aufmerksamkeit auf den Atem zu richten, sich auf eine andere Weise verankern und erden können.

> *Wir können unsere zunehmende Fähigkeit, unsere Erfahrungen aufmerksam wahrzunehmen, auf jeden unserer Sinne anwenden. Wir können etwas essen oder trinken und es wirklich bewusst wahrnehmen. Wir können etwas mit unseren Augen betrachten und es wirklich in uns aufnehmen. Und viele Menschen finden es hilfreich, sich auf den Atem als Anker zu konzentrieren, um diese Fähigkeit zur Aufmerksamkeit zu entwickeln. Atmen ist eine körperliche Aktivität, in die wir hineinspüren können, wie wir es bei der FSH-Übung gemacht haben.*
>
> *Für manche Leute ist das ein interessanter Anker, denn der Atem verändert sich ständig – ein und aus und aus und ein – und wir können diesen Atemfluss mit unserem Gewahrsein beobachten, indem wir unsere Aufmerksamkeit darauf richten. Wir werden das jetzt versuchen, aber wenn sich jemand von euch zu irgendeinem Zeitpunkt damit unwohl fühlt, könnt ihr euch etwas anderes aus eurer Toolbox aussuchen – ihr könnt den Körper (beispielsweise FSH) oder Geräusche anstelle des Atems als Anker nutzen.*
>
> *Indem ihr euren Anker auswählt, macht ihr geschickt Gebrauch von eurer Toolbox. Wenn ihr versuchen wollt, den Atem als Anker zu nutzen, wollen*

wir dabei einfach nur den Atem so gut wie möglich wahrnehmen, ohne zu versuchen, ihn zu verändern. Mit all diesen Aktivitäten fassen wir einfach die Absicht, etwas zu erforschen und dann zu registrieren, wie das für uns funktioniert.

- In diesen späteren Einheiten ist es hilfreich, die Schüler*innen darin zu bestärken, dass sie inzwischen einige Fähigkeiten erworben haben, die sie nun weiterentwickeln und anwenden können.

Bewegung: Sich »locker machen«

Sie können einige oder alle der folgenden Bewegungsübungen nutzen, um den Schüler*innen zu helfen, die Muskeln zu lockern und die Lunge ein bisschen zu weiten.

- Die Schüler*innen sollen sich zunächst einen Platz im Klassenzimmer suchen.
- Sollte der Raum sehr begrenzt sein, arbeiten Sie nur mit den Übungen 5 und 6.
    1. Einen Arm kreisen – einatmen, ausatmen.
    2. Den anderen Arm kreisen – einatmen, ausatmen.
    3. Beide Arme kreisen – einatmen, ausatmen.
    4. Arme schwingen – nach vorne und hinten, einatmen, ausatmen.
    5. Natürlich strecken – Was braucht der Körper in diesem Moment?
    6. Dem Atem mit den Händen folgen – auf und ab (im Bauchbereich).
- Schauen Sie sich das Video an, auf dem Sie sehen können, wie man diese einfachen Bewegungsübungen einführt: www.mindwell-education.com/mtt-resources.

Atemübung

Erinnern Sie die Schüler*innen daran, eine entspannte und wache Haltung einzunehmen, damit der Atem frei fließen kann.

- Bitten Sie sie, dreimal langsam und bewusst ein und aus zu atmen …
- Leiten Sie sie an, ihren Scheinwerfer der Aufmerksamkeit auf Füße, Sitz und Hände zu richten.
- Jetzt den Körper locker scannen und dabei die Atembewegung einbeziehen, wo immer sie spürbar ist (es sei denn, die Schüler*innen fühlen sich unwohl dabei, den Atem zu beobachten. In diesem Fall erinnern Sie sie an die Möglichkeit, einen anderen Anker zu nutzen).
- Erinnern Sie die Schüler*innen daran, dass wir eine freundliche und interessierte Qualität der Aufmerksamkeit entwickeln wollen (also keine, die dazu dient, uns selbst zu kritisieren oder zu tadeln).

  Spürt die sanften Atembewegungen – beispielsweise im oberen Rücken, an den Seiten des Brustkorbs, im unteren Rücken.

  Lasst den Atem kommen und gehen und folgt ihm.

  Spürt ihn beim Einatmen, spürt ihn beim Ausatmen.

  Nehmt wahr, wie ihr euch fühlt … falls eure Augen geschlossen sind, öffnet sie behutsam …

  Wie fühlt sich der Raum an? … Wenn ihr wollt, könnt ihr euch ein bisschen strecken.

- Darauf kann wieder ein kurzer Austausch mit einem Partner, einer Partnerin über die gemachten Erfahrungen folgen, Sie können aber auch direkt mit einem Austausch in der Gruppe (siehe Kapitel 5, Top-Tipp für den Unterricht 11) und einem Gespräch über den Atem beginnen. Achten Sie auf Schüler*innen, die offensichtlich Schwierigkeiten mit der Übung haben und versuchen Sie, falls nötig, nach dem Unterricht einen Moment Zeit zu finden, um mit diesen Schüler*innen unter vier Augen über etwaige Probleme zu sprechen.

Vielleicht ist es hilfreich, wenn wir an dieser Stelle ein paar wissenschaftliche Fakten über die positiven Wirkungen eines Atemtrainings teilen. Hier ein Forschungsergebnis aus China:

FALLSTUDIE: DIE KRAFT DES ATEMS

Forschung über den Atem – Beijing, China

Im Jahre 2017 führten die Beijing Academy of Sciences, die Beijing University und die Harvard Medical School ein gemeinsames Experiment durch, um die »Effekte der Zwerchfell-Atmung bei gesunden Erwachsenen« zu untersuchen, (Ma et al.). Sie trainierten eine Gruppe IT-Angestellter in einer »Bauchatmungstechnik«, um deren natürliche Atmung zu vertiefen, und fanden heraus, dass die Probanden verglichen mit der Kontrollgruppe

- signifikant weniger unter Stress und Angst/Anspannung litten,
- signifikant weniger Stresshormone (Cortisol) im Blut hatten,
- eine signifikant längere Aufmerksamkeitsspanne hatten.

Wenn wir unsere Übung im Sitzen machen und den Atem als Anker nutzen, folgen wir einfach unserem natürlichen Atemrhythmus. Vom Moment unserer Geburt an haben wir auf diese Weise geatmet, wir üben uns jetzt also nur darin, unseren Atem wahrzunehmen. Wir Menschen haben aber auch die Fähigkeit, bewusste Atemzüge zu nehmen und tiefer zu atmen, wenn wir das wollen. Da der Atem mit unserem Körper und unseren Emotionen verbunden ist, können wir ihn auch manchmal nutzen, um mit schwierigen Situationen, Gefühlen und Schmerz umzugehen.

Wenn wir einen Schock bekommen, atmen wir fast immer ein.

- Demonstrieren Sie das, indem Sie einmal schnell und scharf nach Luft schnappen und dann den Atem anhalten (die Schüler*innen werden dabei den Oberkörper wahrscheinlich ein bisschen ruckartig nach oben bewegen!).

Mein Atem kam schnell rein und ich halte ihn immer noch hier an (im oberen Brustbereich/Hals). Aber was passiert, wenn wir uns entspannen und seufzen?

- Versuchen Sie, die Kinder dazu zu bringen, ein paarmal gemeinsam mit Ihnen zu atmen.

  Achtet darauf, dass wir tief ausatmen.

  Stellen wir uns jetzt einmal vor, ihr müsstet etwas Stressiges tun, das euch ein bisschen Angst macht.

  Was könnte das mit euch machen? …

  Wie merkt ihr, dass ihr gestresst oder ängstlich seid? …

- Akzeptieren Sie alle Antworten und heben Sie diejenigen hervor, die körperliche Empfindungen und Reaktionen beschreiben.

  Länger auszuatmen kann dem Körper also helfen, die körperlichen und emotionalen Systeme ein bisschen zu beruhigen. Wenn ihr feststellt, dass ihr auf diese Weise gestresst seid, könntet ihr Folgendes versuchen:

Atemübung: Heiße Schokolade

Stell dir vor, du hast eine Tasse heiße Schokolade und sie riecht sehr gut, ist aber zu heiß zum Trinken.

Während du sie in der Hand hältst, kannst du durch die Nase einatmen, um den Duft zu riechen und dann leicht darüber blasen, um sie etwas abzukühlen. Vorsichtig – damit nichts verschüttet wird!

Versucht das jetzt einfach ein paarmal. Atmet durch die Nase ein und blast die Luft sanft durch den Mund hinaus.

Was habt ihr bemerkt?

Viele Menschen stellen bei dieser Art der Atmung fest, dass ihr System ein bisschen »herunterfährt«. Vielleicht ist euch jetzt in diesem Moment nichts aufgefallen, aber probiert das noch einmal aus, wenn ihr schon ruhig seid und schaut, wie es sich dann anfühlt. Und dann könnt ihr diese Atemtechnik in Situationen anwenden, in denen ihr ängstlich oder aufgeregt seid.

PROBIERT DAS!

Macht die Atemübung »Heiße Schokolade« diese Woche ein paarmal. Probiert sie aus, wenn ihr innerlich ruhig seid und schaut, ob sich auch in stressigen Situationen Gelegenheit bietet, sie anzuwenden.

Den Anker werfen: Denkt daran, dass uns besonders das »Verankern« hilft, unsere »Achtsamkeitsmuskeln« aufzubauen. Versucht einfach, ein paar Minuten still zu sitzen (gewöhnlich hilft es, einen Küchenwecker zu stellen) und entscheidet euch für einen Anker – Füße-Sitz-Hände, Umgebungsgeräusche, den Atem oder eine Kombination. Nehmt wahr, wie sich das anfühlt.

4 Einheit 4: Die Tools anwenden

Absicht:

Überlegen, wie man die bisher eingeführten Skills weiterentwickeln und anwenden könnte.

- Positive Gefühle und Empfindungen reflektieren, während man den Kurs auf sinnvolle Weise abschließt.

Übung: Den Anker werfen

- Alle finden eine angenehme Sitzposition.
- Dann von Füße-Sitz-Hände über den Atem zu Klängen führen.
- Die Schüler*innen einladen, einen Anker zu wählen und die Absicht zu fassen, immer zum Anker zurückzukehren, wenn sie bemerken, dass die Gedanken abgeschweift sind.
- Die Schüler*innen daran erinnern, mit neugierigem Interesse und Freundlichkeit an ihre Übungen heranzugehen.
- Die Übung abschließen.

Austausch mit einem Partner/einer Partnerin: Was hast du wahrgenommen? Und Austausch in der Gruppe.

Die eigene Toolbox

Stellt euch vor, man hat euch gebeten, Grundschulkindern oder einem jüngeren Geschwister ein paar Achtsamkeitsübungen beizubringen.

Schreibt alle Übungen auf, an die ihr euch erinnern könnt.

Vergleicht eure Liste mit einem Partner, einer Partnerin.

Fügt eurer Liste alle Übungen hinzu, die euer Partner, eure Partnerin aufgeschrieben hat und die noch nicht auf eurer Liste stehen.

Wählt gemeinsam eine Übung aus, die ihr gerne mit einem kleineren Kind teilen würdet.

Wie könnt ihr diesem Kind am besten helfen, diese Übung zu erlernen? Probiert das abwechselnd miteinander aus.

Schaut, ob ihr dem Kind auch erklären könnt, warum das gut für es ist.

Sie können nun mit der ganzen Klasse alle Übungen auflisten, die die Schüler*innen ausgewählt haben. Das ist ihre Toolbox! Sie können sie bitten, ihren Listen Übungen hinzuzufügen, die noch nicht darauf standen und dann in einer zweiten Spalte mögliche Situationen zu notieren, in denen sie diese Tools einsetzen könnten. Das kann ebenfalls als Partner-Arbeit oder in Kleingruppen als kreative Aktivität durchgeführt werden – mithilfe von Bildern und Worten, um die wichtigsten Punkte und Übungen des Kurses zu erfassen.

Sie könnten auch in Erwägung ziehen, ihre Schüler*innen einem kleineren Kind eine Übung vermitteln zu lassen. Sie könnten Freiwillige (ältere Schüler*innen) einladen, in Ihre Klasse zu kommen und eine Übung anzuleiten oder über positive Erfahrungen (oder Herausforderungen) zu sprechen, die sie erlebt haben. Ältere Schüler*innen machen das häufig sehr gerne und Jüngere hören den Älteren zu!

Weitermachen

- Besprechen Sie mit den Schüler*innen verschiedene Möglichkeiten, weiterhin zu praktizieren und zu forschen, wenn diese das möchten.
- Vielleicht könnten Sie auch vor/oder nach dem Unterricht oder in der Mittagspause offene Einheiten anbieten.
- Beschreiben Sie ergänzende Übungen (siehe unten), die Sie in Ihren Klassen ab und zu einstreuen werden, um den Tag ein bisschen »zu würzen«.
- Versuchen Sie, hier erlernte Fähigkeiten im Sport/bei Prüfungen/bei Aufführungen/Beziehungskonflikten und im Bereich »mentale Gesundheit« zu integrieren und anzuwenden (siehe Kapitel 7).
- Gibt es eine Möglichkeit, einen optionalen Kurs anzubieten? (Siehe unten)

Den Kurs abschließen:

- Führen Sie eine kurze, anonyme Feedback-Umfrage durch.
- Abschließende Aktivitäten und Übungen wie beispielsweise:

Papierwolken

- Geben Sie den Schüler*innen ein leeres Blatt Papier und bitten Sie sie, es sich genau anzuschauen.
- Erklären Sie ihnen, dass die Fähigkeiten, die sie gerade entwickeln, nicht nur dazu dienen, mit Schwierigkeiten oder Stress und Sorgen fertigzuwerden, sie können auch angewendet werden, um die schönen Aspekte unseres Lebens besser wahrzunehmen und zu würdigen.
  - *Thich Nhat Hanh, ein vietnamesischer Zen-Mönch, fordert uns auf, darüber nachzudenken, ob wir »das Universum in einem Blatt Papier sehen können«.* Wie könnte das möglich sein? Sammeln Sie ein paar Ideen und Vorschläge, woher das Papier stammt und was es enthält.

Fragen Sie dann:

Könnte das Blatt Papier noch existieren, wenn wir den Regen daraus entfernen würden?

Wäre es immer noch da, wenn wir das Sonnenlicht daraus entfernten?

Thich Nhat Hanh sagt (1988): »So dünn dieses Blatt Papier auch ist, es trägt das ganze Universum in sich. In diesem Blatt Papier treibt eine Wolke. Ohne Wolke gibt es keinen Regen; ohne Regen können keine Bäume wachsen und ohne Bäume können wir kein Papier herstellen. Die Wolke ist eine wesentliche Voraussetzung für die Existenz des Papiers. Wenn die Wolke nicht da ist, kann das Papier ebenfalls nicht da sein«.

Alles in unserer Welt ist so miteinander verbunden, dass wir sogar in einem leeren Blatt Papier das ganze Universum sehen können, wenn wir nur genau genug hinschauen. Wir sind auf dieser Welt von so vielen Dingen umgeben, die wir wertschätzen können. Schauen wir, ob wir uns bei unserer letzten gemeinsamen Übung auf positive Gefühle und Empfindungen einstimmen können, die wir vielleicht entdecken.

- Bitten Sie die Schüler*innen, eine angenehme Sitzposition einzunehmen und dreimal langsam ein und aus zu atmen.
- Lenken Sie die Aufmerksamkeit auf die Füße, die Sitzfläche und die Hände.
- Beziehen Sie alle physischen Empfindungen ein, die der Atemfluss im Körper auslöst.
- Sie können auch Umgebungsgeräusche einbeziehen, auf die die Schüler*innen aufmerksam werden.

Wendet euch nun positiven Empfindungen und positiven Gefühlen zu.

Ihr könnt versuchen, ein kleines Lächeln in den Mundwinkeln … und sogar um die Augen zuzulassen …

Warme Gefühle wahrnehmen … vielleicht im Brustkorb und im Herzbereich …

Wie das Papier und der Baum bist auch du ein natürlicher Teil des Universums. Dein Körper braucht Wasser, Nahrung, Luft und Sonnenlicht, um zu wachsen. Du bist aus denselben Elementen gemacht wie Tiere, Pflanzen, Bäume …

Welche Empfindungen könnt ihr wahrnehmen, die euch sagen, dass ihr in diesem Moment lebendig seid?

Wenn ihr irgendwelche positiven Gefühle oder angenehmen Empfindungen wahrnehmt, versucht, für einige Augenblicke dabeizubleiben. Seid neugierig: Wo fühlt ihr das? Wie fühlt es sich an?

Falls jemand in diesem Augenblick gar keine positiven Gefühle wahrnehmen kann, dann ist das völlig normal. Vielleicht wollt ihr es später noch einmal versuchen und für den Moment einfach zu eurem Anker zurückkehren und euch so gut ihr könnt in die Erfahrung hinein entspannen, hier zu sitzen und zu atmen oder zuzuhören …

Schaut jetzt, ob ihr einfach die Gelegenheit, still hier zu sitzen, zu atmen … zu fühlen wertschätzen könnt.

Ich werde gleich das Klangspiel anschlagen, um diese letzte Übung zu beenden …

Jetzt richten wir alle unsere Aufmerksamkeit wieder auf den ganzen Körper, während wir hier sitzen und die Umgebungsgeräusche wahrnehmen und öffnen behutsam die Augen, falls sie geschlossen sind … und strecken uns, falls uns danach ist.

Die ganze Gruppe: *Wie war das für euch?* Die Schüler*innen möchten vielleicht direkt antworten oder auch nicht, und wenn nicht, ist das auch in Ordnung, sie können ihre Gedanken auch in ihrem Tagebuch festhalten. Sie könnten dann noch erwähnen, dass unser Geist-Körper-System so beschaffen ist, dass es hilfreich sein kann, sich manchmal bewusst dafür zu entscheiden, positive Gefühle wahrzunehmen oder sogar zu verstärken. (Siehe Glücksgewohnheit, Kapitel 4).

Tipp für den Unterricht

*Wenn man positiven Gefühlen auf den Grund geht, beispielsweise Dankbarkeit, ist es normal, dass manchmal starke Emotionen hochkommen, die ziemlich heftig und hin und wieder sogar überwältigend sein können. Es ist es wichtig, den Schüler*innen Ressourcen an die Hand zu geben, die sie in die Lage versetzen, sich aus den starken Gefühlen auszuklinken und wieder mit einem Anker zu verbinden und zu wissen, wie sie solche Gefühle behutsam erforschen können, wenn es sich hilfreich anfühlt. (Siehe Starke Emotionen, Kapitel 4).*

Abschlussübung: Einen Kreis bilden

Es gibt viele Möglichkeiten, diesen Kurs zu beenden. Hier ein Vorschlag für eine Abschlussübung:

- Bitten Sie die Klasse, einen Kreis zu bilden (im Stehen). Nehmen Sie sich dabei Zeit und schaffen Sie mit Ihrem Tonfall und Tempo eine freundliche, sanfte Atmosphäre.
- Lenken Sie die Aufmerksamkeit der Schüler*innen auf die Körperempfindungen beim Stehen, die Mikro-Bewegungen in den Füßen ... Beinen ... Armen.
- Bitten Sie die Schüler*innen in die Mitte des Kreises auf den Boden zu blicken (Sie könnten eine Vase mit Blumen oder ein anderes Objekt in der Mitte stehen haben) und dann aus den Augenwinkeln die Schüler*innen um sie herum wahrzunehmen. *Werdet jetzt, in diesem Moment, alle zusammen der ganzen Gruppe gewahr.*
- Bitten Sie die Schüler*innen, aus den Augenwinkeln Ihren Bewegungen zu folgen, während sie still versuchen sollen, sich mit Ihnen synchron zu bewegen. Bewegen Sie Ihre Hände langsam nach vorne und oben, um

sich zu strecken. Machen Sie alle Bewegungen, nach denen Ihnen zumute ist und versuchen Sie zu erreichen, dass sich die Schüler*innen weiterhin synchron mit Ihnen bewegen (manchmal machen wir einen Spaß daraus, indem wir langsam eine Hand heben und einen Finger in unser Ohr stecken oder uns langsam der Person neben uns zuwenden und eine Hand über ihrem Kopf schweben lassen).

- Beenden Sie die Übung, indem Sie die Hände wieder vor Ihren Körper bringen und einmal in die Hände klatschen. Tun Sie das betont langsam, sodass es alle gleichzeitig machen können. Klatschen Sie dann weiter und werden Sie dabei immer schneller, bis alles in einem gemeinsamen Applaus endet.

Abschluss:

- Noch im Kreis stehend danken Sie allen für ihre Teilnahme und drücken Ihre Hoffnung aus, dass sie etwas Nützliches gelernt haben. Erinnern Sie sie daran, dass es Techniken gibt, die sie erlernen können, wenn sie mit mentalen oder emotionalen Problemen zu kämpfen haben. Es gibt eine ganze Reihe solcher Trainings für junge Leute und Erwachsene und selbst wenn sie nicht alles sofort hilfreich fanden, könnte es durchaus sein, dass sie zu irgendeinem Zeitpunkt in der Zukunft darauf zurückkommen möchten.
- Wünschen Sie allen von Herzen alles Gute.

Alternative

Genießen und teilen

Sie können auch ein eigenes Abschlussritual erfinden. Wir konnten beispielsweise manchmal für die letzte Einheit ein gemeinsames Pizza-Essen organisieren. Sie können miteinander eine kurze abschließende Übung machen und dann die Schüler*innen bitten, vor dem Essen einen Moment innezuhalten und Empfindungen des Hungers oder Erwartungen zu registrieren. *Wie glücklich können wir uns schätzen, dass wir essen können, wenn wir hungrig sind.* Erwähnen Sie, dass es in diesem Moment in vielen Teilen der Welt Kinder gibt, die die gleichen Hungergefühle haben, aber heute nicht essen können. Laden Sie die Schüler*innen ein, beim Essen einige Augenblicke still zu sein und diese ersten Bissen bewusst zu genießen. Dankbar zu sein. Und dann genießen!

Manche Lehrer*innen beschließen den Kurs gerne, indem sie jedem Schüler und jeder Schülerin etwas anbieten, vielleicht einen kleinen Schokoriegel, und ihm oder ihr sagen, was sie an ihrer Teilnahme zu schätzen wussten. Danach geben sie ihnen einen zweiten Schokoriegel und stellen ihnen frei, diesen sofort selbst zu genießen oder einer Person zu schenken, die freundlich zu ihnen war oder ihnen geholfen hat. Das kann dazu beitragen, dass positive Gefühle entstehen und vielleicht zu einem Austausch über die verschiedenen Erfahrungen führen, die sie im Kurs gemacht haben.

Ergänzende Übungen:

Wenn Sie genügend Raum und Zeit haben, um Ihren Schüler*innen noch weiter in die Achtsamkeit einzuführen, gibt es viele Möglichkeiten. Sie könnten das Training mit ein paar thematischen Einheiten aus dem Kapitel »Mittelstufenjahre« ergänzen. Für jüngere Mittelstufen-Schüler*innen gibt es eine Menge großartige Ideen, die Sie dem Kapitel 2 »Grundschuljahre« entnehmen und entsprechend anpassen können.
Hier noch ein paar Beispiele:

Achtsames Gehen

Absicht:
Schüler*innen trainieren, alltäglichen physischen Aktivitäten Aufmerksamkeit zu schenken.

- Am Ende einer Übung im Sitzen oder als Alternative können Sie die Schüler*innen anleiten, langsam aufzustehen und, ohne Augenkontakt herzustellen, eine Weile langsam im Raum umherzugehen, dabei die Aufmerksamkeit auf die Füße oder Hände zu richten und sich dann langsam wieder hinzusetzen.

Bodyscan

Das erfordert ein bisschen Organisation, aber oft scheinen die Schüler*innen diese geführte Übung wirklich zu genießen. Sie kann sehr hilfreich sein, um sich zu entspannen und eine Verbindung zwischen Körper und Geist herzustellen (siehe Kapitel 4).

Dem Körper die Führung überlassen

Absicht:
Die Schüler*innen trainieren, sich achtsam zu bewegen und auf den Körper zu »hören«.

- Die Übung beginnt damit, dass die Schüler*innen auf dem Rücken liegen und körperliche Empfindungen registrieren …
- dann rollen sie sich auf eine Seite … und kommen von da aus in eine sitzende Position. Sie sollen sich dabei vom Körper führen lassen, d. h. zulassen, dass der Körper sich auf die Art und Weise bewegt, die sich am besten anfühlt (dabei soll keine Interaktion mit oder Ablenkung durch andere Personen stattfinden!).
- Dann kommen sie langsam in den Stand und bewegen sich dabei wieder, wie der Körper es will …
- Alle bleiben stehen und nehmen ihre Empfindungen wahr …
- Hier kann man die Übung beenden oder dem Körper erlauben, sich langsam im Raum umherzubewegen, ohne mit anderen zu interagieren.

Diese Übung kann auch in einer Turnhalle unter Anleitung eines Schauspiel- oder Sportlehrers durchgeführt werden.

(Die Übung ist lizensiert vom Presencing Institute – Otto Scharmer.)

Rate mal wer ...?

Absicht:
Die Schüler*innen trainieren, ihre Sinne zu gebrauchen und als Gruppe auf achtsame Weise zusammenzuarbeiten, ohne zu sprechen.

Sie können die Abschlussübung von Einheit 4 als Grundlage für ein achtsames Bewegungsspiel verwenden. Wenn die Schüler*innen verstanden haben, worum es geht, schicken Sie einen Freiwilligen für einen Moment aus dem Raum, wählen eine freiwillige Leiterin aus und laden dann den ersten Freiwilligen ein, wieder hereinzukommen und sich in die Mitte des Kreises zu stellen. Die Gruppe muss ihr peripheres Sehen nutzen, um die Leiterin nicht direkt anzuschauen. Der Schüler in der Mitte des Kreises hat drei Versuche, um herauszufinden, wer die Leiterin oder der Leiter ist.

Safari der Sinne

Absicht:
Den Schüler*innen eine Sinneserfahrung zu vermitteln, die sie zu stiller Beobachtung befähigt, um sich – wo es möglich ist – mit der Natur zu verbinden.

- Erklären Sie alles vorab: Sie werden die Schüler*innen aus dem Klassenzimmer herausführen und auf eine besondere Safari der Sinne mitnehmen, ins Freie, wo sie still sein und nicht sprechen, sondern einfach nur beobachten und lauschen sollen – auch beim Gehen. Räumen Sie ein, dass das ein bisschen schwierig sein kann. Forcieren Sie das Ganze anfangs nicht zu sehr, sondern ermutigen und erinnern Sie die Schüler*innen einfach, still zu sein. Versuchen Sie, zu erreichen, dass alle still sind, wenn sie ihr Ziel erreicht haben.

- Nun sollen sich die Schüler*innen verteilen, sich allein hinstellen oder, wenn möglich, setzen und einfach still die Welt um sie herum betrachten und mit allen Sinnen wahrnehmen. Falls es in der Nähe Zugang zur Natur gibt, lohnt es sich, dorthin zu gehen.
- Bleiben Sie lange genug dort, um den Schüler*innen Gelegenheit zu geben, etwas zur Ruhe zu kommen und alles in sich aufzunehmen, aber bleiben Sie nicht allzu lange.
- Sie können ihnen vorher sagen, dass sie langsam still zum Klassenzimmer zurückkehren sollen, wenn sie das Klangspiel hören.
- Zurück im Klassenzimmer können die Schüler*innen in ein Tagebuch schreiben oder malen, was sie wahrgenommen und bemerkt haben. Diese Übung können Sie mit den Kindern so oft Sie möchten wiederholen – sie werden jedes Mal eine neue Erfahrung machen.

Wir haben festgestellt, dass diese Aktivität, die wir *Safari der Sinne* nennen, sehr gut funktioniert, wenn sie von Kunstlehrer*innen angeleitet wird und die Schüler*innen dabei nach einigen Momenten der Stille einen Skizzenblock benutzen. Viele Achtsamkeitsübungen können auf unterschiedliche Art und Weise in den gesamten Lehrplan eingebettet werden. Schauen wir uns nun an, was geschehen kann, wenn ein Kunstlehrer seine eigene Erfahrung mit Achtsamkeit in seinen Unterricht einbringt:

Ein Lehrer: Achtsames Gewahrsein im Kunstunterricht

Kunst ist ein Fest für die Sinne und im Kunstunterricht können bestimmte Materialien genutzt werden, die die Schüler*innen zum Staunen bringen und ihre Aufmerksamkeit auf die sinnliche Erfahrung lenken, wenn sie leuchtende Farben mischen oder mit den Händen Ton formen. Kinder fühlen sich ganz unwillkürlich zu diesen Erfahrungen hingezogen, und indem wir die Aufmerksamkeit darauf lenken, können wir ein Beispiel für Achtsamkeit und die Wertschätzung unserer Sinne für alle Lebensbereiche geben. Der Kunstunterricht ist ein Raum, in dem wir auf ganz natürliche Weise achtsames Gewahrsein ins Lernumfeld einbetten können. Zum Beispiel:

- Beim Zeichnen können wir mit einer kurzen Erdungsübung beginnen, um unsere Wahrnehmung der Muskelbewegungen und des Sehfelds, mit dem wir arbeiten, zu vertiefen.
- Wir könnten den Achtsamkeitsaspekt hervorheben, wenn wir mit unserer visuellen Aufmerksamkeit bei den Konturen des Objekts verweilen, das wir gerade zeichnen.
- Wir können auch auf den Achtsamkeitsaspekt hinweisen, der mit unserer Wahrnehmung beim Halten der Zeichenutensilien, der Bewegung unserer Finger, unseres Handgelenks und Arms verbunden ist und den Fluss und die Qualität der Linien beeinflusst.
- Wir können Schüler*innen anleiten, Gedanken und Emotionen wahrzunehmen und loszulassen, wie Selbstkritik oder Angst, die bei künstlerischer Tätigkeit auftreten können.

Der Drang, etwas zu erschaffen, ist in den jüngeren Jahrgängen ganz offensichtlich, wenn Kunst zu einer Erweiterung der Sinne wird, einem wesentlichen Teil des Entdeckungsprozesses und der Sinnfindung. Viele Jugendliche geben, wenn sie älter werden, ihre künstlerischen Aktivitäten allmählich auf, und betrachten Kunst als eine Reihe von Fertigkeiten oder Techniken, die nur von denen beherrscht werden können, die die erforderlichen Talente und Fähigkeiten besitzen. Mit Achtsamkeit können sie zu einer tiefen und dauerhaften Verbindung mit der Kunst hingeführt werden, indem die Lehrkraft ergebnisoffene Anforderungen formuliert, wie Einladungen, über die eigene Erfahrung zu reflektieren und so den Samen für eine bedeutungsvolle künstlerische Vorstellungskraft zu säen. Die Achtsamkeitspraxis kann dazu dienen, während des gesamten künstlerischen Prozesses den Raum für diese Art der Kontemplation und Reflexion zu schaffen und eine innere Haltung zu fördern, die Kunst als integralen Bestandteil des Lebens versteht.

Michael Anderson – weitere Informationen zu Trainings zum Thema Achtsamkeit und Kunst finden Sie unter https://onlineprograms.art-of-being.org

Innehalten, reflektieren, planen

Wie Sie nach dem Abschluss Ihres Achtsamkeitstrainings weitermachen, hängt davon ab, wie viel Zeit und Raum Ihnen zur Verfügung steht und auch von Ihrer tiefer liegenden Motivation – Was wollen Sie wirklich für Ihre Schüler*innen?

Dies ist ein guter Zeitpunkt, um innezuhalten und noch einmal zu reflektieren, welche Ziele Sie mit dieser Arbeit verfolgen und wie Sie auf dieser Reise weiterhin auch gut für sich selbst sorgen können.

Um diesen Reflexionsprozess zu unterstützen, sollten Sie noch einmal den Abschnitt »Reflexion Lehrkraft« auf Seite 82 lesen.

Ergänzende Übungen

Nachdem Sie ein Fundament für eine Achtsamkeitspraxis und ein Aufmerksamkeitstraining gelegt haben, können Sie durch die Einführung kurzer zusätzlicher Aktivitäten darauf aufbauen, um den Schüler*innen in jeder Phase des Schulalltags zu helfen, zur Ruhe zu kommen und sich wieder zu fokussieren. Diese kurzen Übungen können zu Beginn oder am Ende einer Unterrichtsstunde, als einleitende Übung vor einer neuen Aktivität oder immer dann eingesetzt werden, wenn Sie möchten, dass die Klasse für einen Moment innehält. Durch kurze Bewegungsübungen mit einem Achtsamkeitselement können Sie den Schüler*innen auch helfen, Wege zu finden, sich bewusst selbst zu beruhigen. Diese einfachen Aktivitäten können die Schüler*innen an die positiven Effekte der Selbstfürsorge und des Gewahrseins im gegenwärtigen Moment erinnern – und daran, dass es sich auch einfach gut anfühlen kann, manchmal gemeinsam still zu sein! Um solche »auflockernden« Momente zu schaffen, können Sie kurze Aktivitäten auf der Basis von oben beschriebenen Übungen entwickeln. Außerdem finden Sie viele weitere Ideen, die Sie an die Erfordernisse Ihrer Klasse anpassen können, in der Liste der zusätzlichen Aktivitäten.

Kevin: Optionales Training oder Pflichtkurs?

Einen Achtsamkeitskurs für Schüler*innen einer Mittelschule in Prag zu starten, war tatsächlich ziemlich einfach, einerseits, weil ich der Leiter dieser Schule war, aber hauptsächlich, weil alle Lehrerkräfte 12-wöchige »Schnupperkurse« anboten, für die die Schüler*innen sich anmelden konnten. Die Kurse waren Teil des Lehrplans und ich begann in einem Kurs zu assistieren, der Psychologie mit Philosophie verband. Wir nannten ihn »Was wissen wir und woher wissen wir es?«. Später ging ich dazu über, den sogenannten *.b*-Kurs im Rahmen des Projekts »Achtsamkeit in Schulen« anzubieten, der sich dann zu einem .b-Plus-Kurs entwickelte, als wir abwechselnd Achtsamkeits-Einheiten und Yoga-Stunden abhielten, die von einer Yoga-Lehrerin geleitet wurden.

Die Tatsache, dass es den Schüler*innen freigestellt war, sich zu den Kursen anzumelden, war meiner Meinung nach sehr hilfreich. Ich führte eine Einführungsveranstaltung durch, bevor sie ihren Kurs wählten. Manche Schüler*innen, die nach der Meinung von Lehrkräften von einer Verbesserung ihrer Fähigkeit zur emotionalen Regulation profitieren könnten, wurden »stark ermutigt«, sich anzumelden, aber im Allgemeinen wollten alle dabei sein (und tatsächlich sagten viele derjenigen, die ein bisschen zur Teilnahme »geschubst« wurden, dass sie den Kurs hilfreich fanden). In der High School wurde das Training dann zum Pflichtkurs für 17–18-Jährige. Das Gute daran war, dass alle Schüler*innen in dieser Zeit, in der sie alle unter großem Druck stehen, eine Chance hatten, diese Fähigkeiten zu erwerben, was definitiv ein Vorteil war, aber es bedeutete durchaus auch, dass einige nicht wirklich motiviert waren. Trotzdem war die überwiegende Mehrheit der Meinung, dass die Kurse weiterhin Pflicht bleiben sollten, denn sie erkannten sehr wohl die Vorteile des Trainings. Aber auch da, wo die Trainings Pflichtkurse sind, ist es wichtig, dass der Ton »einladend« ist – insbesondere für diejenigen, die, aus welchen Gründen auch immer, das Bedürfnis haben, sich jederzeit innerlich »auszuklinken«.

Indem Sie für Schüler*innen verschiedene »sichere Räume« schaffen, in welchen sie sich entspannen und freier austauschen können, tragen Sie wiederum zu einem allmählichen Wandel der Kultur an Ihrer Schule bei, weil praktische, das Gewahrsein fördernde Methoden in Verbindung mit eigenen Erfahrungen der Lehrkräfte (verkörperte Präsenz beim Unterrichten) zu mehr Verbundenheit in der Schulgemeinschaft führen. Die Fähigkeiten und Skills, die Ihre Schüler*innen in diesem Kapitel erlernt haben, können durch verschiedene Ansätze der Einzel-, Partner- und Gruppenarbeit in unterschiedlichen Fächern verstärkt und angewendet werden, beispielsweise, indem man auf achtsames Sprechen und Zuhören achtet, um den Dialog, das Lernen und das Gemeinschaftsgefühl zu vertiefen (siehe Kapitel 7).

Wir hoffen, dass Sie sich nun gut gerüstet fühlen, um eine größere Rolle bei der Einführung und Vermittlung von achtsamkeitsbasiertem Wohlbefinden zu spielen. Auf Ihrer weiteren Reise hin zu einer Transformation des Lernens in Ihren Klassen und Ihrer Schule, werden Sie die Unterstützung anderer innerhalb und außerhalb der Schulgemeinschaft brauchen. Es ist so wichtig, dass wir uns immer wieder daran erinnern, dass es keine einfache Abkürzung zur Vermittlung dieser Lernchancen für Schüler*innen gibt. In diesem Bereich geht es immer wieder um unsere persönliche Praxis und achtsame Präsenz. Widmen Sie also bitte Ihrer Selbstfürsorge und Ihrer persönlichen Achtsamkeitspraxis weiterhin Zeit und Energie und suchen Sie sich andere Menschen, die zu Gefährten auf dieser tiefgreifenden und transformierenden Reise werden.

ZUSAMMENFASSUNG

In diesem Kapitel haben wir

- Ihnen gezeigt, wie man ein Training in achtsamem Gewahrsein für 11–13-Jährige durchführt, am Beispiel von Unterrichtsstunden, in denen der Fokus auf Aufmerksamkeit und Erdung liegt,
- untersucht, wie wir Schüler*innen helfen können, die erlernten Fähigkeiten anzuwenden, um aufmerksamer zuzuhören, sich selbst zu beruhigen und Emotionen zu regulieren,
- Ihnen aufgezeigt, wie Sie auf diesem Fundament aufbauen können, um achtsames Gewahrsein in Ihren Unterricht und Ihren Schulalltag zu integrieren.

4

Achtsames Gewahrsein in der Oberstufe

(14 – 18 Jahre)

IN DIESEM KAPITEL VERMITTELN WIR IHNEN:

ACHTSAMKEITSTRAINING	AKTIVITÄTEN
Einheit 1: Achtsamkeit – wozu?	Hand-Wärme-Übung LeBron-Atem Wie gut geht es uns?
Einheit 2: Mit Stress und Ängsten/ Anspannung umgehen	Atempausen Übung Weicher werden und unterstützen Übung Weicher werden und unterstützen im »echten« Leben
Einheit 3: Mit Ablenkungen umgehen	Klingelton-Übung Bodyscan Nur ein Atemzug
Einheit 4: Mit starken Gefühlen arbeiten	Gefühle auslösen Eis, Eis Baby Fürsorglichkeitsübung Glücksgewohnheit

...

ACHTSAMKEITSTRAINING	AKTIVITÄTEN
Einheit 5: Sinn und Zweck	Kontemplative Berufsplanung Absichten fassen und formulieren Zukunfts-Chat Zukunfts-Tagtraum Körperliche Bewegung Allein sitzen Natur-Erfahrung
Übungen für Lehrkräfte	Absichten und Motive klären Innehalten. Reflektieren. Planen

Mit dieser Altersgruppe arbeiten

Teenager und junge Erwachsene reagieren positiv auf Respekt und Wertschätzung. Wie in allen anderen Schulfächern ist es bei dieser Altersgruppe entscheidend, dass Sie nicht nur dozieren, nicht bloß ein weiterer Erwachsener sind, der ihnen sagt, wie die Dinge *zu sein haben*. Wenn Sie Ihre Begeisterung und Neugier teilen können (ganz gleich, um welches Fach es sich handelt!), kann das viel dazu beitragen, das Interesse der Schüler*innen zu wecken. Es ist äußerst wichtig, dass Sie Ihre eigene Achtsamkeitspraxis entwickeln und Ihre sozialen und emotionalen Kompetenzen stärken, bevor Sie sich daran wagen, dieses Fach zu unterrichten, denn es macht Ihren Unterricht authentisch und stellt sicher, dass Sie authentische Rückmeldungen bekommen. Teenager nehmen aufgesetztes Verhalten aus einem Kilometer Entfernung wahr!

Wie unser Geist, unser Körper und unsere Gefühlswelt funktionieren, ist keine Frage, die wir als Erwachsene abschließend geklärt haben oder als Experten beantworten können. Wir haben einfach nur ein bisschen mehr Lebenserfahrung als die Heranwachsenden. Wenn es darum geht, das menschliche Dasein zu erforschen, können wir die Jugendlichen einladen, sich uns auf dieser Reise anzuschließen und uns als begleitende Führung und nicht als »Herr oder Frau Allwissend« auf einem Podest wahrzunehmen. Indem Sie Ihre Schüler*innen an Ihrer persönlichen

Entwicklung und Ihren eigenen Erfahrungen mit diesem Weg teilhaben lassen, können Sie viel dazu beitragen, dass ihr Interesse geweckt wird.

Amy: Mensch sein?

Als ich mit dem Unterrichten anfing, dauerte es eine Weile, bis ich ein Gleichgewicht zwischen »Amy sein« und »Frau Burke sein« gefunden hatte. Als mir das dann gelungen war, wurde meine Art zu unterrichten verbindlicher und authentischer. Besonders bei Achtsamkeits-Lektionen habe ich manchmal persönliche Erfahrungen mit ihnen geteilt:

> *»Als ich in eurem Alter war, fiel es mir oft schwer, mit meinen Gefühle klarzukommen. Ich konnte* **so** *schnell wütend werden und hatte oft das Gefühl, als würde ich von meinen Emotionen beherrscht. Ich bin immer noch ziemlich schnell gestresst – so wie viele von uns! Aber Achtsamkeit ist eines der Werkzeuge, das mir geholfen hat, besser mit meinen Gefühlen und meinem Stresspegel umzugehen. Achtsamkeit hilft mir, bewusst wahrzunehmen, wenn ich anfange, mich überfordert zu fühlen, sodass ich dann für mich sorgen kann. Und sie hilft mir, zu mir selbst und anderen freundlicher zu sein.«*

Meine Fähigkeit, mich mit meinen Schüler*innen zu verbinden, war das Fundament meiner Unterrichtsphilosophie, ganz gleich, welches Fach ich gerade unterrichtete. Wie wir durch die Forschung in Neurowissenschaften und Entwicklungspsychologie wissen, sind junge Leute so verdrahtet, dass sie durch ihre Beziehungen zu Erwachsenen lernen. Ich gehe dabei nicht zu sehr ins Detail, aber ich lasse sie wissen, dass ich ein Mensch bin, der manchmal Schwierigkeiten hat, menschlich zu sein. Geht es uns nicht allen so?

Beginnen

Ein wesentlicher Aspekt, um Achtsamkeitstrainings mit Teeangern durchzuführen, besteht darin, nicht zu sagen »das ist etwas, das ihr tun *müsst*«, sondern ihnen das Thema als Einladung nahezubringen und sie wissen zu lassen, dass es eine praktische Methode ist, mit der sie aktiv etwas für ihre mentale Gesundheit tun können. Anwendungen für das reale Leben anstatt abstrakte Konzepte tragen ebenfalls dazu bei, Achtsamkeit für Teenager relevanter zu machen. Die Themen der Einheiten dieses Kapitels ergaben sich aus dem, was die jungen Leute uns gegenüber als für sie wichtig bezeichneten. Abhängig vom Alter und den Interessen Ihrer Klasse, könnten Sie in Betracht ziehen, die fünf Einheiten wie unten dargestellt zu unterrichten oder sie in 8 bis 10 kürzere Einheiten aufzuteilen,

- die vier Einheiten für die Mittelstufe als Grundlage zu verwenden und dann zu den Einheiten für die Oberstufe überzugehen,
- eine Auswahl von Übungen aus dem Mittelstufen- und Oberstufen-Programm zusammenzustellen, das den Bedürfnissen Ihrer Schüler*innen und Ihrem Kontext entspricht.

Absichten und Motive klären

Viele Erwachsene wenden sich der Achtsamkeit zu, weil sie nach einer Möglichkeit suchen, persönliches Leiden zu lindern. Das trifft nicht unbedingt auf junge Menschen zu, insbesondere, wenn Achtsamkeit ein Pflichtkurs in der Schule ist! Unsere Gründe, an einem Training in Achtsamkeit teilzunehmen, können sich deutlich von denen der jungen Leute, die wir unterrichten, unterscheiden, Es ist wichtig, dass wir, während wir durch die einzelnen Einheiten gehen, kontinuierlich unsere Absichten und Motive überprüfen, und uns fragen, *warum* wir dies den jungen Leuten vermitteln wollen. Diese Absichten zu klären, wird Sie bei Ihrem Unterricht leiten und dazu beitragen, dass Sie die Bedürfnisse Ihrer Schüler*innen im Blick behalten. Bevor Sie weiterlesen, schauen Sie bitte noch einmal den Abschnitt »Reflexion Lehrkraft« auf Seite 82 durch.

1 Einheit 1: Achtsamkeit – wozu?

Absicht:

Das Interesse von Schüler*innen wecken und eine klare Begründung anbieten, weshalb achtsames Gewahrsein nützlich für Jugendliche sein könnte.

- Schüler*innen ein auf eigenen Erfahrungen beruhendes Verständnis von achtsamem Gewahrsein vermitteln.
- Schüler*innen wird selten ein Grund dafür genannt, warum sie bestimmte Dinge lernen müssen – meistens ist es einfach das, »was eben zu tun ist«. Aber wenn wir junge Menschen in Achtsamkeit unterrichten, geben wir ihnen gerne eine klare Begründung und sagen ihnen, warum es sein könnte, dass sie das vielleicht gerne lernen wollen. In dieser einführenden Einheit geht es um eine nähere Betrachtung der Achtsamkeit als eine Fähigkeit, die dazu beitragen kann, unser allgemeines Wohlbefinden zu steigern.

Eine Möglichkeit, in den Unterricht einzusteigen, besteht darin, direkt das Thema Beschäftigtsein und Achtsamkeit anzusprechen. Es gibt ein paar großartige Memes, die auf witzige Art die Vorstellung vermitteln, dass es psychopathisch sei, nur eine Sache auf einmal zu machen, beispielsweise Kaffee zu trinken und dabei nicht ein einziges Mal auf sein Smartphone oder den Computerbildschirm zu schauen. Damit ernten Sie unweigerlich ein paar Lacher, und wir hinterfragen die Vorstellung, dass es »verrückt« sei, einfach nur Kaffee zu trinken. *»Warum kann es sonderbar sein, einfach nur da zu sitzen?«* Das könnte eine Diskussion anstoßen über Stille und unsere Unfähigkeit, still zu sein, über unsere unaufhörliche Geschäftigkeit und Multitasking. *Haben wir die Fähigkeit verloren, uns damit wohlzufühlen, nur eine Sache auf einmal zu tun? In diesem Kurs geht es hauptsächlich um Präsenz. Aber was bedeutet es konkret, »präsent zu sein«?*

Geistige Modi: Denken und Wahrnehmen

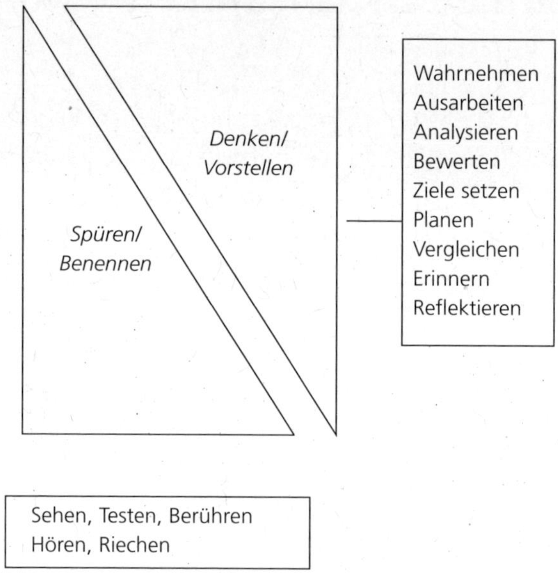

Abbildung 6: Mentale/emotionale Zustände (adaptiert von Williams, 2010)

Quelle: Williams, J.M.G. (2010): »Mindfulness and psychological process«, Emotion, 10(1): 1–7. American Psychological Association, adaptiert mit freundlicher Genehmigung

In diesem Kapitel finden Sie immer wieder Vorlagen für den Unterricht, um Ihnen den Einstieg in diese Arbeit zu erleichtern, aber wir empfehlen Ihnen, eigene Anleitungen zu erstellen, die zu Ihrem Kontext und Stil passen.

> *Wir können uns gedanklich in der Vergangenheit aufhalten, beispielsweise, wenn wir etwas bereuen, das wir getan oder unterlassen haben, oder in der Zukunft sein und uns Sorgen über Dinge machen, die noch gar nicht passiert sind. All diese mentalen Aktivitäten können unserer Verbindung mit und Freude am gegenwärtigen Moment im Wege stehen. Der Körper ist allerdings immer in der Gegenwart. Auch wenn es bei Achtsamkeit darum geht, den Geist zu trainieren, tun wir das hauptsächlich, indem wir uns mit dem Körper verbinden. Wir können uns darin üben, den Atem, körperliche*

Empfindungen oder Klänge zu nutzen, um uns im gegenwärtigen Augenblick zu verankern. Das kann neuronale Bahnen im Gehirn verstärken, die uns helfen, leichter mit dem Körper und den Sinnen in Kontakt zu kommen.

Hand-Wärme-Übung

Wir wollen diese Verbindung jetzt einmal mithilfe einer kurzen Übung untersuchen.

Laden Sie die Schüler*innen ein, das zusammen mit Ihnen zu versuchen.

Reibt kräftig eure Hände.

Spürt, wie Wärme entsteht.

Hört auf zu reiben und lasst eure Hände im Schoß oder auf dem Tisch ruhen.

Richtet eure Aufmerksamkeit auf die Hände … wie fühlen sie sich an? Spürt ihr ein Kribbeln oder Pulsieren?

Fühlt es sich in beiden Händen gleich an? … Vielleicht spürt ihr gar nichts, und das ist auch in Ordnung. Wir fangen gerade erst an, Dinge mithilfe unserer Sinne zu erforschen.

Achtet auf die Empfindungen in den Handflächen, den Fingern. Lassen sie nach? …

Schließen Sie die Übung ab, indem Sie die Schüler*innen auffordern, die Finger zu bewegen oder die Hände auszuschütteln.

- Austausch mit Partner/Partnerin: Findet heraus, wie das für jemand anderen war. Was hat er oder sie wahrgenommen?
- Austausch (siehe Kapitel 5, Top-Tipp für den Unterricht 11) und Gruppengespräch.

Die Absicht ist hierbei, das Gewahrsein der Schüler*innen in den Körper zu lenken, sodass sie vom Denken ins Fühlen kommen.

Wir haben für diese Übung natürlich absichtlich bestimmte Empfindungen in unseren Händen hervorgerufen, aber manche körperlichen Empfindungen sind ja ständig präsent. Könnt ihr sogar jetzt irgendetwas wahrnehmen, wenn ihr eure Aufmerksamkeit wieder auf die Hände richtet? … Wir können unser Gewahrsein dieser Empfindungen nutzen, um unsere Wahrnehmungsfähigkeit zu steigern und unserem denkenden Verstand eine Pause zu gönnen. So kann der Körper in der Achtsamkeitspraxis als Anker genutzt werden.

Es ist wichtig, nicht den Eindruck zu vermitteln, dass irgendetwas verkehrt daran sei, zu denken! Wir wollen nur dazu anregen, die Sinneswahrnehmung zu nutzen, um uns eine Atempause von unserem überaktiven Geist zu gönnen.

Was also ist Achtsamkeit?

Bieten Sie Ihren Schüler*innen diese Definition von Achtsamkeit von Gina Biegel (2015), der Urheberin des Stressed-Teens-Programms, an.
»Achtsamkeit bedeutet, dass wir die eigenen Gedanken, Gefühle und körperlichen Empfindungen im gegenwärtigen Moment ohne Wertung und in so vielen Augenblicken unseres Lebens wie möglich wahrnehmen.«

Warum sollten wir also daran interessiert sein, diese Dinge wahrzunehmen? (Antworten sammeln.)

Wenn wir uns unserer Gedanken, Gefühle und körperlichen Empfindungen im gegenwärtigen Moment bewusst sind, werden wir wahrscheinlich weniger von gewohnheitsmäßigen Gedankenmustern oder unbewussten Impulsen angetrieben, die unnötig Stress erzeugen oder unsere Zuversicht untergraben können.

Mit dem Gewahrsein geht die Fähigkeit einher, zu wählen, wie wir auf eine bestimmte Situation antworten wollen, anstatt einfach automatisch zu reagieren – oder überzureagieren! – ohne nachzudenken.

Wenn wir Achtsamkeitstraining üben, neugierig und freundlich zu sein, hilft uns das, für uns selbst und andere Mitgefühl zu entwickeln.

Es ist eine Sache, als Erwachsene hier zu stehen und euch all diese Dinge zu erzählen, aber es ist wahrscheinlich hilfreicher, das von jungen Leuten euren Alters zu hören, die ein solches Training bereits absolviert haben.

Schauen Sie mit ihnen das Video Mindfulness: Youth Voices von Kelty Mental Health in Canada an: www.youtube.com/watch?v=kk7IBwuhXWM&t=3s

- Oder dieses kurze Video, in dem junge Leute über ihre Erfahrungen während eines fünftägigen Achtsamkeits-Retreats bei Inward Bound Mindfulness Education, UK, sprechen: https://ibme.org.uk/

Was Schüler*innen sagen

»Ich war ein bisschen skeptisch. Ich dachte ›Mal ehrlich, Achtsamkeit, funktioniert das überhaupt?‹ Und es stellte sich heraus: Ja, es funktioniert!«

Karim, 18 Jahre

»Es dauert einige Zeit, bis man sich an Achtsamkeit gewöhnt hat, gebt also nicht sofort auf. Nehmt euch etwas Zeit. Es gibt übrigens eine ganze Reihe unterschiedlicher Achtsamkeitsübungen, probiert sie alle aus und schaut, was für euch funktioniert.«

Ellie, 14 Jahre

Ich habe während meiner Schulzeit mit Achtsamkeit angefangen, weil ich ständig besorgt und gestresst war. Dadurch habe ich gelernt, wie ich von meinen Gedanken und Sorgen Abstand gewinnen und im gegenwärtigen Moment sein konnte. Jetzt nutze ich meine Achtsamkeitspraxis weiterhin, um mehr im Gleichgewicht zu bleiben, mich kreativer zu fühlen und mehr Schlaf zu bekommen. Achtsamkeit hat mir geholfen, mit Veränderungen zurechtzukommen, mit Stress umzugehen, mir meiner Gedanken bewusster zu werden und meine Umgebung wahrzunehmen, um das alltägliche Leben intensiver zu erfahren. Ich würde jungen Leuten ein Achtsamkeitstraining empfehlen, weil es ihnen helfen kann, sich weniger belastet zu fühlen, sich mehr zu fokussieren und mehr positive Erfahrungen im Leben zu machen.

Jake, 18 Jahre

Es kann manchmal auch hilfreich sein, Beispiele relevanter Forschungsergebnisse zu teilen:

FALLSTUDIE:
ACHTSAMKEIT UND DAS HERANWACHSENDE GEHIRN

Während bereits viel über die Auswirkungen von Achtsamkeit auf Erwachsene geforscht wurde, steckt die Achtsamkeitsforschung zu Jugendlichen noch in den Kinderschuhen.

1. Nach einem achtwöchigen Trainingskurs in Achtsamkeit zeigten die Schüler*innen:
   - eine verbesserte Konzentrationsfähigkeit, weniger Ablenkbarkeit
   - weniger selbstkritisches Denken.

(Sanger und Dorjee, 2016)

2. Achtsamkeitstraining verhalf den Schüler*innen in herausfordernden Situationen zu mehr Resilienz (z. B. bei Prüfungen). Nach dem Training gab es bei den Schüler*innen im Vergleich zur Kontrollgruppe:
   - weniger Arztbesuche aufgrund psychischer Probleme
   - eine größere Empathiefähigkeit
   - ein höheres Level allgemeinen Wohlbefindens.

(Sanger et al., 2018)
(Siehe auch »Fallstudie Mittelschule« in Kapitel 3)

Achtsamkeit im Allgemeinen

Achtsamkeit ist in den vergangenen zehn Jahren sehr populär geworden. Sie wird in der Medizin bei der Behandlung von Patienten mit chronischen Schmerzen eingesetzt. Viele Unternehmen machen sie sich zunutze, um ihre Angestellten beim Stressmanagement zu unterstützen, und im Mannschaftssport wird sie genutzt, um den Sportlern zu helfen, sich in bestimmten Situationen unter hohem Druck zu fokussieren und Spannungen abzu-

bauen. Sogar viele Prominente praktizieren Achtsamkeit! So beispielsweise Jerome Flynn (Game of Thrones) und der amerikanische Basketball-Spieler LeBron James.

LeBron-Atemübung

Zeigen Sie dieses sehr kurze Video, auf dem LeBron zu sehen ist, der in einer Spielpause bei einem sehr intensiven Basketballspiel eine Atemübung mit Tiefenatmung praktiziert: www.youtube.com/watch?v=SCR7OfRuQd4 (Youtube-Suche: »LeBron's meditation during the time out«).

- Bereiten Sie die Schüler*innen darauf vor, indem Sie sie wissen lassen, dass der Clip sehr kurz ist und sie nur darauf achten sollen, was LeBron tut. Spielen Sie es ein paarmal vor, vielleicht einmal ohne Ton.
- Fragen Sie sie nach dem Video, was ihnen an seiner Atmung aufgefallen ist. *Wie* er geatmet hat (durch die Nase ein und durch den Mund aus).
- Laden Sie die Schüler*innen ein, jetzt ein paar LeBron-Atemzüge zu machen. Machen Sie es vor. Die Absicht ist hier, in diese Praxis »hineinzugleiten«, indem man keine große Sache daraus macht. Man muss sich keine Gedanken über die korrekte Haltung machen. Manche Schüler*innen werden mitmachen, andere nicht. Das ist in Ordnung. Wir demonstrieren hier nur kurz und beiläufig, dass das ganz normal sein kann, Schulalltag (und zu Hause!).

LeBron übt Achtsamkeit und er weiß, dass ein paar tiefe Atemzüge ihm helfen können, sich neu zu fokussieren und seinen Körper zur Ruhe zu bringen. Indem wir lernen, mit dem Atem und Körper zu arbeiten, kann uns das auf unterschiedliche Weise helfen, Gefühle zu regulieren und mit herausfordernden Situationen umzugehen. In den folgenden Einheiten werden wir untersuchen, wie Achtsamkeit in bestimmten Lebensbereichen zur Reduzierung von Stress und Angst beitragen kann, uns helfen kann, mit Ablenkungen und starken Gefühlen umzugehen und uns bei der Sinnsuche unterstützen kann.

Weitere Möglichkeiten zur Einführung

Die Einführung aus dem Kapitel für die Mittelstufe bietet ebenfalls eine gute Grundlage, die Sie als alternativen Ausgangspunkt für diese Einheit nutzen könnten. Sie können sie an Ihre Gegebenheiten anpassen und abhängig von Ihren Interessen und denen Ihrer Schüler*innen darauf aufbauen. Beispielsweise könnten Sie in Betracht ziehen, mehr Informationen anzubieten über

- Entwicklungen in den Neurowissenschaften, die eine Verbindung zum Verständnis der Funktionsweise des Gehirns und der zunehmenden Forschung über Achtsamkeit in Schulen herstellen (z. B. »Mindfulness for students: Why is ist important?« Greater Good in Education, 2019).
- Entwicklungen im Bereich der Psychologie, die sich von ihrem Hauptfokus auf Krankheit und psychische Störungen abgewandt hat und sich zunehmend den Methoden zur Kultivierung positiver mentaler Zustände zuwendet, beispielsweise die »Positive Psychologie«, bei der die Betonung auf menschlichem Wachstum und Gedeihen liegt.

Übung: Wie gut geht es uns?

Sie können mit dieser Übung eine Einheit sowohl abschließen als auch beginnen, um ein Gespräch über Wohlbefinden in Gang zu bringen.

- Teilen Sie die Schüler*innen in Kleingruppen ein und stellen Sie Flip-Chart-Papier und einen Markierstift zur Verfügung.
- Die Schüler*innen sollen ihre Antworten auf die unten stehenden Fragen aufschreiben:
    1. Was bedeutet Wohlbefinden für dich?
    2. Was beeinflusst dein Gefühl des Wohlbefindens?
    3. Was passiert bereits an dieser Schule, das dazu beiträgt, das Wohlbefinden zu steigern?

4. Was ist außerdem nötig, um das Wohlbefinden in der Schule (und zu Hause) zu fördern?

- Kehren Sie zum Gruppengespräch zurück und schließen Sie es mit einer Definition von Wohlbefinden ab. Die Klasse kann eine Definition von Wohlbefinden formulieren oder gemeinsam eine Liste mit dem Titel »Was fördert mein Wohlbefinden?« zusammenstellen.
- Oder Sie können folgende Definition vom New South Wales Government Wellbeing framework for schools (2020) verwenden:

  Sehr weit gefasst kann man Wohlbefinden als die Lebensqualität eines Menschen beschreiben. Wohlbefinden muss im Hinblick darauf betrachtet werden, wie wir in uns verschiedenen Bereichen fühlen und funktionieren, einschließlich unseres kognitiven, emotionalen, sozialen, physischen und spirituellen Wohlbefindens.

2 Einheit 2: Mit Stress und Ängsten umgehen

Absicht:

- Unsere »Stress-Muster« untersuchen und verstehen, wie sich Stress in unserem Körper bemerkbar macht.
- Übungen anbieten, die uns helfen können, mit unserem Stress umzugehen.

Mentales Stress-Muster

Wir können mit ziemlicher Sicherheit sagen, dass wir alle in unserem Leben schon einmal Stress ausgesetzt waren, und die meisten von uns würden wohl der Aussage zustimmen, dass es sich nicht gut anfühlt, gestresst zu sein! Sogar positive Ereignisse wie eine Hochzeit oder ein Umzug können zu einem hohen Stresslevel führen. Wir wissen auch, dass sich zu viel Stress zerstörerisch auswirken kann und dass Dauerstress Körper und Geist schaden kann. In dieser Einheit werden wir einige praktische Methoden für den Umgang mit Stress genauer betrachten.

*Wo spürt ihr den Stress normalerweise im Körper? (Ermutigen Sie die Schüler*innen, es auszusprechen oder auf den entsprechenden Körperteil zu deuten.) Wenn wir uns mit unserem eigenen Stress vertraut machen – wenn wir die Anzeichen in unserem Körper und Geist kennen – kann uns das helfen, etwas zu unternehmen, um »herunterzukommen« und für uns selbst zu sorgen, bevor wir vom Stress überwältigt werden.*

Eine Möglichkeit, uns selbst zu helfen, besteht darin, unser Denken in Bezug auf Stress zu ändern. Die meisten von uns haben folgende Einstellung zum Stress: »Stress ist schlecht und ich sollte mich nicht so fühlen!« Aber wenn wir körperliche Stresssymptome bemerken, können wir uns daran erinnern, dass dies die natürliche Reaktion unseres Körpers auf herausfordernde Situationen ist. Achtsamkeit kann uns helfen, diese Empfindungen deutlicher wahrzunehmen und es zu bemerken, wenn wir zu unserem Stress noch zusätzlich beitragen, indem wir ihn durch unser Gedankenkarussell verstärken. Achtsamkeitstraining kann uns auch helfen, etwas zu tun, um den Stress zu lindern.

Unser Organismus verfügt von Natur aus über bestimmte Mechanismen, um uns vor physischen Bedrohungen zu schützen und setzt im Körper die Stresshormone Cortisol und Adrenalin frei, damit wir genügend Energie haben, um zu kämpfen oder fliehen. Doch heutzutage resultiert unser Stress eher aus psychischen und weniger aus physischen Bedrohungen: Schon die Ankündigung einer Nachricht auf dem Smartphone kann unser Stresssystem aktivieren! Werden diese Hormone dann in unserem Körper freigesetzt, kann unser rational »denkender« Verstand, der präfrontale Cortex, von unseren Stressreaktionen gekapert werden. Deshalb ist es so schwer, klar zu denken, wenn man gestresst ist. Aber wir können die Fähigkeit trainieren, in unsere Physiologie einzugreifen, indem wir beispielsweise den Atem nutzen, um unser System zur Ruhe zu bringen.

(Video-Tipp: In diesem Video erklärt Dr. Daniel Siegel sein Handmodell des Gehirns und erklärt, warum und wie wir »ausrasten!«: www.youtube.com/watch?v=f-m2YcdMdFw, Stichworte: Dan Siegel hand model)

Das Autonome Nervensystem

Der Atem ist eng mit unseren internen »Brems- und Beschleunigungssysteme« verbunden.

- Das sympathische Nervensystem (SNS) unterstützt uns, wenn wir Energie aufbringen müssen. Es ist so etwas wie das »Gaspedal« unseres Körpers.
- Das parasympathische Nervensystem (PNS) hilft uns, unsere Energien wiederherzustellen und zu erneuern. Es ist unser »Bremssystem«.

Atempausen

In unserer hektischen Welt verbringen wir einen Großteil unserer Zeit mit dem Fuß auf dem »Gaspedal«. Wir können sogar schon eine Menge Energie verbrauchen, indem wir still dasitzen und unser Geist sich ständig Sorgen macht oder übermäßig in Denkschleifen gefangen ist. Sich eine Atempause zu gönnen kann helfen, die mentalen, emotionalen und physischen Systeme zu beruhigen, indem das PNS aktiviert wird. Jedes Mal, wenn wir einatmen, steigt die Herzfrequenz ganz leicht an und bei jedem Ausatmen sinkt sie leicht. Wir können unser Nervensystem beruhigen, indem wir tiefer einatmen und das Ausatmen ausdehnen.

- Bitten Sie die Schüler*innen,
  1. gemeinsam ein paar LeBron-Atemzüge machen oder
  2. leiten Sie sie zu ein paar Heiße-Schokolade-Atemzügen an (siehe Kapitel 3, Einheit 3) oder
  3. versuchen Sie es mit ein paar Schhhhhhh-Atemzügen:

  Einatmen und beim Ausatmen »Schhhhhhh« machen.

  Spürt in die Bewegung des Brustkorbs hinein, nehmt wahr, wie sich das anfühlt.

  Ein paarmal wiederholen.

  Längere Achtsamkeitsübungen können ebenfalls zur Aktivierung des PNS beitragen und unserem Körper helfen, »herunterzukommen und zu verdauen«. Probieren wir also direkt eine aus:

Übung: Weicher werden und unterstützen

Nehmt eine entspannte und wache Haltung ein, lasst den Blick weicher werden oder schließt die Augen …

Lasst euch einen Moment Zeit, um den Atem zu spüren. Nehmt einfach wahr, wie er jetzt ist … Wenn ihr wollt, könnt ihr ein oder zwei Mal bewusst tief und ein- und ausatmen und dann wieder zum natürlichen Atemrhythmus zurückkehren …

Lenkt eure Aufmerksamkeit im Körper dorthin, wo ihr euch unterstützt und gehalten fühlt (beispielsweise die Füße auf dem Boden, der Körper auf dem Stuhl, die Wirbelsäule, die den Körper stützt, etc.) …

Richtet die Aufmerksamkeit jetzt nicht länger auf diesen speziellen Bereich … spürt euren ganzen Körper, der hier sitzt, entspannt und unterstützt … atmend.

- Schließen Sie die Übung nun mit einer geführten Intervention ab:

  Wackelt mit den Fingern und Zehen. Wer die Augen geschlossen hatte, öffnet sie jetzt langsam … und nehmt den Raum und die Leute um euch herum wahr …

- Austausch mit Partner/Partnerin + Inquiry + Gruppengespräch

Tipps für den Unterricht

- *Probieren Sie das zuerst für sich selbst aus.*
- *Falls es für Ihre Schüler*innen die erste geführte Übung ist, sollten Sie sie recht kurz halten (ca. 5 Minuten).*
- *Spüren Sie auch selbst in Ihren Körper hinein, um ein Gefühl dafür zu bekommen, wann Sie mit den einzelnen Schritten der geführten Übung fortfahren sollten. (Siehe Kapitel 5, Top-Tipp für den Unterricht 4).*
- *Für Schüler*innen, die Traumata erlebt haben, kann es unangenehm sein, still zu sitzen und/oder sich auf den Atem zu konzentrieren. Siehe David Treleavens Hinweise für traumasensivites Unterrichten von Achtsamkeit am Ende von Kapitel 5.*

Das war also eine »formellere« Achtsamkeitsübung, aber wir können auch »informelle« Übungen in unseren Alltag integrieren:

Übung: Weicher werden und unterstützen im »echten« Leben

- Das ist eine gekürzte Version, die in einer stressigen Situation angewendet werden kann. Die Schüler*innen sollten bei dieser geführten Übung stehen, damit es sich mehr wie eine »Real-Life-Erfahrung« anfühlt.

- Sie leiten die Schüler*innen an, indem Sie sie als Erstes bitten, sich eine mäßig stressige Situation vorzustellen … wie fühlt sich das an? (Bestätigen Sie, dass die Schüler*innen sich in diesem Moment vielleicht nicht gestresst fühlen, aber dass Sie einfach für eine Situation »im echten Leben« üben).

  Achte auf jede Empfindung von Stress, die du vielleicht im Körper spürst … und benenne still für dich, was du fühlst (z. B. Kopfschmerzen, verspannte Schultern, Übelkeit).

  Anerkenne, dass dein Körper seinen Job macht, indem er dich auf eine herausfordernde Situation aufmerksam macht.

  Beuge im Stehen leicht die Knie, spüre den Druck der Fußsohlen auf dem Boden … und stimme dich auf den Atem ein.

  Lass den Körper rund um die verspannten Stellen weicher werden, lass sie so gut du kannst ohne inneren Widerstand einfach da sein.

  Spüre, wo du unterstützt wirst (durch die Füße, die Beine, die Wirbelsäule).

- Laden Sie die Schüler*innen ein, vielleicht auch eine Atempause einzubauen.

- Erinnern Sie sie daran, dass es umso einfacher ist, diese Fähigkeiten in einer stressigen Situation anzuwenden, je häufiger man sie zuvor in einer ruhigen Situation (wie bei der oben stehenden Übung im Sitzen) geübt hat.

Wir können auch durch körperliche Bewegung Stress abbauen, um die Stresshormone loszulassen und einen optimalen Gesundheitszustand aufrechtzuerhalten. Deshalb ist körperliche Aktivität für viele Menschen eine großartige Methode, sich von Stress zu befreien. Manchmal kann schon eine kurze dynamische Aktivität einen Unterschied machen!

Shakin' All Over

Das ist eine schnelle Methode, um Stressenergie in hilfreiche Energie umzuwandeln:

Steht bitte auf und richtet die Aufmerksamkeit auf die Füße, die fest auf dem Boden stehen.

Schüttelt zunächst locker die Handgelenke, die Arme und jedes Bein aus, so wie es Sportler vor einem wichtigen Moment tun.

Geht dann zu einem kräftigeren Schütteln der Hände und Arme über. Zählt dabei rückwärts bis zehn bis eins und schüttelt dabei immer kräftiger.

Haltet inne und achtet darauf, wie sich Körper und Geist anfühlen; nehmt euch einen Moment Zeit, um wirklich zu spüren, was passiert.

Angst/Anspannung

Angst und Stress sind eng miteinander verknüpft und weisen einige ähnliche Merkmale auf. Stress ist im Allgemeinen eine Antwort auf äußere Faktoren, während Angst eher mit unserer Reaktion auf Stress zu tun hat und uns in einem permanenten, lähmenden Alarmzustand halten kann. Wir können sagen, dass wir uns »angespannt fühlen«, was sich möglicherweise kaum von dem Gefühl unterscheidet, das wir haben, wenn wir uns Sorgen über etwas machen, das noch gar nicht passiert ist. Aber wenn wir von jemandem sprechen, der »Angstzustände« hat und damit einen Krankheitszustand meinen, ist das eine ganz andere Sache. Es kann bedeuten, dass der oder die Betreffende immer wieder von Angstattacken heimgesucht wird, die nicht verschwinden. In diesen Fällen brauchen wir professionelle

Hilfe. Chronische Angsterkrankungen sind heutzutage weit verbreitet, insbesondere unter jungen Leuten. Es kann allerdings viel getan werden, um den Betroffenen zu helfen, damit umzugehen.

Ein Experte: Unser Gehirn hacken

Angst wird definiert als »ein Gefühl der Besorgtheit, Nervosität oder des Unbehagens, typischerweise in Bezug auf ein bevorstehendes Ereignis mit unsicherem Ausgang«. Wir werden ängstlich, wenn unser präfrontaler Cortex nicht genug Informationen hat, um die Zukunft genau vorherzusagen. Ohne exakte Information kann sich unser Gehirn leicht bedrohliche und sorgenvolle Geschichten zusammenreimen. Können wir unsere Angst nicht unter Kontrolle bringen, kann sie in einen Panikzustand übergehen (plötzliche, unkontrollierbare Angst oder Anspannung, die oft zu extremem, unüberlegtem Handeln führt). Wie können wir also vermeiden, in Panik zu geraten?

Um unser Gehirn zu *hacken* und die Angstspirale zu unterbrechen, müssen uns zwei Dinge bewusst machen: *dass* wir Angst bekommen oder anfangen, in Panik zu geraten und *was* das Resultat ist. Das hilft uns, zu erkennen, ob unser Verhalten zu unserem Überleben beiträgt oder uns tatsächlich in die entgegengesetzte Richtung manövriert – in einen Panikzustand, der zu gefährlichen, impulsiven Verhaltensweisen führen kann. Ein Achtsamkeitstraining kann uns helfen, ein Gewahrsein für das zu entwickeln, was in unserem Körper (Empfindungen) und unserem Geist (Gedanken) vor sich geht. Mit einiger Übung lernen wir, uns selbst zu beruhigen, sodass wir wieder klar denken können.

Judson Brewer, MD, PhD, Director of Research and Innovation, Mindfulness Cernter, Department of Behavioral and Social Sciences Brown University School of Public Health

(Weitere Informationen siehe Brewer, *Unwinding Anxiety: New Science Shows How to Break the Cycles of Worry and Fear to Heal Your Mind,* Avery/Penguin, New York, 2021)

Achtsames Gewahrsein kann beim Umgang mit Stress und Angst sehr hilfreich sein. Einfach zu lernen, wie wir vermeiden können, weiter zu unserem Leiden beizutragen, macht einen beträchtlichen Teil davon aus. Wir wissen, dass wir mit unseren Gedanken manchmal aus Maulwurfhügeln Berge machen können. Häufig kostet es uns viel Zeit und Energie, uns Sorgen über Dinge zu machen, die ziemlich oft überhaupt nicht eintreten. Die Tatsache, dass wir etwas Bestimmtes denken, bedeutet nicht zwingend, dass es auch wahr ist. Gedanken sind keine Tatsachen! Viele unserer Sorgen und Ängste können durch unser Denken befeuert werden, wenn es sich im Kreis dreht und zwanghaft wird. Eine gute, regelmäßige, präventive Praxis hilft uns, uns in unserem Körper zu verankern und zu lernen, unsere physischen, mentalen und emotionalen Systeme zu beruhigen. Wir verbringen so viel Zeit »in unseren Köpfen« und denken über die Vergangenheit oder die Zukunft nach, dass es sehr hilfreich sein kann, die Aufmerksamkeit in unseren Körper und unsere Füße zu lenken. Aus dem »Kopf« in den Körper zu gehen, ist als würde man eine elektrische Leitung erden.

Sich erden

Das ist eine einfache Übung, die man immer machen kann, aber hier nutzen wir sie auch als Vorbereitung für die nächste. Gehe so (Achtsames Gehen). Es folgen ein paar kurze Stichpunkte, auf denen Sie aufbauen können, wie Sie es für richtig halten.

- Die Schüler*innen sollen sich mit leicht gebeugten Knien hinstellen, um das Gewicht stärker auf die Füße zu verlagern.

  Beugt euch leicht nach vorne – achtet darauf, wie sich die Zehen in den Boden krallen wie Finger.

  - *Berühren alle Zehen den Boden gleichmäßig?*
  - *Welche trägt das meiste Gewicht?*

  Lehnt euch jetzt behutsam nach hinten – richtet eure Aufmerksamkeit auf den Druck in den Fersen.

- *Ruht das ganze Gewicht auf den Fersen?*
- *Konzentriert es sich auf einem Punkt?*

Lehnt euch von einer Seite zur anderen:

- *Nehmt den Druck am äußeren Rand des linken und dann des rechten Fußes wahr.*

Kommt nun wieder in die Mitte.

- Bitten Sie die Schüler*innen, still zu sein, zu spüren, wie sie von der Schwerkraft am Boden gehalten werden, und sich auf den Atem zu konzentrieren.
- Austausch mit Partner/Partnerin + Inquiry + Gruppengespräch

Gehe so (Achtsames Gehen)

Absicht:

- Die Aufmerksamkeit auf die körperlichen Empfindungen beim Gehen lenken, sich mit dem Körper verbinden und das als Anker für den wandernden Geist nutzen.
- Üben, achtsames Gewahrsein in alltägliche Bewegung hineinzubringen.

Es könnte hilfreich sein, diese Übung an einem Ort zu machen, wo es mehr Raum gibt, aber Sie können sie auch in Ihrem Klassenzimmer durchführen. Beginnen Sie mit der kurzen Übung, sich zu erden, und leiten Sie die Schüler*innen dann wie folgt an:

Den Kontakt unserer Füße mit dem Boden zu spüren ist ein weiterer Anker, wir können unseren wandernden Geist also zurückholen, indem wir langsam durch den Raum gehen.

Richtet die Aufmerksamkeit auf den Druck der Füße auf dem Boden und die damit verbundenen Empfindungen, während wir anfangen, langsam einen Fuß vor den anderen zu setzen.

- Variieren Sie das Tempo und laden Sie die Schüler*innen ein, darauf zu achten, an welchem Punkt sie am ehesten unaufmerksam werden. Sie können das in lockerem, humorvollen Ton tun, denn achtsames Gehen kann sich manchmal sehr ernst anfühlen!

- Austausch mit Partner/Partnerin + Inquiry + Gruppengespräch

Bei einer formellen Geh-Übung fordern Sie die Schüler*innen auf, eine kurze Strecke hin und her zu gehen, um sich an die ursprüngliche Absicht zu erinnern. Bei der informellen Praxis können sie einfach versuchen, jederzeit im Laufe des Tages beim Gehen achtsam zu sein.

Ergänzende Übung: Sie können auch die Wasser-Übung aus Kapitel 2 machen. Sie funktioniert auch gut bei dieser Altersgruppe.

Ihr könnt die kürzeren Übungen, die wir hier kennengelernt haben, nutzen, um zu versuchen, in stressigen Momenten euer System zu beruhigen. Langfristig kann diese Praxis eure allgemeine Stressreaktion verändern, sodass äußere Umstände euch nicht mehr so stark beeinflussen oder die Stressreaktionen nicht mehr so lange anhalten.

PROBIERT DAS!

Gönnt euch morgens nach dem Aufwachen eine »Atempause«, bevor ihr aufsteht.

Probiert zu Hause die Übung »Weicher-werden-und-unterstützen«, wenn ihr euch ruhig fühlt.

Wenn ihr im Laufe der Woche gewahr werdet, dass sich im Körper Stresssymptome manifestieren, probiert es mit der Übung »Weicher werden und unterstützen« im »echten« Leben.

---

3 Einheit 3: Mit Ablenkungen umgehen

Absicht:

- Den inneren Kampf gegen Ablenkungen als etwas Normales darstellen, das uns alle betrifft.
- Übungen anbieten, die uns helfen, unserer Impulsivität und Reaktivität gewahr zu werden und sie in den Griff zu bekommen.

Immer dieses Handy

Viele Lehrkräfte und Eltern fragen, wie Achtsamkeitstraining helfen kann, die Sucht nach sozialen Medien, Computern und Smartphones einzudämmen. Es ist uns wichtig, darauf hinzuweisen, dass Achtsamkeit keine einfache Lösung für dieses äußerst komplexe Problem darstellt. Unsere Absicht ist es, jungen Leuten (und uns selbst) zu helfen, die Dynamik zu verstehen, die im Gehirn vor sich geht, wenn wir uns unwiderstehlich zu unseren Bildschirmen hingezogen fühlen. Und wir bieten praktische Übungen an, die uns dabei unterstützen können, ein ausgewogeneres Verhältnis zu ihnen zu finden. Es ist hilfreich, dieses Thema mit jungen Leuten auf Augenhöhe anzusprechen – vielleicht, indem man eine persönliche Geschichte über das eigene Verhältnis zu diesen Technologien teilt, anstatt bloß ein Erwachsener zu sein, der oder die ihnen sagt, was sie tun und lassen *sollten*. Schauen wir uns also zunächst einmal unseren eigenen Umgang mit diesen Geräten an.

REFLEXION: MEIN EIGENER UMGANG MIT COMPUTER, SMARTPHONE UND SOZIALEN MEDIEN

Was für ein Verhältnis habe ich zu diesen Technologien?
Was gefällt mir daran, »vernetzt« zu sein?
Was frustriert mich daran?

Beginnen Sie diese Einheit mit derselben Reflexion für Ihre Schüler*innen – entweder im Austausch zu zweit oder mit Journaling und einem Gruppengespräch. An diesem Punkt können Sie über Ihre eigenen Erfahrungen mit diesen Technologien sprechen.

Warum »kleben« wir so an unseren Geräten?

1. **Dopamin**

   *Es hat einen Grund, dass Videos von Influencer*innen, in denen Produkte ausgepackt werden, so beliebt sind. Ihr Erfolg beruht auf einer Grundfunktion des Gehirns, der Ausschüttung von Dopamin. Dopamin ist ein »Glückshormon«, das freigesetzt wird, wenn wir eine Belohnung erwarten oder erhalten. Deshalb empfinden wir es als so aufregend, Geschenke auszupacken, und dieser Dopamin-Kick kann genauso ausgelöst werden, wenn wir in sozialen Netzwerken ein »Like« oder eine Nachricht auf einer unserer Apps erhalten. Unbewusst haben wir ein Verlangen nach einer Dosis des süchtig machenden Dopamins, weil es sich auf eine sehr konkrete Weise gut anfühlt!*

2. **Abhängigkeit**

   *Ein Lehrer aus Dänemark, mit dem wir zusammenarbeiteten, berichtete uns von einem Experiment, das er mit seinen Schüler*innen durchgeführt hatte: Alle willigten ein, ihre Smartphones für 24 Stunden bei ihm abzugeben, um zu schauen, wie sich diese Erfahrung anfühlen würde. Nach zwei Stunden kam ein Schüler auf ihn zu und bat ihn, ihm sein Smartphone zu zeigen. Er war verzweifelt. Er bat nicht darum, es benutzen zu dürfen, sondern wollte es unbedingt einfach nur sehen. Danach ging es ihm wieder gut! Wir können uns von Objekten genauso abhängig machen wie von Menschen.*

3. **Vermeidung**

Manchmal wenden wir uns sozialen Medien zu, um uns abzulenken, wenn wir gelangweilt sind oder andere Emotionen oder Zustände da sind, die wir nicht wirklich fühlen wollen. Ein Bewusstsein dafür zu entwickeln, warum wir nach unseren Geräten greifen, kann uns helfen, unsere Verhaltensmuster besser zu verstehen. Indem wir unsere Impulse bemerken, haben wir die Möglichkeit, selbst zu bestimmen, wie wir reagieren wollen, anstatt von einem unbewussten Drang gesteuert zu werden.

Die Abhängigkeit von unseren Geräten ist nicht allein unsere »Schuld«: Es wurden eine Menge cleverer Forschungen durchgeführt, um zu verstehen, wie unser Gehirn funktioniert, damit wir süchtig nach Werbung, Snapchat, Instagram und Likes werden und ständig klicken und srcollen und viel mehr Zeit an den Bildschirmen verbringen, als wir eigentlich beabsichtigten. Tatsächlich tun viele Unternehmen viel dafür, unsere Aufmerksamkeit auf sich zu ziehen.

FALLSTUDIE: NICHT ALLES IST SCHLECHT

Entgegen der weit verbreiteten Vorstellung von Erwachsenen ist es nicht grundsätzlich »schlecht«, Zeit am Bildschirm zu verbringen und viele Teenager berichten von einem hohen Grad der Zufriedenheit durch die Benutzung ihrer Smartphones. Es kommt auf die Zeitspanne, die sie in einer App zubringen und die spezifische App, in der diese Zeit verbracht wird, an. Es gibt jedoch auch Hinweise darauf, dass »Jugendliche mit einem niedrigen Level an sozialem und emotionalem Wohlbefinden eher die negativen Effekte der sozialen Medien zu spüren bekommen, im Gegensatz zu Jugendlichen mit einem hohen Level an sozialem und emotionalem Wohlbefinden« (Common Sense Media, 2018). Junge Leute an sozial-emotionales Lernen (SEL) heranzuführen ist also ein Schlüsselfaktor, wenn man sie dabei unterstützen will, ein gesundes Verhältnis zu ihren Geräten zu bekommen.

Klingelton-Übung

Absicht:

- Die Wahrnehmung darin zu schulen, wie Benachrichtigungen auf dem Smartphone oder Bildschirm auf uns wirken, insbesondere im Hinblick auf körperliche Reaktionen.

(Teilen Sie diese Absicht besser erst nach der Übung mit, statt vorher, sodass es einen Überraschungseffekt gibt, wenn Sie die Benachrichtigungen vorspielen.)

Mit dem Verstand können wir begreifen, dass wir uns vom Bildschirm fernhalten wollen, aber das dann tatsächlich auch zu tun, ist eine ganz andere Sache: unser Wissen in Handeln zu übersetzen. Indem wir ein Gewahrsein für körperliche Empfindungen und ein neugieriges Interesse an unseren Reaktionen entwickeln, können wir einen ersten Schritt hin zu einem gesünderen Umgang mit unseren Geräten machen. Mit dem Gewahrsein kommt die Entscheidungsfreiheit!

- Leiten Sie eine kurze Hör-Übung an (siehe Kapitel 2).
- Lassen Sie die Schüler*innen wissen, dass sie noch andere Geräusche hören werden und dass alle darauf achten sollen, welche Auswirkungen diese Töne auf den Körper und den Geist haben.
- Spielen Sie eine Auswahl von Benachrichtigungstönen und Klingeltönen der sozialen Medien ab (auf YouTube zu finden).
- Lenken Sie die Aufmerksamkeit der Schüler*innen wieder darauf, sich im Atem und Körper zu verankern, die Wirkung auf Körper und Geist zu bemerken.
- Austausch mit Partner/Partnerin + Inquiry + Gruppengespräch

Ein Schüler: eine Bildschirm-Pause machen

Ich habe mir eine Auszeit von den sozialen Medien genommen, denn ich hatte das Gefühl, süchtig nach meinem Smartphone zu sein, weil ich ständig darauf schauen musste und auch meine Stimmung davon beeinflusst wurde. Nach einer 8-monatigen Pause kam ich zurück. Jetzt ist mir bewusst, wie viel Zeit ich dort verbringe. Vor der Pause war ich bestimmt acht Stunden täglich in den sozialen Medien unterwegs, jetzt sind es etwa drei bis vier Stunden. Meine Achtsamkeitspraxis hat mir geholfen, dass ich merke, wenn ich auf mein Smartphone schauen will, weil ich gelangweilt bin oder sobald ich das »Klingeling« höre. Also versuche ich, das Telefon manchmal auszuschalten oder auf stumm zu stellen, damit ich nicht das Gefühl habe, sofort nachschauen zu müssen. Es fällt mir jetzt auch viel leichter, zu bemerken, wenn ich zu abhängig davon werde oder zu viel Zeit damit verbringe und auch, es wegzulegen. Ich versuche immer noch, nicht die ganze Zeit online zu sein und öfter vom Bildschirm »aufzuschauen«. Ich versuche, gesündere Dinge zu tun, wie Golfspielen oder Zeit mit meiner Familie zu verbringen, und wenn ich wirklich mit meinen Freunden reden will, versuche ich sie anzurufen oder über Face Time zu kommunizieren. Ich würde anderen Jugendlichen nicht sagen, dass sie die sozialen Medien verlassen sollten, denn das ist eine Entscheidung, die jeder und jede für sich treffen muss, aber ich würde ihnen empfehlen, es eine Woche lang auszuprobieren und dann zu schauen, wie sie sich fühlen. Ich persönlich habe mich freier, gesünder und mehr in der Gegenwart gefühlt. Ich denke, es werden auch Zeiten kommen, in denen ich wieder freiwillig eine Pause einlege. Wahrscheinlich werde ich vor- und zurückgehen, je nachdem, was gerade in meinem Leben passiert. Ich mag es, nicht süchtig nach meinem Smartphone zu sein, denn dann bin ich wirklich mehr mit anderen Menschen verbunden.

Adam Avin, 16 Jahre, Wuf Shanti Children's Wellness Foundation and Mindful Kids Peace Summit.

Siehe Adams TEDx Vortrag ›Mindfulness in Education to lower stress and violence‹: www.ted.com/talks/adam_avin_mindfulness_in_education_to_lower_stress_and_violence

Bodyscan

Der Bodyscan ist die Basisübung in Kursen zur Stressbewältigung durch Achtsamkeit für Erwachsene. Er ist sowohl ein nützliches Tool für das Stressmanagement als auch dafür, eine tiefere Verbindung zum Körper zu entwickeln. Während die eigentliche Intention ist, wach und entspannt zu bleiben, nutzen viele – insbesondere Teenager – den Bodyscan, um sich zu entspannen und einzuschlafen und wir alle wissen, dass unsere Jugendlichen mehr Schlaf brauchen! Machen Sie die Übung zunächst selbst, um ein Gefühl dafür zu bekommen, und probieren Sie sie dann in der Klasse aus oder leiten Sie mit eigenen Worten einen Bodyscan an. Eine Anleitung dafür finden Sie im Arbor Online Center, www.arbor-online-center.de/audios/kurzer-bodyscan-aus-mindful2work. Darauf folgen Talk and Turn + Inquiry wie bei den anderen Übungen.

Tipp für den Unterricht

*Wir haben die Erfahrung gemacht, dass Bodyscans von Jugendlichen sehr gut angenommen werden, aber es ist im Vorfeld vieles zu beachten, wenn man die Übung im Klassenzimmer durchführen will. Es kann sich für die Schüler*innen seltsam anfühlen, sich in der Schule auf den Boden zu legen, es ist also wichtig, sich zu vergewissern, dass sich alle wohl und sicher fühlen. Ein Bodyscan im Sitzen ist auch eine praktikable Option. So oder so – achten Sie darauf, dass alle ihren sicheren Platz haben (z. B. nicht in der Nähe einer Tür oder einer anderen Person). Behalten Sie die Augen beim Anleiten dieser Übung offen. Denken Sie auch daran, dass die Beine zur Wand zeigen sollten (falls jemand einen Rock trägt) oder nutzen Sie einen größeren Raum in der Schule mit Yoga-Matten oder Decken, falls vorhanden.*

Nur ein Atemzug

*Ich sage nicht, dass wir alle unbedingt eine »digitale Fastenkur« machen müssen, aber ihr könntet euch überlegen, jedes Mal zuerst einen tiefen Atemzug zu machen, bevor ihr zum Smartphone greift – sozusagen als Mini-Übung. Nehmt den Drang wahr, das Smartphone in die Hand zu nehmen, und beobachtet neugierig die körperlichen und emotionalen Reaktionen. Versucht, euer Telefon in einem anderen Raum aufzubewahren, während ihr fernseht oder Zeit mit der Familie oder Freund*innen verbringt. Es geht nicht darum, KEIN Gerät zur Hand zu nehmen, sondern ein Gewahrsein zu entwickeln, sodass man nicht so sehr von unbewussten Gewohnheiten gesteuert wird.*

PROBIERT DAS!

Jedes Mal, wenn ihr ein Klingeln hört, – vom Telefon, der Schulglocke, oder von einem Timer – könnt ihr das als Erinnerung und Gelegenheit nutzen, ein paar tiefe Atemzüge zu machen.

Experimentiert damit, die Benachrichtigungen für eine Stunde, einen Tag oder einen Abend auszuschalten und schaut, wie sich das anfühlt.

Probiert den Bodyscan mit der Anleitung.

---

4 Einheit 4: Mit starken Gefühlen arbeiten

Absicht:

- Intensive Gefühle erkennen, respektieren und mit ihnen arbeiten

In unseren bisherigen Einheiten haben wir die Fähigkeit kultiviert, wahrzunehmen, was in unserem Körper und Geist vorgeht, denn wenn wir merken, was passiert, ist die Wahrscheinlichkeit höher, dass wir auf eine bestimmte Situation antworten können, ohne automatisch oder unbewusst zu reagieren. Das ist besonders hilfreich, wenn wir es mit intensiven Gefühlen zu tun haben. Wenn wir bemerken, wie sich unsere Emotionen auf unseren Körper und Geist auswirken, können wir so handeln, wie wir das möchten, und unsere Gefühle auf eine gesunde, angemessene Art und Weise ausdrücken.

R.E.S.P.E.K.T

In Einheit 2 haben wir untersucht, wie es wäre, eine positivere Haltung gegenüber unserem Körper und seiner Stressreaktion einzunehmen, und wir können eine ähnliche Vorgehensweise bei unseren Gefühlen anwenden. Gefühle sind weder »gut«, noch »schlecht«. Sie sind eher angenehm oder unangenehm. Wenn wir etwas über ihren Sinn und Zweck wissen, können wir lernen, alle Gefühle zu respektieren – sogar die, die sich nicht so toll anfühlen. Gefühle vermitteln uns wertvolle Informationen über unser Umfeld, die uns schützen können. Sie motivieren uns, auf eine bestimmte Weise zu handeln und helfen uns auch, uns mit anderen zu verbinden. Nehmen wir beispielsweise »Wut« – sie kann sehr nützlich sein, weil sie uns die physische Energie gibt, die wir brauchen, um überhaupt handeln zu können. Mit der Wut ist es aber auch vertrackt, denn sie kann sehr schnell mit enormer Energie aufflammen und uns dazu bringen, auf unsensible oder unangemessene Weise zu handeln.

Alle Emotionen haben eine physische Komponente, und fähig zu sein, zu erkennen, dass wir ein bestimmtes Gefühl haben, ist der erste Schritt zu seiner Regulierung. Gefühle zu regulieren bedeutet nicht, sie zu kontrollieren oder zu unterdrücken, sondern sie auf eine angemessene Weise ausdrücken zu können.

Lasst uns direkt einmal üben, Gefühle zu erkennen. Wenn man in der Lage ist, ein Gefühl, das man gerade erlebt, zu benennen, wird ein linguistisches Areal im Gehirn aktiviert, das dazu beitragen kann, die Wucht des Gefühls abzumildern. Was man benennen kann, kann man zähmen!

Übung: Gefühle auslösen

Absicht:
Wahrzunehmen, wie sich Gefühle im Körper ausdrücken, und üben, das spezifische Gefühl zu identifizieren.

Sagen Sie den Schüler*innen, dass Sie drei Musikstücke abspielen werden, und fordern Sie sie auf, zu erspüren, wie sich die Musik auf ihren Körper auswirkt. Wählen Sie drei unterschiedliche Stücke aus. Es gibt eine große Auswahl expressiver Musik, von Balladen über Techno, Rock und Jazz bis hin zu Heavy Metal.

Beginnen Sie mit einer Basisübung, sich zu erden, und ermutigen Sie die Schüler*innen, während Sie dann die Stücke abspielen, alle auftauchenden Empfindungen, Gefühle und Gedanken wahrzunehmen.

- Beenden Sie die Übung, indem Sie den Schüler*innen einen Moment Zeit lassen, zum Körper zurückzukehren und zu atmen und jegliche Nachwirkungen der Musikstücke wahrzunehmen.
- Die Schüler*innen können in ihr Tagebuch schreiben, was sie erlebt haben, bevor Sie anschließend zu Talk and Turn + Austausch + Gruppengespräch übergehen.

Alternative: Klänge/Geräusche

Anstatt Musik abzuspielen, können Sie eine Mischung aus Geräuschen und Klängen anbieten wie Babygeschrei, zersplitterndes Glas, laute Verkehrsgeräusche, beruhigendes Gebrabbel etc.

Meistens ist nicht das Gefühl an sich das Problem, sondern die Art und Weise, wie wir uns dazu verhalten. Wenn wir mit etwas Unangenehmem konfrontiert werden, wollen wir natürlich, dass es aufhört. Das ist unsere menschliche Natur. Manchmal kann unser innerer Widerstand die schwierige Emotion und die unangenehmen Empfindungen intensivieren. Wir können die innere Unruhe verstärken, indem wir unsere »Storys« hinzufügen, unsere Sorgen, unser Gedankenkarussell und unsere Urteile (Hawkins, 2017). Die Einladung lautet also, den körperlichen Ausdruck der Emotion wahrzunehmen und sie einfach da sein zu lassen – neugierig und freundlich, anstatt sich im Erzählstrang zu verfangen.

Lasst uns das nun üben, indem wir mit unangenehmen Empfindungen arbeiten.

Übung: Eis, Eis, Baby

Diese Übung erfordert ein bisschen Vorbereitung. Stellen Sie sicher, dass mindestens zwei Eiswürfel für jeden vorhanden sind (es ist immer gut, ein paar zusätzliche vorrätig zu haben) und eine Küchenrolle, um das Schmelzwasser wegzuwischen!

Absicht:

- Körperliche Reaktionen auf (sichere) unangenehme Stimuli wahrzunehmen, sodass wir uns mit der emotionalen Reaktion des Körpers vertraut machen und üben können, mit den herausfordernden Emotionen »zu sein«, während sie hochkommen.
- Zu üben, die eigene Grenze zu spüren, das heißt, bis wohin man die Empfindungen genauer untersucht, indem man sich ihnen zuwendet, und wann man sich abwendet, weil es einem zu viel wird.

Ermutigen Sie die Schüler*innen, mit Forschergeist an die Sache heranzugehen – ihre Erfahrung wirklich neugierig zu beobachten und zu erforschen. Bei dieser Übung können sie die Skills anwenden, die sie erlernt haben, und ihre Toolbox der Achtsamkeit vervollständigen.

- Beginnen Sie mit einer Übung, sich zu erden (siehe Kapitel 3). Führen Sie die Schüler*innen bewusst zu den Ankern (Atem und Körper, besonders zur Übung »Die Füße spüren«), wie wir es in der Erdungsübung gemacht haben. Ermutigen Sie sie dann, sich mit dem Anker zu verbinden, der für sie am besten funktioniert und dem sie sich während der Übung immer dann zuwenden können, wenn sie das Bedürfnis danach haben.

Achtet auf die Gedanken und Gefühle, die vielleicht auftauchen … nehmt nun den Eiswürfel und lasst ihn in einer Handfläche liegen.

Spürt, welche Empfindungen durch das Eis ausgelöst werden … Wie fühlt sich das an? Erfrischend? Angenehm? Unangenehm? Verändert sich die Empfindung? Wie fühlt es sich jetzt an?

Achtet auf eure Reaktionen … wollt ihr den Eiswürfel fallen lassen? Hin und her bewegen? Genießt ihr vielleicht die Kälte? Kommen irgendwelche Gefühle hoch? Irgendwelche Gedanken oder Befürchtungen? Welche?

Vergesst nicht: Wenn es schwierig für euch wird, könnt ihr eure Anker nutzen, zum Atem oder zum Erden über die Füße zurückkehren und die Aufmerksamkeit von den Empfindungen abziehen, die durch den Eiswürfel ausgelöst werden. Nehmt einen tiefen Atemzug, und macht euch bewusst, dass diese Empfindung vorübergehend ist, sie wird vorbeigehen.

Überlegt, ob ihr euch den Empfindungen zuwenden wollt. Nehmt neugierig wahr, wie sich das tatsächlich anfühlt, im Gegensatz zu einer »Story« über das Unbehagen.

Wenn es zu viel wird, könnt ihr euch auch entscheiden, den Eiswürfel in die andere Hand zu nehmen oder ihn ganz wegzulegen und eine Pause zu machen. Wenn ihr diesen Punkt erreicht, dann atmet erst einmal tief ein und aus, bevor ihr den Eiswürfel weglegt; vielleicht möchtet ihr ihn später noch einmal in die Hand nehmen.

- Austausch mit Partner/Partnerin + Inquiry + Gruppengespräch

  Die Fähigkeit, Unbehagen/Unwohlsein – in angemessenem Rahmen – auszuhalten, kann uns helfen, die Fähigkeit zu entwickeln, mit starken Gefühlen umzugehen.

Fürsorglichkeitsübung

Absicht:

- Schüler*innen das Gefühl zu geben, dass nach der Übung »Eis, Eis, Baby« gut für sie gesorgt wird

- Ihnen zu helfen, die Fähigkeit zu entwickeln, sich mit ihrem Herzen zu verbinden sowie während oder nach schwierigen Momenten gut für sich selbst zu sorgen.

Es ist sicher gut, sich beim Anleiten dieser Übung auf Ihr natürliches Gefühl der Fürsorglichkeit gegenüber Ihren Schüler*innen zu besinnen. Wir geben hier nur Stichpunkte für den Ablauf vor, Sie können also die Worte verwenden, die für Ihre Klasse und Ihren Kontext am besten funktionieren.

- Kurze Übung zum Erden, um zur Ruhe zu kommen.
- Die Aufmerksamkeit auf den Herzbereich lenken, den Herzschlag wahrnehmen. Vielleicht eine Hand aufs Herz legen oder die Arme über kreuz auf die Schultern, um sich selbst sanft zu umarmen.
- Die Wärme spüren, die Vorder- und Rückseite des Herzens wahrnehmen, sich bewusst sein, dass das Blut durch den Körper gepumpt wird, um ihn mit Nährstoffen zu versorgen.
- Die Aufmerksamkeit auf den Atem lenken – nährend beim Einatmen, entspannend beim Ausatmen.
- Erinnern Sie die Schüler*innen daran, dass sie sich jederzeit mit ihrem Herzen und dem Atem verbinden können, um gut für sich selbst zu sorgen.

FÜRSORGLICH MIT UNSEREN EMOTIONEN UMGEHEN

Thich Nhat Hanh, ein vietnamesischer Zen-Mönch, benutzte ein schönes Bild, um zu veranschaulichen, wie man mit schwierigen Gefühlen umgehen kann. Vielleicht möchten Sie es mit Ihren Schüler*innen teilen.

- Machen Sie mit der einen Hand eine Faust – sie repräsentiert das intensive Gefühl, beispielsweise Wut.
- Bedecken Sie mit der anderen Hand behutsam diese »Faust der Wut«.

Das bedeutet nicht, dass die Wut verschwindet – aber wenn sie hochkommt, können Sie etwas anderes hineinbringen – jenes fürsorgliche Gewahrsein, welches durch das Achtsamkeitstraining kultiviert wird. Sie können sich um Ihre Wut vielleicht auf dieselbe Weise kümmern, wie eine Mutter oder ein Vater sich um ein aufgeregtes oder verstörtes Kleinkind kümmern würde: indem sie oder er ohne zu urteilen präsent ist. Mit derselben Fürsorge können Sie sich um jedes starke Gefühl kümmern, mit dem Sie konfrontiert werden.

Eine andere Methode, mit der wir für uns selbst sorgen und unser Wohlbefinden steigern können, besteht darin, sich mit angenehmen Gefühlen zu verbinden. Unser Gehirn hat als Teil unseres physiologischen Überlebenssystems einen eingebauten Negativitätsbias, auch Negativitätsdominanz genannt, das heißt, wir registrieren und erinnern negative Gefühle und Empfindungen stärker als positive. Deshalb kann es sehr hilfreich sein, wenn wir uns darin üben, unsere positiveren Gefühle wahrzunehmen und sogar zu verstärken.

Glücksgewohnheit

- Leiten Sie die Schüler*innen an, sich über den Körper oder den Atem zu erden.
- Laden Sie sie ein, sich an eine glückliche Erfahrung zu erinnern. Lassen Sie ihnen dafür etwas Zeit und schlagen Sie Wahlmöglichkeiten vor (eine Zeit mit Freund*innen … mit der Familie … mit einem Haustier … etc.)

  Erweckt diese Erinnerung zum Leben, indem ihr in Gedanken die Einzelheiten noch einmal durchspielt – wie fühlt sich das an?

- Räumen Sie ein, dass es vielleicht nicht so einfach ist, sich spontan an einen glücklichen Moment zu erinnern. Sagen Sie den Schüler*innen, dass es auch eine ganz kleine Sache sein kann, und falls ihnen nichts einfällt, fordern Sie sie auf, zu schauen, ob sie einfach das Gefühl genießen können, dazusitzen und zu atmen …

Nehmt das Glücksgefühl wirklich so gut ihr könnt in euch auf, wie ein Schwamm. Wie fühlt sich »glücklich« im Körper an?

- Lassen Sie den Schüler*innen Zeit, um dies zu verinnerlichen, beenden Sie dann die Übung und tauschen Sie sich aus wie gewöhnlich.

PROBIERT DAS!

Wenn in dieser Woche irgendwann ein unangenehmes Gefühl auftaucht, verbindet euch mit der unteren Körperhälfte durch eine kurze Erdungsübung und beobachtet, so gut es geht, dieses Gefühl mit Neugier. Falls ihr feststellt, dass ihr »aussteigen« wollt, indem ihr euch ablenkt, nehmt einen tiefen Atemzug, bevor ihr »aussteigt«.

Versucht, eure Glücksgewohnheit zu verstärken, wenn ihr das nächste Mal ein angenehmes Gefühl verspürt.

Falls euch das angenehme Gefühl nicht direkt im jeweiligen Moment bewusst wird, nehmt euch am Ende des Tages etwas Zeit, zu reflektieren: sich an einen positiven Moment zu erinnern und daran, wie er sich angefühlt hat.

---

5 Einheit 5: Sinn und Zweck

Absicht:

- Junge Menschen darin bestärken, darauf zu vertrauen, dass sie gesunde Entscheidungen treffen können, indem sie auf sich selbst hören.
- Aktivitäten und Übungen anbieten, die diese Fähigkeit kultivieren.

Diese Einheit umfasst eine Einführung und bietet verschiedene kontemplative Übungen, aus denen Sie auswählen können.

Nach Rachael Kessler (2000) neigen Jugendliche, ihrem Entwicklungsstand entsprechend, dazu, Antworten auf tiefgehende Fragen zu suchen. Fragen wie »Warum ängstigt und verwirrt es mich, erwachsen zu werden?«, »Wie will ich leben?«, »Was ist der Sinn meines Lebens?« Wie können wir von unseren Schüler*innen erwarten, diese Fragen zu beantworten – Fragen, deren Beantwortung eine tiefe Selbsterkenntnis erfordert – wenn wir ihnen nie die Fähigkeit, dem eigenen Selbst zu lauschen, vermittelt haben? Kontemplative Praktiken wie Achtsamkeit, Journaling, Stille und der Aufenthalt in der Natur sind einige Wege, über die diese Fähigkeit, Zugang zu unserem tieferen inneren Wissen zu bekommen, kultiviert werden kann (Burke, 2019). Wir erlauben solchen Einsichten und Erkenntnissen, in unser Bewusstsein zu dringen, wenn wir uns nicht mit externen Stimuli ablenken. Die Fähigkeit, in Kontakt mit sich selbst zu sein und die Botschaften von Körper, Geist und Seele zu empfangen und zu würdigen, ist eine wesentliche Voraussetzung, Urteilsvermögen zu entwickeln und die Fähigkeit, besonnen Entscheidungen zu treffen. Es ist, als hätten wir einen inneren Kompass, auf den wir immer wieder zurückgreifen können, der uns hilft, durch unser Leben zu navigieren und unseren Weg zu finden.

Ein Gefühl für den Sinn des Lebens zu haben, trägt zu größerem Wohlbefinden bei, aber es ist nicht immer leicht, diesen zu finden. In dieser Einheit suchen wir nicht so sehr nach dem Sinn *des* Lebens, sondern eher danach, Sinn *im* eigenen Leben zu finden. Obwohl dieser Sinn nicht immer mit dem eigenen Beruf zusammenhängt, kann die Berufsplanung ein guter Ausgangspunkt für Schüler*innen sein, um ihre Fähigkeit zu entwickeln, auf ihre innere Stimme zu hören und ihren Entscheidungen zu trauen. Schulen sind nicht unbedingt sehr kompetent darin, Schüler*innen dabei zu helfen, obwohl es eines ihrer Hauptziele ist. Schulen und Eltern üben zu viel Druck auf so junge Menschen aus, zu entscheiden, was sie mit ihrem Leben anfangen wollen. Die meisten wissen nicht einmal, was sie heute Abend tun wollen, ganz zu schweigen von der Überlegung, was sie in fünf Jahren tun wollen! Im Grunde geht es bei der Berufsplanung darum, in der Lage zu sein, intelligente Entscheidungen zu treffen. Anstatt jungen Menschen zu sagen, was sie tun oder denken sollen, möchten wir sie ermutigen, ihr Urteilsvermögen zu entwickeln und auf der Basis ihrer eigenen Werte jeweils eine gute Wahl zu treffen.

Kontemplative Berufsplanung

Achtsamkeit und kontemplative Übungen können die Entwicklung von Selbstgewahrsein unterstützen und die Fähigkeit stärken, Ambivalenz auszuhalten, mit Verwirrung umzugehen und es in Ordnung zu finden, »nicht zu wissen«. All das kann Teil der Entwicklung eines beruflichen Weges sein. Indem Sie die Berufsplanungs-Tools Ihrer Schule mit kontemplativen Übungen ergänzen, füllen Sie diese Entdeckungsreise mit Leben, weil dadurch die Fähigkeit junger Menschen, auf sich selbst zu hören, um gute Entscheidungen zu treffen, kultiviert wird. Bei unserem Ansatz kombinieren wir einige Aktivitäten aus *Mach, was Du willst: Design Thinking fürs Leben* (Burnett und Evans, 2016) mit Achtsamkeitstraining und anderen kontemplativen Übungen (siehe den *Baum der Kontemplation* auf Seite 184), um jungen Menschen zu helfen, ihr inneres Wissen als valide Form des Wissens zu würdigen.

Eine Absicht fassen und formulieren

Um inneres Gewahrsein zu entwickeln kann es hilfreich sein, eine Absicht zu formulieren, wer oder wie wir sein wollen. Das kann jede gewünschte Absicht sein – öfter zu lächeln, jede Stunde einmal tief durchzuatmen, gut zuzuhören, nicht auf die kleine Schwester zu reagieren, wenn sie euch auf die Nerven geht …

Absichten helfen uns, uns daran zu erinnern, was wir anstreben. Ihr könnt eine Absicht für den Tag formulieren, bevor ihr morgens aufsteht. Oder ihr könnt eine nur für den Morgen oder sogar nur für eine bestimmte Unter-

richtsstunde oder ein Gespräch formulieren. Absichten sind flexibel und tolerant. Ihr könnt sie natürlich im Laufe des Tages anpassen. Nehmen wir uns jetzt einen Moment Zeit, um eine persönliche Absicht mithilfe einer kurzen Übung zu untersuchen.

Findet eine angenehme Sitzposition, indem ihr eine entspannte und wache Haltung einnehmt.

Spürt, wie der Atem in den Körper hinein- und wieder herausströmt. Spürt, wie der Körper von eurem Stuhl gestützt wird.

Schaut, was bei dieser Frage hochkommt: »Was ist deine Absicht für diese Unterrichtsstunde?« Nehmt euch einen Moment Zeit, um zu sehen, was auftaucht … es ist privat und ihr müsst es nicht mit den anderen teilen …

Bitten Sie die Schüler*innen, sich zu fragen, wie es für sie mit dieser Absicht gelaufen ist, bevor sie die Unterrichtstunde verlassen. Vielleicht haben sie sie sogar schon vergessen! Kein Problem. Ermutigen Sie sie, sich dieselbe Absicht für die nächste Unterrichtsstunde aufzuheben (oder sie zu verändern).

Schreiben

Kreatives Schreiben kann als kontemplative Praxis genutzt werden, um die Berufsplanung zu unterstützen. Beginnen und beenden Sie jede der folgenden Schreibübungen mit achtsamen Momenten des Erdens und Verankerns über den Körper und den Atem.

Zukunfts-Chat

Nutzen Sie Ihre Vorstellungskraft. Führen Sie eine Unterhaltung mit Ihrer Zukunft – Sie können ihr sogar einen Namen geben. Erzählen Sie Ihrer Zukunft, wie Sie sich zurzeit fühlen. Stellen Sie ihr Fragen. Gibt es etwas, das Sie wissen möchten? Irgendetwas, über das Sie sich Sorgen machen? Das Sie begeistert?

Beispiel-Skript:

Amy: He, Super-Zukunft, was ist los?

Zukunft: Nicht viel, Amy. Ich hänge einfach hier rum und warte darauf, dass ich passiere. Was ist mit dir?

Amy: Ich mache mir ein bisschen Sorgen, weil ich mich wirklich für Grafikdesign interessiere, aber auch großes Interesse an Mode habe. Also weiß ich nicht, was ich machen soll …

(Diesen geschriebenen Dialog kann man nun für zehn Minuten fortführen.)

Zukunfts-Tagtraum

Leiten Sie eine kurze Sitzmeditation an, bevor Sie die Schüler*innen durch diese Visualisierungsübung führen, bei der es darum geht, sich vorzustellen, wie ein idealer Arbeitstag in fünf Jahren aussehen würde. Bitten Sie die Schüler*innen, für das Journaling nach der Übung Papier und Stift parat zu haben. Nutzen Sie die unten stehenden Punkte als Wegweiser, es ist nicht nötig, sie eins-zu-eins zu übernehmen. Versuchen Sie, Worte zu benutzen, die eine Verbindung zu den Sinnen herstellen, während Sie die Schüler*innen, die sich Details über ihren zukünftigen Arbeitstag vorstellen, durch die Übung führen.

… Jetzt stell dir vor, es wäre fünf Jahre später. Es ist ein Wochentag und du bist gerade aufgewacht … Wie spät ist es? Schau dich in deinem Schlafzimmer um. Welche Farbe haben die Wände? Gibt es Vorhänge? Rollos? Kannst du sehen, wie das Wetter ist?

Stell dir vor, wie du dich für deinen Arbeitstag bereit machst. Welche Kleidung wählst du aus? Was machst du dir zum Frühstück? Womit fährst du zur Arbeit? Mit dem Fahrrad? Mit einem öffentlichen Verkehrsmittel? Oder arbeitest du von zu Hause aus? Wie fühlst du dich auf dem Weg zur Arbeit?

- Führen Sie die Schüler*innen weiterhin durch diesen imaginären Tag und stellen Sie Fragen über den Tagesverlauf bis zur Schlafenszeit. Führen Sie sie dann sanft aus der Übung heraus und laden Sie sie ein, etwas über die Einzelheiten ihres Zukunfts-Tagtraums aufzuschreiben. Sie können sich dann zu zweit oder in kleinen Gruppen über ihre Erfahrungen austauschen. Bei all diesen Aktivitäten erwarten wir keine konkreten Antworten oder dass dieser »Tagtraum« Wirklichkeit wird. Wir praktizieren einfach verschiedene Methoden, um Zugang zu unserem inneren Gewahrsein zu finden und ein Gefühl für die zukünftige Entwicklung zu bekommen.

Kontemplative Übungen

Wie Sie auf der Abbildung auf der folgenden Seite sehen können, gibt es noch viele andere Zugangswege zu innerem Wissen. Wählen Sie einige aus, die Ihrer Meinung nach am besten in Ihren Kontext passen. Wir haben festgestellt, dass zusätzlich zum Journaling Bewegung und Aktivitäten in der Natur gut funktionieren.

BEWEGUNG

Einfache Dehnung: Den Körper bewegen

Stellt euch hin und erdet euch über die Füße. Spürt den Kontakt zum Boden.

Werdet still und schließt die Augen oder senkt den Blick.

Bewegt und streckt euch auf jede Art, auf die sich der Körper bewegen will. »Lauscht«, wohin er will.

Machen Sie es den Schüler*innen vor und strecken Sie sich. Anfangs können Sie ein paar Vorschläge machen und sich dann zurückziehen, wenn Sie dazu auffordern, auf den eigenen Körper zu »hören«, um zu schauen, wohin und wie er sich als Nächstes bewegen will.

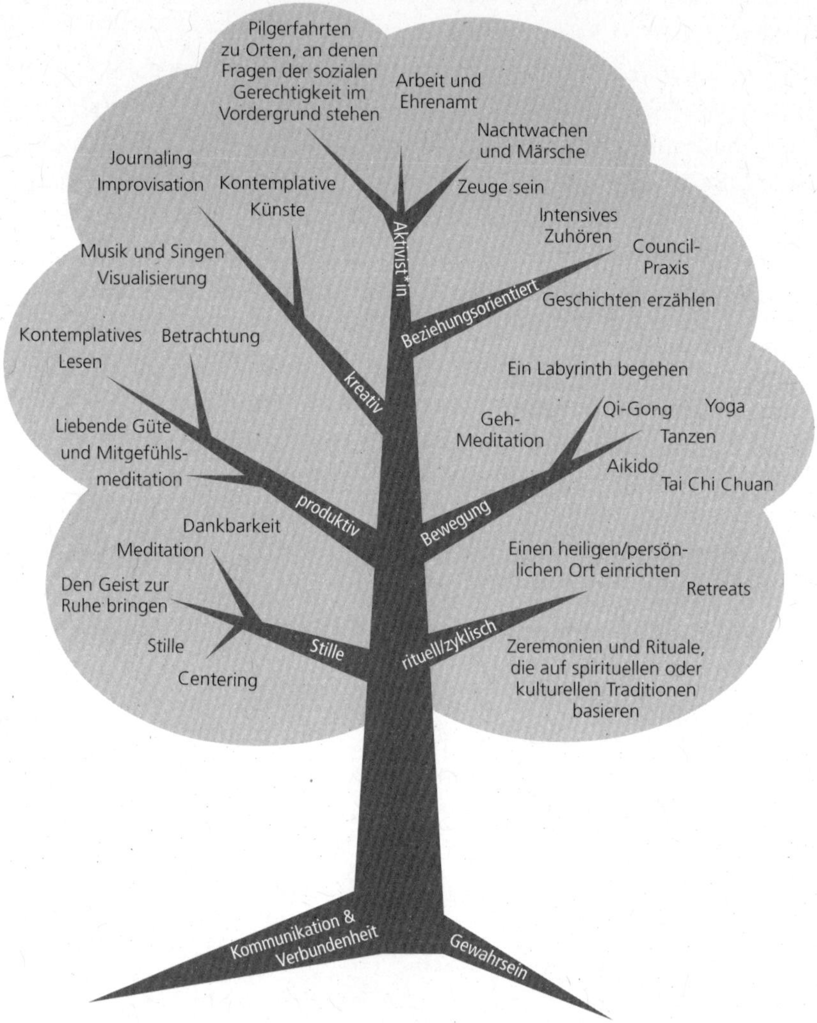

Abbildung 7: Der Baum der Kontemplation

Quelle: cmind (2014). Der Baum der kontemplativen Praktiken/Übungen. The Center for Contemplative Mind in Society. www.contemplativemind.org/practices/tree
Abdruck mit freundlicher Genehmigung.

Aktivitäten in der Natur

Die Forschung weist darauf hin, dass der Aufenthalt in der Natur zum allgemeinen Wohlbefinden beiträgt (White et al., 2019). Zeit in der Natur zu verbringen ist auch eine gute Möglichkeit, sich mit seinem inneren Wissen zu verbinden, indem man Ablenkungen und Lärm einschränkt und sich Zeit nimmt, einfach nur zu »sein«.

Solo-Einheit

Falls es in der Nähe Ihrer Schule eine Grünfläche gibt, können Sie die Schüler*innen zu einer Solo-Einheit einladen. Vielleicht möchten Sie sie noch mit einer Sinnes-Safari (Kapitel 3) oder Natur-Erfahrung kombinieren (siehe unten).

- Finden Sie einen stillen Platz, wo man sich hinsetzen oder legen kann.
- Legen Sie eine Zeit fest (z. B. zehn Minuten) und lassen Sie Ihre Schüler*innen wissen, wann die Übung beginnt und endet (vielleicht mithilfe eines Klangspiels).
- Bitten Sie die Schüler*innen, darauf zu achten, wie es sich anfühlt, in der Natur zu sein und »nichts zu tun«. Erinnern Sie sie daran, ihre Sinnespforten zu öffnen und sich mit ihren Ankern zu verbinden, wenn sie das möchten.
- Journaling + Austausch zu zweit + Gruppengespräch

Natur-Erfahrung

- Ermutigen Sie die Schüler*innen, etwas in der Natur zu finden (Blume, Grashalm, Ast, Rinde, Stein etc.) und ihm fünf Minuten Zeit zu widmen, indem sie es betrachten, berühren, beobachten.

- Erinnern Sie sie daran, neugierig zu sein und, wenn ihre Gedanken abschweifen, mit ihrer Aufmerksamkeit immer wieder zu diesem Objekt zurückzukehren, um dieses spezifische Element der Natur wirklich zu sehen und zu erfahren, die Details des Objekts sowie ihre eigenen Reaktionen, Gedanken, Empfindungen und Gefühle wahrzunehmen.
- Journaling (Frage: »Welche Botschaft hast du empfangen?«) + Austausch zu zweit + Gruppengespräch

  Es ist nicht immer einfach, kontemplative Übungen in unseren Alltag einzubauen, aber schon ein paar Minuten hier und da können unsere Fähigkeit, auf unsere eigenen Entscheidungen zu vertrauen, und unser Gefühl der Sinnhaftigkeit stärken. Indem wir in Kontakt mit unseren inneren Erfahrungen und unserer natürlichen Intelligenz kommen, können wir lernen, Zugang zu einer anderen Art von Wissen zu finden, das uns auf unserem Weg, herauszufinden, wer wir sind und wie wir sein wollen, unterstützen kann.

Ein Schüler: Einen Unterschied machen

Menschen, die noch nie Achtsamkeit praktiziert haben, mag diese Praxis vielleicht etwas selbstbezogen und passiv erscheinen, aber tatsächlich hilft uns Achtsamkeit zu verstehen, wie unser Geist, unser Körper und unsere Emotionen funktionieren und dadurch mehr Empathie für andere zu entwickeln, was dann oft zu mitfühlendem Handeln führt.

Mit 12 Jahren war Leandro Johner der Jüngste, der je als Lehrer des Achtsamkeits-Curriculums MiSP.b ausgebildet wurde. Ein paar Jahre später nutzte er dieses Training, um eine unterprivilegierte Gruppe junger Menschen in Kolumbien zu unterstützen.

> »Im August 2015 traf ich in Cazucá ein, um für 15 Jugendliche beider Konfliktparteien des Guerilla-Kriegs einen Achtsamkeits-Kurs auf Spanisch zu halten. Diese Teenager waren von örtlichen Gemeindevorstehern ausgewählt worden, weil man in ihnen ein Führungspotenzial erkannte.

Nach zwei intensiven Kursen in Achtsamkeit und Mitgefühlsmeditation und anschließenden wöchentlichen Online-Konferenzen war ihr Feedback unglaublich ermutigend. Sie fühlten sich mehr in der Lage, mit ihrer Wut und Angst umzugehen. Ihre Achtsamkeitserfahrung befähigte sie, ihr Wissen an andere weiterzugeben und gab ihnen die Tools an die Hand, die sie brauchten, um in der Hoffnung zusammenzukommen, eine konstruktive und friedliche Lösung für die verheerende Gewalt in ihrer Gemeinde zu finden.«

Amy: Hören sie wirklich zu?

Einmal hielt ich drei einstündige Achtsamkeits-Einheiten für 17–18-Jährige. Am Ende der letzten Einheit sagte einer der Schüler: »Ich wünschte, ich hätte diese Zeit für mein Studium verwendet«. Ich war frustriert und enttäuscht, aber seine Worte erinnerten mich daran, dass nicht alle jungen Leute an Achtsamkeit interessiert sind. Wir können nicht alle *dazu bringen*, das zu mögen. Aber wir können es als Angebot zum Entwickeln einer Fähigkeit und Seinsweise betrachten, auf das sie vielleicht zu irgendeinem Zeitpunkt ihres Lebens zurückkommen. Bei vielen unserer Trainings und Kurse werden wir vielleicht nie sehen, welche positiven Auswirkungen sie in der Zukunft haben. Ich hatte immerhin das Glück, hin und wieder von ehemaligen Schüler*innen zu hören und diese Rückmeldungen haben mich dann in meiner Hoffnung bestärkt, dass sie dieses Training zu irgendeiner Zeit in ihrem Leben nützlich fanden! Vor ein paar Jahren erhielt ich folgende E-Mail von meiner früheren Schülerin Maike Wagner:

> »Ich weiß nicht, ob Sie sich an mich erinnern, aber ich war im Jahr 2013 eine Ihrer Schülerinnen. Nach meinem Schulabschluss habe ich mein Medizinstudium an der Uni begonnen. Ich habe noch ein Praktikumsjahr vor mir, aber letzte Woche habe ich meine letzten Prüfungen absolviert. Diese Prüfungen waren sehr schwer und intensiv und viele Leute

drehen ein bisschen durch, während sie sich darauf vorbereiten – so wie ich! Ich hatte besonders mit Schlafstörungen zu kämpfen und wurde total frustriert, denn während einer so langen Phase intensiven Lernens ist ausreichender und guter Nachtschlaf das Wichtigste für mich. Und dann erinnerte ich mich an alles, was Sie uns über Achtsamkeit beigebracht haben und fing an, jeden Abend vor dem Schlafengehen eine kurze Achtsamkeitsübung durchzuführen. Und es half tatsächlich! Plötzlich konnte ich wieder rasch einschlafen und durchschlafen, was sich wirklich positiv auf meine Stimmung und Konzentrationsfähigkeit ausgewirkt hat. Ich habe sogar letzte Woche während der Prüfungen Achtsamkeit praktiziert. Ich habe mir einfach ein paar Sekunden Zeit genommen, die Augen geschlossen und mich auf mich selbst und meinen Körper fokussiert – so konnte mich wieder auf meine Prüfung konzentrieren. Ich möchte mich dafür bedanken, dass Sie mir damals in der High-School Achtsamkeit beigebracht haben. Das hat mir wirklich durch die vergangenen Monate und meine Prüfungen hindurch geholfen!«

Bei solchen E-Mails werde ich immer emotional. Zu hören, dass diese jungen Leute in der Lage waren, jetzt, da sie es brauchten, Zugang zu Achtsamkeit zu finden, *weil* sie in der Schule damit vertraut gemacht wurden, lässt es mir warm ums Herz werden und inspiriert mich, diese Arbeit fortzusetzen.

Innehalten, reflektieren, planen

Das ist ein guter Zeitpunkt, um wieder innezuhalten und zu überlegen, welches Ziel Sie mit dieser Arbeit verfolgen, und wie Sie auf dieser Reise weiterhin gut für sich selbst sorgen können. Um sich diese Reflexion zu erleichtern, können Sie jetzt den Abschnitt »Reflexion Lehrkraft« auf Seite 82 noch einmal anschauen.

Jetzt, nachdem Sie diese Übungen mit Ihren Schüler*innen geteilt haben, können Sie weiterhin achtsame Momente in den Unterricht hineinbringen, den Tag mit Momenten des Friedens, der Ruhe und Reflexion »würzen«. Sie können die Übungen noch einmal durchgehen und diejenigen auswählen, die am besten zur jeweiligen Situation passen. Denen, die daran interessiert sind, ihr Training in achtsamem Gewahrsein fortzusetzen, können Sie verschiedene Apps empfehlen und Sie könnten darüber nachdenken, freiwillige Achtsamkeits-Übungen in der Mittagspause oder nach der Schule anzubieten. Diese könnten offen für Lehrkräfte und Schüler*innen sein, was dazu beitragen kann, auf Ihrer weiteren Reise hin zu achtsamkeitsbasiertem Wohlbefinden an Ihrer Schule eine fürsorgliche Gemeinschaft zu schaffen.

ZUSAMMENFASSUNG

In diesem Kapitel haben wir:

- Ihnen anhand einer Reihe von Übungen zum Kultivieren von Gewahrsein auf der mentalen, physischen und emotionalen Ebene gezeigt und wie man ein Achtsamkeitstraining für 14–18-Jährige einführen kann,
- untersucht, auf welche Weise Schüler*innen die erlernten Fähigkeiten einsetzen können, um besser mit Stress, Ängsten und Ablenkungen umzugehen, ihre Emotionen zu regulieren und ihr Unterscheidungs- und Urteilsvermögen zu entwickeln.

5

Top-Tipps für den Unterricht

In Teil 1 haben wir Unterrichtstipps für die einzelnen Altersgruppen gegeben, in diesem Kapitel nun finden Sie allgemeinere Tipps und Empfehlungen, die für die meisten Altersgruppen geeignet sind. Falls Sie Klassenlehrer*in oder Fachlehrer*in sind: Wir haben die Erfahrung gemacht, dass den Lehrkräften das Anleiten von Übungen und der Austausch nach den Übungen am meisten Schwierigkeiten bereiten, weil das für sie neu und ungewohnt ist. Falls Sie Achtsamkeitslehrende sind und als Gast an Schulen Kurse anbieten möchten, müssen Sie sich vielleicht zusätzlich zu Ihren Achtsamkeits-Skills Techniken für ein effektives Classroom-Management aneignen. Sie finden Empfehlungen für beide Bereiche in den Tipps in diesem Kapitel.

1 Verkörperte Präsenz

Einige Lehrkräfte, mit denen wir gearbeitet haben, gaben uns zu verstehen, dass es eine Herausforderung sein kann, sowohl Klassenlehrer*in *als auch* Achtsamkeitslehrer*in zu sein, so als existiere eine besondere Trennlinie zwischen beidem. Wenn Sie Schüler*innen in Achtsamkeit unterrichten, müssen Sie dennoch auf alle Kompetenzen eines/einer Klassenlehrer*in zurückgreifen können. Viele Lehrkräfte stellen tatsächlich fest, dass achtsameres Unterrichten ihnen hilft, selbst authentischer zu sein, »präsenter« zu sein, ganz gleich, welches Fach sie gerade unterrichten. Der beste Tipp, den wir für alle haben, die junge

Menschen in Achtsamkeit unterrichten möchten ist, die eigene Praxis zu kultivieren und aufrechtzuerhalten. Da kommt Ihrem Unterricht auf vielen Ebenen zugute:

- Sie verstehen durch Ihre persönliche Erfahrung, wozu Sie Ihre Schüler*innen auffordern.
- Sie entwickeln die Fähigkeit, bewusst zu antworten, die an die Stelle bloßer Reaktivität tritt, was dem Classroom-Management insofern dient, dass Situationen nicht eskalieren.
- Geduld, Empathie und Mitgefühl werden gefördert.
- Ihre Fähigkeit, das zu verkörpern, was Sie lehren, wird unterstützt.

Je mehr wir uns selbst in unserem achtsamen Gewahrsein weiterentwickeln, desto mehr verkörpern wir diese Qualität und sind geistig, körperlich und mit dem Herzen präsent. Indem wir dies zunehmend verkörpern, haben wir eine stärkere Präsenz, die auch die authentische Verbindung zwischen uns und unseren Schüler*innen stärkt.

Wir sind unausgesprochen ein Beispiel dafür, wie sich Achtsamkeitspraxis in einer Person auf eine sehr konkrete Weise manifestiert.

Wie wir unterrichten ist genauso wichtig, wie das, was wir unterrichten.

Wie wir sind ist die wichtigste Botschaft über das Achtsamsein, die wir unseren Schüler*innen mitgeben können.

2 Praktiziere, was du anleitest

Stellen Sie sicher, dass Sie alle Aktivitäten und Übungen zunächst selbst ausprobieren, bevor Sie sie bei Ihren Schüler*innen einführen. Das stärkt Ihre Kompetenz beim Anleiten der jeweiligen Übung und vermittelt Ihnen ein Verständnis dafür, was die Schüler*innen dabei erleben können.

3 Was, wenn sie sich daneben benehmen?

Das ist eine grundlegende Sorge jeder Lehrkraft, ganz gleich, welches Fach sie oder er unterrichtet. Auch erfahrene Lehrer*innen fühlen sich vielleicht angreifbar oder verletzlich, wenn sie mit ihren Schüler*innen neu in ein Achtsamkeitstraining einsteigen. Ein erfolgreiches Classroom-Management bildet das Fundament für starke Verbindungen zwischen der Lehrkraft und ihren Schüler*innen und es kann einige Zeit dauern, bis diese entstanden sind. Die Kinder und Jugendlichen zu respektieren, ihr Entwicklungsstadium zu berücksichtigen und klare Grenzen zu setzen sind grundlegende Voraussetzungen für das Unterrichten jedes Faches und das gilt natürlich auch für Achtsamkeit. Wir dürfen nicht vergessen, dass einige Elemente dieser Unterrichtsstunden wie gemeinsame Stille-Phasen oder das Teilen persönlicher Erfahrungen und Empfindungen manchen unangenehm sein können. Kichern und Herumalbern können natürliche Reaktionen sein, um diesem Unbehagen auszuweichen. Viele Lehrkräfte einigen sich zu Beginn des Trainings auf bestimmte Gruppenregeln, bei denen alle ein Mitspracherecht haben. Diese Regeln können im Klassenzimmer aufgehängt werden und so als Erinnerungshilfe dienen, um angemessenes Verhalten zu unterstützen.

Natürlich wird es auch Zeiten geben, in denen bei den Übungen etwas schief läuft und alles auseinanderfällt und ein Abbruch der Übung die einzige Option ist. Dann kann es sehr hilfreich sein, sich einen Sinn für Humor zu bewahren – obwohl das zugegebenermaßen nicht immer leicht fällt! Sie sollten nicht das Gefühl haben, dass Sie etwas falsch gemacht haben, wenn Sie eine Übung aus irgendeinem Grund nicht zu Ende führen können. Falls es sich richtig anfühlt, kann eine gemeinsame Ursachenforschung hilfreiche Lernchancen bieten, selbst wenn sich das Ganze nicht in die Richtung bewegt hat, die Sie erwartet hatten.

Wenn Sie bemerken, dass Sie sich während dieser Aktivitäten erschöpft oder durch das Verhalten einer Schülerin oder eines Schülers provoziert fühlen, kehren Sie zu Ihrer Übung zurück – so machen wir es! Schauen Sie nach unter »Die Atmosphäre beeinflussen« in Kapitel 1 und lernen

Sie, sich mit der regenerierenden, beruhigenden Übung »Entspannen, loslassen, zurückkommen« in Kapitel 1 vertraut zu machen.

Wenn Sie Ihre Motivation, jungen Menschen Achtsamkeit nahezubringen *(»Warum will ich dies jungen Menschen vermitteln?«)* überprüfen, kann Sie das in manchen herausfordernden Situationen in Ihrem Verhalten und Ihren Reaktionen leiten. Vergessen Sie nicht: Achtsamkeit ist nicht etwas, das wir unseren Schüler*innen »geben«, sondern eine angeborene menschliche Qualität, die erforscht und gefördert werden kann. Versuchen Sie, sich von dem inneren Druck zu befreien, die Kinder und Jugendlichen achtsam »machen« zu müssen! Wenn Sie sich selbst immer wieder daran erinnern – und daran, dass Sie hier ein Angebot machen und weniger einen Lehrplan »durchziehen«, bei dem bestimmte Dinge gelernt werden müssen, fällt Ihnen der Zugang möglicherweise leichter und die Schüler*innen fühlen sich vielleicht weniger unter Druck.

Amy: Wenn man einen Lachanfall bekommt

Einmal leitete ich in einer Gruppe von Jugendlichen eine Achtsamkeitsübung im Sitzen an, und ein paar von ihnen konnten einfach nicht aufhören zu kichern. Es war frustrierend, aber ich ließ es einfach zu und fing sogar selbst an zu kichern. Nachdem das Gekicher abgeebbt war, sagte ich: »Achtet einmal darauf, wie sich der Körper jetzt, nach dem Lachanfall, anfühlt. Spürt ihr eine Leichtigkeit? Oder Wärme?« Es gelang mir sogar trotz der Unterbrechung, eine kleine Gewahrseinsübung einzubauen. Danach führten wir ein offenes Gespräch über die Gründe für das Gekicher und konnten bestätigen: Ja, es kann anfangs schwierig sein, in einem Raum voller Menschen Achtsamkeit zu praktizieren.

4 Länge und Tempo von Übungen

Die Länge jeder Übung hängt vom Alter der Schüler*innen ab, ihren früheren Erfahrungen und von der mit der jeweiligen Übung verbundenen Absicht. Natürlich sollte man von jüngeren

Kindern nicht erwarten, über längere Zeiträume still sitzen zu können, aber für ältere, die ein Achtsamkeitstraining absolvieren, könnte es angemessen sein. Im Laufe der Zeit werden Sie ein Gefühl dafür entwickeln, wie lange die Pausen und die Stille-Phasen sein sollten. Oft können Sie aufgrund der Atmosphäre in der Klasse spüren, wann Sie eine Übung beenden sollten.

Versuchen Sie beim Anleiten einer Übung selbst mitzumachen, wobei das Gewahrsein teilweise nach innen und teilweise nach außen gerichtet ist. Wenn Sie die Schüler*innen beispielsweise auffordern, ihre Füße zu spüren, können Sie Ihre Aufmerksamkeit auch auf *Ihre eigenen* Füße richten. Zusammen mit dem nach außen gerichteten Gewahrsein wird Ihnen das helfen, den richtigen Rhythmus und das richtige Tempo zu bestimmen.

5 Die Augen bekommen es mit

Für die Lehrkraft

Halten Sie beim Anleiten von Übungen die Augen offen. Das dient nicht nur der Sicherheit, sondern hilft Ihnen auch wahrzunehmen, wie Ihre Schüler*innen die Übung erleben. Natürlich können wir nie wirklich wissen, was in ihnen vorgeht aber Herumzappeln oder ein Gesichtsausdruck können uns viel über das Befinden sagen. Setzen Sie den Tonfall oder Augenkontakt ein, um die Schüler*innen zu führen.

Für die Schüler*innen

Wir zwingen junge Leute niemals, während einer Übung die Augen zu schließen. Ein Lehrer sagte uns, seine Grundschüler*innen müssten sich mit dem Gesicht zur Wand drehen, wenn sie die Augen nicht schließen würden! Das kann sich wie eine Bestrafung anfühlen und dazu führen, dass junge Leute nichts mehr mit Achtsamkeit zu tun haben wollen. Wenn die Sprache einladend ist und den Kindern eine Wahl gelassen wird, kann das eher ihr Interesse wecken. Sie könnten beispielsweise sagen: »Wer mag, kann die Augen schließen, wenn sich das angenehm anfühlt … ihr könnt sie aber auch offen lassen und mit etwas weicherem Blick auf einen Punkt in einiger Entfernung am Boden oder Schreibtisch schauen.« Wir wollen sicherstellen, dass die Schüler*innen nicht mit gebeugtem Nacken direkt nach unten schauen, weil das ihre Atmung oder Aufmerksamkeit beeinträchtigen könnte.

6 Bitte kein ständiges »Gebimmel«!

Ob Sie eine Glocke oder ein Klangspiel benutzen oder nicht, ist im Grunde Ihre Entscheidung. Manche betrachten ein Meditationsglöckchen als religiöses Objekt, deshalb benutzen wir öfter Klangspiele oder Musikinstrumente. Oft werden diese genutzt, um den Beginn oder das Ende von Übungen anzukündigen, was gut funktionieren kann, aber Sie können das auch mit Ihrer Stimme oder Ihren Worten tun. Bei Hörübungen können Klangspiele effektiv als Konzentrationsobjekt eingesetzt werden.

Wir raten davon ab, eine Glocke oder ein Klangspiel als Kontrollinstrument zu benutzen, um die Aufmerksamkeit der Schüler*innen zu bekommen oder sie dazu zu bringen, still zu sein. Wir haben einige Lehrer*innen gesehen, die nicht sehr achtsam damit umgegangen sind! Wenn die Glocke als Instrument benutzt wird, um die Schüler*innen zum Schweigen zu bringen, können wir damit eine falsche Botschaft aussenden. Natürlich können Sie die Glocke benutzen, um Schüler*innen zur Stille *einzuladen*, wenn es im Klassenzimmer zu hektisch wird, aber das funktioniert nur, wenn Sie sich die Zeit genommen haben, die Schüler*innen in achtsamem Gewahrsein zu schulen, sodass sie wissen, wofür die Glocke steht: eine Einladung, zurückzukommen und sich wieder dem Atem oder dem Körper zuzuwenden.

7 Wenn der Begriff »Achtsamkeit« im Weg ist

Je nachdem, in welchem Kontext Sie unterrichten, kann es manchmal wirkungsvoller sein, auf das Etikett »Achtsamkeit« zu verzichten und sich auf die gesicherten wissenschaftlichen Erkenntnisse und Benefits von Ansätzen und Übungen zu konzentrieren, die zur Steigerung des Wohlbefindens beitragen, indem sie Aufmerksamkeit, Gewahrsein und emotionale Regulation fördern. Einige Schulen verwenden die Terminologie der Neurowissenschaften. Anstatt von »achtsamen Momenten« sprechen sie eher davon, dass man sich Zeit für einen »Reset« oder »Neustart« nimmt, denn wir wissen von der Forschung, dass das gut für unsere geistige Gesundheit und unsere Konzentrationsfähigkeit ist. Es geht hier nicht darum, das Ganze in eine bestimmte Richtung zu lenken, sondern, diesem neuen und für viele Schulen etwas ungewöhnlichen Thema einen Rahmen zu geben, der für Sie und Ihre Schulgemeinschaft Sinn ergibt. Indem Sie sich Zeit nehmen und sorgfältig überlegen, wie Sie Achtsamkeit in Ihrer Schule einführen und gestalten möchten, verbinden Sie sich wieder mit der Essenz dessen, was Sie vermitteln wollen und formulieren es auf eine Weise, die es für Ihre Schule am zugänglichsten macht.

8 Stille im Klassenzimmer

Wenn Sie ein Foto von einer Gruppe von Kindern sehen, die meditieren, mag das hübsch und friedvoll aussehen, aber solange Sie das nicht wirklich selbst ausprobiert haben, wissen Sie vielleicht nicht, dass diese Schüler*innen möglicherweise ein ganzes Kaleidoskop von Emotionen und Empfindungen durchleben, von denen einige ziemlich unangenehm sein können. Wir haben von enthusiastischen Gruppenleitern gehört, die eine wöchentliche stille Meditation für die ganze Schule angesetzt hatten, ohne irgendeine Erklärung oder ein vorbereitendes Training, und auch wenn das vielleicht in bester Absicht geschah, führte das bei vielen Schüler*innen zu Verwirrung und Desinteresse. Eines der wichtigsten Ergebnisse eines

Achtsamkeitstrainings besteht darin, dass Kinder und Jugendliche entdecken, dass das gemeinsame stille Sitzen in einem sicheren Umfeld für ein paar Minuten – eine seltene Erfahrung für die meisten – sich tatsächlich sehr angenehm und nährend anfühlen kann. Aber das ist keine Selbstverständlichkeit. Nicht alle mögen die Stille. Beginnen Sie mit ein paar kurzen Momenten der Stille, die Sie nach und nach ausdehnen können, wenn Ihre Schüler*innen sich allmählich damit wohler fühlen. Bieten Sie verschiedene Aufmerksamkeits-Anker (siehe Kapitel 3) und Optionen an, wie beispielsweise die Augen offen zu lassen etc. Wie immer wird Ihre eigene Achtsamkeitspraxis Sie dabei unterstützen, diesen Raum mit Mitgefühl zu halten.

9 In eine Übung »hineingleiten«

Sie können Übungen so einführen, dass sie als nicht bedrohlich wahrgenommen werden, indem Sie sozusagen »hineingleiten«. Während es völlig in Ordnung sein kann, zu sagen *»Wir werden jetzt eine Übung machen«*, kann es sich manchmal natürlicher anfühlen, sie in das, was Sie sagen, nahtlos einzuflechten. Sie können mit Ihrem Tonfall direkt zu einer Übung übergehen. Siehe die LeBron-Atemübung in Kapitel 4 als Beispiel, wie man in eine Übung hineingleiten kann.

10 Einladender Tonfall und Sprache

Einer der Schlüssel für ein erfolgreiches Achtsamkeitstraining mit Jugendlichen besteht darin, ihnen bei den Übungen immer ein Gefühl von Freiwilligkeit zu vermitteln. Möglicherweise gibt es an Ihrer Schule einen Achtsamkeits-Pflichtkurs, aber selbst innerhalb eines solchen Kurses entsteht eine freundlichere, sanftere Atmosphäre, wenn Ihre Sprache einladend ist und Sie beim Anleiten von Übungen Wahlmöglichkeiten lassen. Das verringert die Wahrscheinlichkeit von inneren (oder äußeren) Widerständen.

Hier ein paar Beispiele, wie man eine einladende Sprache benutzen kann, anstatt Anweisungen zu geben:

- *… vielleicht könnt Ihr jetzt so, wie es euch möglich ist, die Empfindungen in euren Füßen spüren …*
- *… und dann den Anker auswählen, zu dem ihr im Moment am besten Zugang findet …*
- *… wenn ihr bemerkt, dass ihr euch heute müde fühlt und eigentlich gar nicht bei der Übung mitmachen wollt … könnt ihr vielleicht dennoch eure Aufmerksamkeit darauf richten, wie sich diese Müdigkeit in eurem Körper anfühlt? … Woher wisst ihr, dass ihr müde seid?*

11 Inquiry

Viele Dinge versteht man besser, wenn man die Schüler*innen nach einer Übung nach ihren Erfahrungen fragt. Es ist absolut möglich, dass man bei Jugendlichen auf die Frage, wie sie die Übung erlebt haben, dem gefürchteten leeren Gesichtsausdruck begegnet, ein Vermeiden von Augenkontakt – und einem das Bild einer verlassenen, staubigen Straße in den Sinn kommt, durch die der Wind fegt! Junge Leute mögen daran gewöhnt sein, dass ihnen in der Schule Fragen gestellt werden, aber das sind in der Regel objektive Fragen über den Lernfortschritt. Es ist oft neu für Teenager, sich über ihre persönlichen Erfahrungen auszutauschen. Vielen ist das vielleicht unangenehm, und diese Erfahrungen auch mit anderen in der Klasse zu teilen, ist ihnen vielleicht noch unangenehmer.

Je nach Ihrer Klassendynamik kann es manchmal effektiver sein, die Schüler*innen nach der Übung zu bitten, ihre Erfahrungen im Tagebuch festzuhalten oder sie zu einem kurzen Austausch zu zweit oder Turn-and-Talk einzuladen, *»Findet heraus, wie eine andere Person diese Übung erlebt hat«,* bevor Sie nach Freiwilligen suchen, die die gesamte Klasse repräsentieren. Es ist absolut möglich, dass sich beim Austausch zu zweit lebhafte Gespräche entwickeln und dann gar keine Antworten kommen, wenn

Sie die ganze Klasse einbeziehen. Falls überhaupt nichts kommt, können Sie eine kleine Einstiegshilfe geben, indem Sie beispielsweise sagen: »*Als ich zum ersten Mal versucht habe, mit meiner Aufmerksamkeit bei meinen Atem zu bleiben, habe ich festgestellt, dass meine Gedanken fast DIE GANZE ZEIT abgeschweift sind! Hat das irgendjemand von euch auch so erlebt? … Ich sehe, dass ein paar von euch nicken*« … Diese Art zu fragen ist ein Beispiel für eine horizontale Inquiry, bei der das Antworten auf die gesamte Gruppe verlagert wird, anstatt eine einzelne Person in den Mittelpunkt zu stellen.

Vertikale Inquiry findet zwischen der Lehrkraft und einem Schüler oder einer Schülerin statt. Darauf wird oft in Achtsamkeitskursen für Erwachsene zurückgegriffen, aber in Schulen sollte man sie sparsam einsetzen und sensibel damit umgehen. Man kann dabei ein bisschen tiefer gehen, aber das setzt voraus, dass Sie Ihre Schüler*innen wirklich gut kennen. Wenn Sie bei einem einzelnen Schüler oder einer Schülerin zu tief bohren und er oder sie sich dabei unwohl fühlt, kann es passieren, dass diese Person nie wieder antwortet – das ist ein Training, keine Therapie! Und einige andere Schüler*innen sind dann vielleicht zu nervös, um zu antworten, wenn sie befürchten, genauso viel Aufmerksamkeit zu bekommen.

Fragen für eine vertikale Inquiry könnten lauten:

- *Und was ist dann passiert?*
- *Und was hast du dann wahrgenommen?*
- *Würdest du gerne ein bisschen mehr darüber erzählen?*

Horizontale Inquiry lädt die ganze Gruppe ein, zu antworten, und wir empfehlen sie in der Schule öfter als die vertikale Inquiry. Sie ist weniger abschreckend, weil die Schüler*innen auch einfach nicken oder eine Hand heben können:

- *Hebt bitte die Hand: Wer hat sich während der Übung auch müde gefühlt?*
- *Haben andere das auch bemerkt …?*
- *Wie viele von euch …?*

12 Nehmen Sie es nicht persönlich!

Für manche Schüler*innen mag ein Achtsamkeitskurs sehr lohnend oder inspirierend sein. Andere finden ihn vielleicht wirklich langweilig. Nicht alle sind an einem Punkt, an dem sie im Moment etwas damit anfangen können. Die Reaktionen Jugendlicher sollten Sie aber nicht zu persönlich nehmen. Sie können nie wissen, welche Samen Sie vielleicht säen. Für einige junge Leute kann es schon genügen, zu erfahren, dass diese Art von Training angeboten wird und dass es Hilfsmöglichkeiten gibt, wenn sie irgendwann mit mentalen oder emotionalen Problemen zu kämpfen haben.

Kevin: Augen verdrehen

Es stand den Schüler*innen frei, sich für meine Schnupperkurse in Achtsamkeit für die Mittelstufe anzumelden, aber einigen wurde es von ihren Lehrer*innen oder Eltern »sehr ans Herz gelegt.« In einem Kurs hatte ich eine Gruppe von Mädchen, die sehr lebhaft waren, und es war eine Schülerin darunter, die nie mit ihren Gefühlen hinter dem Berg hielt, mir gerne kritisches Feedback gab und dabei oft die Augen verdrehte und gelangweilt seufzte. Zwei Jahre später war sie auf der High-School und eines Tages traten wir nach dem Unterricht zufällig gemeinsam aus dem Schultor.

»Hallo, Herr Hawkins. Unterrichten Sie immer noch dieses Achtsamkeitszeugs?«

»Ja«, seufzte ich, »immer noch.«

Dann fragte ich sie: »Mal ehrlich, hat dir eine dieser Unterrichtsstunden jemals etwas gebracht?«

»Machen Sie Witze? Das war eins der besten Dinge, die ich je gemacht habe. Ich über immer noch täglich!«

Das bedeutet natürlich nicht, dass alle, die in meinen Kursen die Augen verdrehten, tatsächlich irgendetwas gelernt haben! Aber es bedeutet, dass wir nie allein aufgrund der Körpersprache Schlüsse ziehen oder urteilen sollten – insbesondere bei Teenagern.

13 Auf Traumata achten – Wahlmöglichkeiten anbieten

In Top-Tipp 10 haben wir darauf hingewiesen, wie wichtig es ist, Achtsamkeit in der Schule als Einladung zu formulieren. Das trifft besonders auf die sehr reale Möglichkeit zu, dass einige unserer Schüler*-innen Traumata erlitten haben. Daher empfiehlt es sich, bei jeder Übung Wahlmöglichkeiten anzubieten und ihnen von Anfang an zu zeigen, dass sie verschiedene Wege finden können, um sich wieder zu erden, wenn sie sich unwohl fühlen. Bei einer Übung nicht bis zum Schluss mitzumachen kann beispielsweise manchmal eine Form der Selbstfürsorge sein. Sagen Sie den Schüler*innen, dass sie die Augen offen lassen können, falls sie sich dann sicherer fühlen, und sie können auch einen anderen Anker benutzen, falls die Konzentration auf den Atem beispielsweise Ängste oder Anspannung auslöst. Sie müssen nicht immer Ihrer Anleitung folgen! Es geht vor allem darum, dass sie bewusste Entscheidungen treffen, um sich selbst zu unterstützen.

Ein Experte: Auf Traumata achten

David Treleaven ist Achtsamkeitslehrer und Trauma-Experte, dessen Arbeit sich auf das Verhältnis von Achtsamkeit und Trauma konzentriert. Hier rät er uns, beim Unterrichten von Achtsamkeit mehr Sensibilität für das Thema »Traumata« zu entwickeln:

In den vergangenen zehn Jahren ist die Popularität von Achtsamkeit enorm gestiegen. Gleichzeitig ist die Prävalenz von Traumata außerordentlich hoch. Die große Mehrheit von uns wird in ihrem Leben zu irgendeinem Zeitpunkt mit mindestens einer Art von Trauma konfrontiert und ein kleinerer Prozentsatz (die Wissenschaft geht von 10–12 % aus) wird in der Folge stark beeinträchtigende Symptome entwickeln. Das bedeutet, dass egal in welchem Umfeld Achtsamkeit unterrichtet wird, mit hoher Wahrscheinlichkeit irgendjemand mit traumatischen Stresssymptomen zu kämpfen hat.

Eine traumasensitive oder traumabewusste Praxis bedeutet, dass wir beim Unterrichten von Achtsamkeit ein Basiswissen über Traumata haben. Ein traumasensitiver Arzt kann beispielsweise einen Patienten oder eine Patientin um Erlaubnis bitten, bevor er ihn oder sie berührt. Eine traumabewusste Vertrauenslehrerin könnte eine Schülerin oder einen Schüler fragen, ob die Tür während eines Gesprächs geschlossen werden oder offen bleiben soll, und sich erkundigen, welche räumliche Distanz der Schüler oder die Schülerin als angenehm empfindet. Bei traumasensitiver Achtsamkeit wenden wir dieses Konzept auf die Anleitungen an. Als Lehrende oder als Organisation verpflichten wir uns, Traumata anzuerkennen, geschickt darauf zu reagieren und vorbeugende Schritte zu unternehmen, um sicherzustellen, dass niemand in unserer Obhut re-traumatisiert wird.

Unterrichtende sind sich durchaus oft der hohen Prävalenz von Traumata in ihren Klassenzimmern und der Bedeutung einer traumasensiblen Fürsorge bewusst. Aber es kommt unweigerlich die Frage auf: Wieso sollten Schüler*innen bei einer Achtsamkeitspraxis Schwierigkeiten bekommen?

Ein wichtiger Grund ist der, dass ein Trauma oft im Körper weiterexistiert – häufig ohne dass Außenstehende dies bemerken. Traumatische Erlebnisse persistieren in Form von verhärtenden Empfindungen, Gefühlen und störenden Gedanken. Stellen Sie sich dann einmal vor, was es bedeutet, das eigene innere Erleben achtsam wahrzunehmen, wenn man mit einem Trauma zu kämpfen hat.

Das ist nicht automatisch eine schlechte Sache. Achtsamkeit kann uns helfen, etwas Abstand zu diesen Erfahrungen zu bekommen und besser damit umzugehen. Wenn wir uns selbst überlassen bleiben, neigen wir in der Regel dazu, jenen Stimuli übermäßig Aufmerksamkeit zu schenken, die uns glauben lassen, wir seien in Gefahr oder nicht in Ordnung. Indem sie achtsam wahrnehmen, was in ihrem Bewusstseinsfeld dominiert, werden Menschen, die mit Traumata zu kämpfen haben, natürlich auf Traumafolgen anspringen: verstörende Flashbacks beispielsweise oder besondere Empfindungen, die mit Überlebensstrategien wie Kampf oder Flucht verbunden sind. Es fällt schwer, solchen intensiven Stimuli keine Aufmerksamkeit zu schenken.

Um mit Trauma-Symptomen umgehen zu können, brauchen Menschen, die post-traumatischen Stress erleben, mehr als die grundlegenden Achtsamkeits-Instruktionen. Ihre Achtsamkeitspraxis muss entsprechend modifiziert werden. Sie benötigen Tools, die ihnen helfen, sich sicher und stabil zu fühlen und sie zur Selbstregulation befähigen.

David Treleavens Hinweise sind wichtig für alle Lehrkräfte, die Schüler*innen Achtsamkeit vermitteln wollen. Indem wir für sie in der Schule einen sicheren Raum schaffen und auf die sozial-emotionalen Aspekte in ihrem Erleben achten, schaffen wir – besonders in Momenten der Stille – auch einen Raum, in dem starke Gefühle hochkommen können. Das ist nicht unbedingt schlecht und kann für manche sehr hilfreich sein, aber es ist auch wichtig, sich der Tatsache bewusst zu sein, dass Kinder oder Jugendliche mit einer traumatischen Vorgeschichte oder psychischen Erkrankung von unserer Seite besondere Aufmerksamkeit erfordern. Wir sind keine Therapeuten und sollten wissen, wie wir im Moment reagieren müssen und, falls nötig, weitere Unterstützung organisieren können. Weitere Informationen zu diesem Thema und Trainingskurse finden Sie in David Treleavens Buch *Traumasensitive Achtsamkeit: Posttraumatischen Stress erkennen und vermindern,* Arbor Verlag, Freiburg, 2019 und auf seiner Webseite: www.davidtreleaven.com.

Teil 2

Achtsames Gewahrsein »einbetten«

Nachdem Sie Ihre eigene Achtsamkeitspraxis etabliert und begonnen haben Ihre Schüler*innen mit verschiedenen Aspekten des Achtsamkeitstrainings vertraut zu machen, wird sich natürlich die Frage stellen: Wie können wir achtsamkeitsbasiertes Wohlbefinden in unsere schulischen Abläufe, in unsere Schulkultur und in bestimmte Fächer integrieren?

- In den Kapiteln 6 und 7 untersuchen wir auf einer praktischen Ebene, wie Schulen sich das große Potenzial von Achtsamkeit in einem breiten Spektrum von Fächern und Aktivitäten zunutze machen können.
- In Kapitel 8 beschäftigen wir uns mit einer Reihe von Fragen und Themen, mit denen Schulen oft im Rahmen der Einführung von Achtsamkeitstrainings und einer kohärenten Veränderung der Schulkultur konfrontiert werden.

6

Achtsames Gewahrsein im Sport und in Leistungssituationen

IN DIESEM KAPITEL VERMITTELN WIR IHNEN:

- Beispiele für die Anwendung und Erweiterung von Achtsamkeits-Skills im Individual- und Mannschaftssport.
- Eine detaillierte Fallstudie aus dem Schulsport-Coaching mit einer Auswahl an praktischen Übungen.
- Wege, dieses Gewahrsein und die im Sport erlernten und auf andere Fächer übertragbaren Skills noch in weiteren Bereichen des Lebens und Lernens innerhalb und außerhalb der Schule anzuwenden.

Es stärkt und vertieft das Verstehen und die Kompetenz, wenn wir in jedem Schulfach nach Möglichkeiten suchen, bei denen Schüler*innen die Fertigkeiten und Techniken, die sie hier lernen, ausprobieren und anwenden können. Es ist sicher auch hilfreich, wenn Kinder und Jugendliche achtsames Gewahrsein oder emotionale Intelligenz in einem separaten Kurs erlernen, aber noch viel wirkungsvoller ist es zum Beispiel, wenn sie ihre Achtsamkeits-Skills bei einem ihrer Lehrer oder Lehrerinnen erlernen und dann ihr Sportlehrer ein paar Tage später beispielsweise sagt:

> *Ich habe gehört, dass ihr in euren Achtsamkeitskursen etwas über mentale Fokussierung gelernt habt. Das ist wirklich hilfreich. Heutzutage trainieren viele Sportler ihre mentale Fitness. Schauen wir also einmal, ob wir einige eurer Fähigkeiten im Hinblick auf Konzentration und Körperbewusstsein heute morgen bei unseren Aufwärmübungen anwenden können. Und dann schauen wir, wie es nach unserem Fußballspielen mit eurer emotionalen Regulation aussieht.*

Hier schafft der Sportlehrer Gelegenheiten für die Schüler*innen, ihre kürzlich erworbenen Fähigkeiten in der »echten Welt« zu erforschen und anzuwenden. Dasselbe könnte natürlich auch in einem Theaterkurs, einem Rhetorik- oder Debattier-Kurs stattfinden – oder in jedem Bereich, in dem irgendeine Form individueller oder Team-Präsentation oder »Performance« gefordert wird. Sie können Ihren Schüler*innen helfen, eine Verbindung herzustellen zwischen dem Erlernen von Achtsamkeits-Skills, ihrer Anwendung in einem Bereich und der Übertragung dieser Skills auf einen beliebigen anderen Leistungsbereich – sogar auf Prüfungssituationen!

Was könnten also »Aufwärmübungen mit Achtsamkeit« im Sport bedeuten?

Aufwärm-Fragen

Sich mit dem Körper zu verbinden ist eine grundlegende Übung beim Achtsamkeitstraining; Aufwärmübungen beim Sport bieten Schüler*innen also eine großartige Gelegenheit, ihre Achtsamkeits-Skills anzuwenden. Anstatt die Bewegungen im Autopilot-Modus durchzuführen, können sie versuchen, beim Aufwärmen im gegenwärtigen Moment zu sein und ihre Empfindungen wahrzunehmen. Neugier ist hier eine hilfreiche Qualität:

Wie fühlt sich die Dehnung in deiner Wade (beim Nackenkreisen, bei der Trizepsdehnung etc.) jetzt an?

Stechend? Geschmeidig? Reißend? Angenehm? Unangenehm?

Spürt alle Veränderungen, während ihr die Muskeln anspannt und entspannt …

… Nehmt jetzt wahr, wie sich der ganze Körper anfühlt …

Den emotionalen Puls fühlen

Das kann man jederzeit während der Sportstunde machen, ist aber vielleicht noch besser für eine Reflexion nach einem Spiel geeignet. Sie könnten das Match/Spiel auch nach der halben Zeit für einen kurzen »Puls-Check« unterbrechen.

Wie fühle ich mich im Moment? Wie weiß ich, dass ich mich so fühle?

*Bin ich frustriert über mich selbst oder meine Team-Spieler*innen? Habe ich Spaß?*

Benennt das Gefühl so präzise wie möglich.

Schaut, ob ihr das irgendwo im Körper spürt. Atmet mit dem, was ihr spürt, was es auch ist, und erlaubt den Empfindungen, einfach da zu sein.

Die Absicht ist hier, jungen Menschen zu helfen, sich daran zu gewöhnen, immer wieder einmal in sich hineinzuhorchen, wahrzunehmen und anzuerkennen, was gerade für sie passiert. Das kann besonders nützlich sein, wenn sich die Stimmung während des Spiels allmählich aufheizt.

Kapitel 3 enthält weitere Vorschläge, wie man sportliche Aktivitäten zur Einführung von Achtsamkeit nutzen kann. Im Folgenden gehen wir ausführlicher auf diesen Bereich ein, sodass Sie hier genügend Beispiele finden. Zunächst werfen wir einen Blick auf den Individualsport (in diesem Fall Tennis), weil hier die Verbindung zwischen physischem Erfolg und mentaler Fitness besonders deutlich wird. Danach werden wir den Mannschaftssport betrachten, wobei wir Basketball als Beispiel gewählt haben. Und zu guter Letzt präsentieren wir in diesem Kapitel eine ausführliche Fallstudie über den Ansatz einer Schultrainerin, die bei ihren Trainings Achtsamkeit einsetzt. Wir möchten hier aufzeigen, wie praktisch diese Achtsamkeits-Skills in jedem Leistungsbereich sein können. Falls Sie Sport unterrichten, möchten wir Ihnen hiermit ein Grundgerüst für den Einstieg geben, das Sie weiterentwickeln und bei Ihrer Arbeit mit Ihren Schüler*innen verwenden können.

Nervosität

Wir können unseren Körper trainieren, um im Sport erfolgreich zu sein oder ein Musikinstrument zu beherrschen; wir können unseren Geist trainieren, um intelligent debattieren oder vor Publikum sprechen zu können oder auf der Bühne zu stehen. Aber selbst wenn wir über all diese Fähigkeiten verfügen, können wir dennoch manchmal versagen aufgrund unserer Nervosität, weil wir uns nicht konzentrieren können oder weil selbstkritische Gedanken unser Selbstvertrauen untergraben.

Wenn Sie Schüler*innen mit diesem Bereich vertraut machen, sollten Sie ihnen als Erstes den kurzen Videoclip von Jordan Speith in der letzten Runde eines US-Masters-Golf-Turniers zeigen. Er fällt innerhalb weniger Augenblicke von einem souveränen Vorsprung auf eine hintere Position zurück. Rückblickend erkennt er, dass er eine wesentliche Sache vergessen hatte: nämlich innezuhalten und inmitten seines »Ausrasters« tief durchzuatmen: www.youtube.com/watch?v=PPLsVVEWXhY

- Danach können Sie gemeinsam untersuchen, warum heutzutage viele im Sport, Training und in der Sportpsychologie das nutzen, was Ihre

Schüler*innen im Achtsamkeitkeitstraining absolviert haben, indem sie *das Wissen darüber umsetzen, wie unser Körper, unser Geist und unsere Gefühlswelt funktionieren, und wie sie uns manchmal beim Sport ins Straucheln bringen können.*

Individualsport

Kevin: Mind Coach

Im Juni 2015 stand die führende britische Tennisspielerin Johanna Konta auf Platz 147 der Weltrangliste. Viele (und Konta selbst) schreiben ihren Erfolg zum großen Teil der Tatsache zu, dass sie mithilfe ihres »Mind Coachs« Juan Coto ihre Ängste auf dem Tennisplatz überwinden konnte und 2016 zu einer Top-Ten-Profispielerin wurde. 2016 hielten Coto und ich Workshops auf einer Konferenz über Achtsamkeit im Bildungswesen in London. Ich war gespannt auf seine Arbeit und nahm an seinem Workshop über Achtsamkeit im Sport teil, in welchem er seinen Ansatz erläuterte, mit jungen Sportlern und Profis zu arbeiten. Bevor er später im selben Jahr überraschend starb, half er mir großzügig, einen Achtsamkeitstrainingskurs für Sportlehrer*innen vorzubereiten. Sein Ansatz kam bei vielen Lehrkräften und Trainern sehr gut an, und obwohl Juan seine Arbeit nie veröffentlicht hatte, teilte er mit mir einige seiner Materialien und Ideen, die wir hier mit freundlicher Genehmigung seiner Frau, Julia Coto, in Auszügen wiedergeben.

Mentale Stärke

Juan Coto kombinierte Achtsamkeitstraining mit Visualisierungstechniken und Positiver Psychologie, um jene Qualität zu trainieren, die im Sport als »Mentale Stärke« bekannt ist und die er folgendermaßen definierte: »Die Fähigkeit, mit seinen Gedanken, Emotionen und seiner Energie zu arbeiten, um Zustände zu erreichen und aufrechtzuerhalten, die in einem herausfordernden Umfeld Spitzenleistungen ermöglichen.«

Coto bezog sich auf das Leistungskonzept von Tim Gallwey, Autor des bahnbrechenden Sportpsychologie-Buchs *Tennis. Das innere Spiel: Durch entspannte Konzentration zur Bestleistung* (Goldmann 2012), in dem Leistung auf die Formel gebracht wird:

P= P – I
Performance = Potential – Interference
(Leistung = Potenzial – Störung)

Coto sah die Aufgabe eines Trainers darin, Sportler*innen zu helfen, Störfaktoren zu reduzieren. Bei Johanna Konta und den vielversprechenden jungen Sportler*innen, die er trainierte, bestand sein Ansatz darin, Wege zu finden, sich mental auch in äußerst herausfordernden Situationen zu entspannen. Er wendete diesen Ansatz nicht nur im Sport an, sondern auch in seinem »Tagesgeschäft«: dem Coaching von Führungskräften verschiedener Unternehmen.

Cotos Trainingsansatz

Philosophie:
Fokussiere dich auf den Prozess, nicht das Resultat

- Fokussiere dich auf Dinge, die du kontrollieren kannst. Nimm den Druck raus, indem du Dinge loslässt, die du nicht kontrollieren kannst.
- Richte deine Aufmerksamkeit eher auf »Aufwand und Einstellung« anstatt auf »Ranking und Gewinnen«.

Wichtigste Tools:
Achtsames Gewahrsein + Atem + Visualisierung

- Entwickle ein Gespür und Verständnis für mentale Störfaktoren. Ersetze negative Gedanken durch positive Trigger-Worte.
- Nutze Atemtechniken und Körperbewusstsein, um Körper und Geist zu entspannen.

- Visualisiere eine Spielstrategie mit Intentionen und positiven Ergebnissen.
- *Trainingsprinzip:* Wechsel zwischen mentaler Anspannung und Entspannung (wie beim physischen Muskelaufbau)

Das Rad der Emotionen

Koto erklärte jungen Sportler*innen, wie wichtig es ist, dem Achtsamkeitstraining Aufmerksamkeit und Zeit zu widmen. Er fragte sie, wie hoch sie die Bedeutung des mentalen Aspekts beim Spiel einschätzten. Die meisten schätzten ihn auf 70 % oder mehr. Dann fragte er sie, wie viel Zeit sie für das mentale Training aufwendeten. Da bestand dann immer ein offensichtliches Defizit. Coto machte ihnen klar, dass es nicht genügt, etwas über Achtsamkeit zu wissen: man muss sie praktizieren. Er sagt: In einer herausfordernden Situation beginnt der untrainierte Geist an die Zukunft zu denken: *Ich muss gewinnen. Ich will keinen Fehler machen. Was, wenn ich verliere? Was wird mein Trainer sagen*? Wenn du an die Zukunft denkst, wirst du ängstlich und der Organismus löst die Kampf-oder-Flucht-Reaktion aus. Du verspannst dich, deine Herzfrequenz steigt und du machst Fehler. Dann bleibt der untrainierte Geist an diesen Fehlern hängen und erzeugt Gefühle wie Wut und Frustration: Das Rad der Emotionen kommt in Gang.

Coto nutzte Achtsamkeitstraining, damit die Spieler*innen in der Lage sind, zu erkennen, wie mentale Prozesse Spitzenleistungen im Wege stehen können, und zu verstehen, warum es notwendig ist, regelmäßig zu üben, damit umzugehen.

Dieses Schaubild aus der kognitiven Verhaltenstherapie kann die Wechselwirkungen zwischen unseren Gedanken, Gefühlen, Handlungen/Impulsen und unserem Verhalten veranschaulichen.

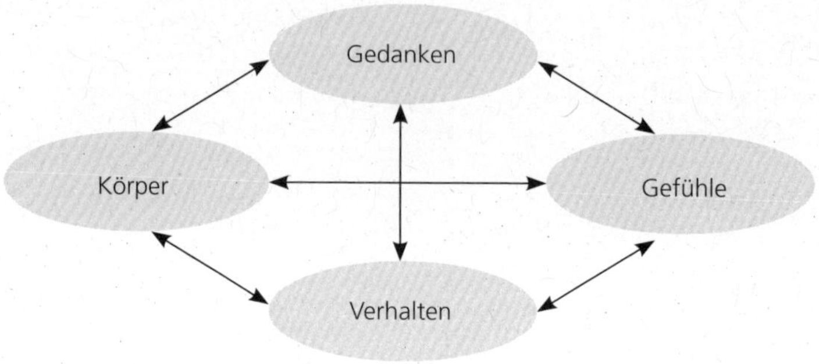

Abbildung 8: Ein kognitives Verhaltensmodell

Quelle: Adaptiert von Faktoren aus dem Kognitiv-Behavioralen-Therapie-Modell (Abb. 3), Beck, A.T. (1976) *Cognitive Therapy and the Emotional Disorders,* International Universities Press, Abbildung mit freundlicher Genehmigung.

Coto nutzte ein ähnliches Diagramm um das »Rad der Emotionen« am Beispiel einer Tennis-Situation zu veranschaulichen: Zu Beginn eines Spiels ist ein Spieler vielleicht nervös, was zu physischer Anspannung führen kann, die einen Einfluss auf sein Verhalten hat. Auch wenn bei einem Aufschlag Gedanken darüber auftauchen, was passieren könnte oder was in ähnlichen Situationen in der Vergangenheit passiert ist, kann das die Gefühlslage beeinflussen, indem der Spieler sich wütend/traurig/frustriert fühlt, was wiederum physische Zustände auslösen kann, durch die er fahrig/schwerfällig/langsam wird, was wiederum einen Einfluss auf sein Verhalten hat (Performance).

Falls Sie Sport unterrichten oder Trainings anleiten und eigene Erfahrungen mit einer Achtsamkeitspraxis haben, könnten Sie versuchen, Cotos Ansatz anzupassen und in einer Sportstunde auszuprobieren. Er zeigt uns, wie wir dem Rad der Emotionen entkommen können, indem wir durch achtsames Gewahrsein ins »Hier und Jetzt« kommen.

Komm ins Hier und Jetzt!

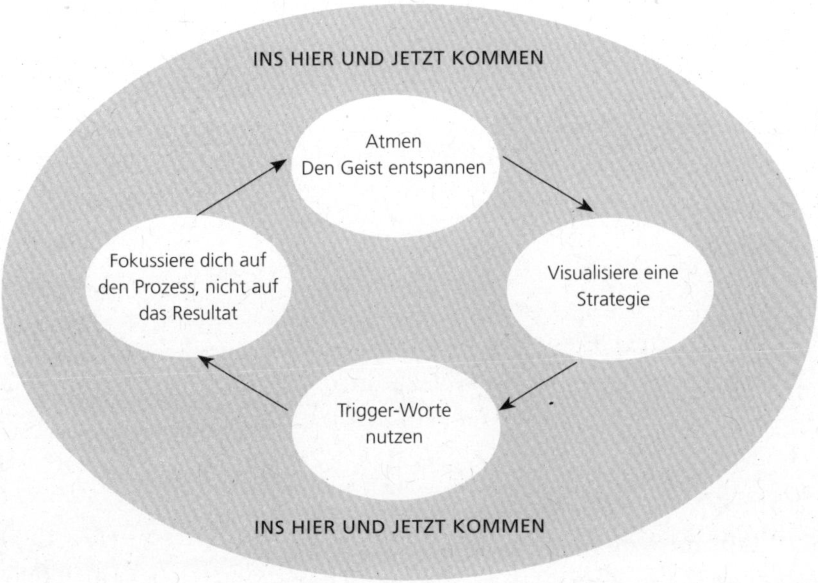

Abbildung 9: Komm ins Hier und Jetzt!
Quelle: © Juan Coto. Nachdruck mit freundlicher Genehmigung

- Atmen, Körper und Geist entspannen:

  Atme dreimal tief in den Bauch
  »Scanne« die Umgebung. Sei deiner Umgebung gewahr. Fokussiere dich auf die Beschaffenheit des Tennisplatzes oder die Farbe des Himmels.
  Progressive Muskelentspannung. Scanne den Körper und spanne und entspanne einige Hauptmuskelgruppen.

- Eine Strategie visualisieren:

  Ruf dir deine taktische Strategie ins Gedächtnis.
  Verweile nicht bei der Vergangenheit. Sogar Novak Djokovic macht Fehler. Hacke nicht auf dir herum, wenn du einen Fehler machst.

- Trigger-Worte

  Sei positiv. Sag dir, dass es okay ist.

  Benutze Trigger-Worte: *Kämpfe weiter. Dieser Punkt spielt keine Rolle. Ich schaffe es.*

- Fokussiere dich wieder auf den Prozess, nicht auf das Resultat

  Denk nicht über das Ergebnis nach. Konzentriere dich auf das, was du kontrollieren kannst, beispielsweise deinen ersten Aufschlag oder die Rückhand deines Gegners.

Nach Juan Coto

Fokussiert man sich auf das Ergebnis, den Sieg, so Coto, fokussiert man sich auf etwas, das man nicht kontrollieren kann, was zu innerer Anspannung führt. Er bezog sich auf Carol Dwecks und John Woodens Definition von Erfolg (Dweck: *Selbstbild: Wie unser Denken Erfolge und Niederlagen bewirkt,* Piper, 2017):

Erfolg ist die innere Ruhe, die unmittelbar dem Wissens entspringt, dass man sein Bestes gibt, um zum Besten zu werden, zu dem man fähig ist. (Wooden, 1997)

Indem man sich auf den Prozess fokussiert, so Coto, öffnet man sich für sein volles Potenzial. »Es geht nicht ums Gewinnen. Es geht vor allem um Wachstum«. (Hawkins, 2016) Konta ist nicht die einzige Top-Tennisspielerin, die Unterstützung durch Achtsamkeit erfahren hat. Auch Novak Djokovic hat beschrieben, wie Achtsamkeit ihm auf dem Tennisplatz half, insbesondere beim Umgang mit negativen Gedanken, wenn er Fehler gemacht hatte –, indem er achtsames Gewahrsein nutzte, um in den gegenwärtigen Moment zu kommen, loszulassen und sich neu zu fokussieren.

Der »Dankbarkeits-Schalter«

Coto half Spieler*innen, positive Gefühle wie Dankbarkeit zu nutzen, um mit Gefühlsschwankungen während eines Spiels fertigzuwerden. »Wenn ein Spieler oder eine Spielerin Dankbarkeit empfindet, hat er oder sie ein positives Gefühl zu dem, was passiert, anstatt es als Bedrohung wahrzunehmen!« (Hawkins, 2016) Diese Denkweise kann das Rad der Emotionen so drehen, dass es einem zum Vorteil gereicht, während man kreativ mit der eigenen Physiologie arbeitet, um vom engen Denken und der Angespanntheit der Kampf-oder-Flucht-Reaktion in einen offeneren, expansiveren Raum des Gewahrseins zu wechseln. Sie können Ihre Schüler*innen tatsächlich darin trainieren, Dankbarkeit zu nutzen – fast wie einen Schalter, der sie aus einer mentalen Krise herausholen kann, wenn sie im entscheidenden Moment das zerstörerische Wesen gewohnheitsmäßiger negativer Gedankenmuster erkennen. Sie könnten beispielsweise sagen:

> *Falls ihr heute während des Spiels bemerkt, dass ihr auf euch herumhackt oder frustriert seid, könntet ihr versuchen, auf Dankbarkeit umzuschalten, um einfach den Moment und die Chance wertzuschätzen. »Okay, ich sehe, dass ich gerade auf mir herumhacke und dass das nicht hilfreich ist. Wofür kann ich in diesem Moment dankbar sein? (Die Sonne scheint, ich spiele mit meinen Team-Kollegen zusammen, ich habe einen gesunden Körper; ich sitze jetzt nicht in einer Prüfung etc.) Was für ein Glück! Ich will das genießen, bevor das Spiel endet.«*

Die Schüler*innen können sich das auch in Situationen außerhalb des Sports zunutze machen. Tatsächlich können all diese Lektionen, die im Sport gelernt wurden, auf viele andere Lebensbereiche übertragen werden. Johanna Konta bestätigte, dass Cotos Ansatz sie auch jenseits des Tennis-Platzes stark beeinflusst und ihr Kompetenzen und Gewohnheiten vermittelt hat, die sich weiterhin auf ihren Alltag auswirken.

Prüfungen absolvieren – Versagensängste

Wenn der Geist dem Rhythmus der Atmung angepasst wird, wird er normalerweise ruhig. Ob auf dem Tennisplatz oder jenseits davon, ich kenne keine bessere Art, mit Angst und Anspannung umzugehen, als den Geist mit dem Atem in Einklang zu bringen. (Gallwey, 1997)

Auf unseren Schüler*innen lastet großer Druck, in Prüfungen gute Leistungen zu erbringen. Logischerweise können dieser Stress und die damit einhergehende Anspannung ihren Erfolg schmälern. Ähnlich wie beim Sport, können sich Schüler*innen der herausfordernden Situation einer Prüfung, bei der es um »alles oder nichts« geht, im Rad der Emotionen verlieren, indem sie sich Sorgen über das Ergebnis machen. »Ich muss eine gute Note bekommen«, »Ich will keinen Fehler machen«, »Was, wenn ich durchfalle?«, »Was werden meine Eltern sagen?«

Wenn wir gestresst sind, wird die Amygdala aktiviert, was wiederum die Flucht-oder-Kampf-Reaktion auslöst oder uns erstarren lässt. Viele Schüler*innen haben das Gefühl, aufgrund dieser inneren Erstarrung Antworten nicht abrufen zu können, und nicht, weil sie sich nicht vorbereitet haben. Ihre Amygdala sitzt auf dem Fahrersitz, während der präfrontale Cortex (das denkende Gehirn) ein passiver Passagier ist. Dann machen sie Fehler, weil sie versuchen, die jeweilige Frage schnell zu beantworten, »bevor ich alles vergesse«, und manche verstehen die Frage aufgrund dieser Panik vielleicht sogar falsch.

Wenn Schüler*innen in achtsamem Gewahrsein geschult wurden, können sie ihre Tools einsetzen, um in diesen stressigen Momenten wieder »herunterzukommen«. Manche Schulen sind inzwischen dazu übergegangen, ein paar Minuten vor Beginn einer Prüfung Momente der Achtsamkeit oder kurze Atemübungen anzubieten, um ihren Schüler*innen zu helfen, sich zu entspannen und zu fokussieren. Das ist natürlich nur effektiv, wenn die Schüler*innen zuvor ein Achtsamkeitstraining erhalten haben – es könnte sehr abschreckend auf Schüler*innen wirken, wenn ihr erster Kontakt mit achtsamem Gewahrsein während ihres Prüfungsblocks stattfände!

Mannschaftssport

Viele Profis im Mannschaftssport sind auch in Sportpsychologie geschult, die manchmal eine Kombination aus Achtsamkeit, Visualisierung und Positiver Psychologie beinhaltet. Im Mannschaftssport kann dennoch auf einzelnen Spieler*innen ein enormer Druck lasten. Es gibt dabei viele individuelle Momente, die dieselbe Art von mentaler Beruhigung und Fokussierung erfordern wie im Individualsport. Hinzu kommt hier der zusätzliche Faktor der zwischenmenschlichen Beziehungen.

Für Schüler*innen ist es oft einfacher, sich anfangs zunächst auf solche »individuellen Momente« vorzubereiten, bevor sie sich den Beziehungsaspekten des Mannschaftssports zuwenden. Beispielsweise einen Moment, in dem ein Einzelner hervortritt und einen Elfmeter für die ganze Mannschaft ausführt. Oder beim Basketball jener freie Moment des Werfens, in dem sich ein Spieler von der Mannschaft lösen und den Wurf ganz allein ausführen muss – kritisch beäugt von Teamkollegen, Gegnern und Zuschauern. Ein echter Leistungstest!

Kevin: Magic Hawkins?

In einem meiner Achtsamkeitskurse in der Mittelschule hatte ich einige Schüler, die im Basketballteam der Schule spielten, und so benutzte ich den Sport als »Aufhänger« für das Achtsamkeitstraining. Nachdem ich ihnen die Idee »verkauft« hatte, drängten sie mich immer wieder, mit ihnen während einer Lektion hinaus auf den Basketball-Platz zu gehen, damit sie ihre Skills dort ausprobieren könnten. Mit Fußball bin ich als Spieler und Schultrainer ziemlich vertraut, aber ich hatte keine Ahnung von Basketball, also war ich zunächst etwas zögerlich. Sie hörten aber nicht auf zu drängen, und so gingen wir alle eines Tages trotz eines leichten Nieselregens mit Basketbällen auf den Platz und begannen mit ein paar Aufwärmübungen, bei denen wir die Atmung mit der Ballweitergabe verknüpften. Der Test bestand dann darin, zu sehen, ob sie die Atemtechniken, die wir im Unterricht gelernt hatten, in einer freien Wurfsituation anwenden konnten.

Zuerst ließ ich ohne besondere Vorbereitung jeden eine Runde laufen und dann versammelten wir uns alle bei der Freiwurf-Linie, um den Werfer noch ein bisschen mehr unter Druck zu setzen, der eine simple Atemtechnik mit verlängertem Ausatmen anwendete, während er sich vorbereitete. Beim eigentlichen Freiwurf mussten sie dann versuchen, das Ende des Ausatmens mit dem Loslassen des Balles zu synchronisieren. Zu meiner Überraschung trafen 12 von 13 mit dieser Technik den Korb beim ersten Versuch. Bei dieser Beobachtung war mir fast ein bisschen unheimlich und ein Schüler nach dem anderen wurde sehr aufgeregt. Von da an hatten sie angebissen und wenn ich in der Mittagspause Aufsicht auf dem Spielfeld hatte, kamen oft ein paar andere Schüler vorbei und baten mich, ihnen die magische Freiwurf-Technik zu zeigen, von der sie gehört hatten!

Beim Basketball geht es um mehr als um Basketball

Schauen wir uns nun Menschen an, die *wirklich* etwas von Basketball verstehen, und davon, wie man das Achtsamkeitstraining und emotionale Intelligenz bei diesem Spiel nutzt. Sie können diese Beispiele verwenden oder eigene finden, um Schüler*innen zu helfen, einen Zusammenhang zwischen Achtsamkeits-Skills und den von ihnen bewunderten Sportlern und Sportlerinnen herzustellen.

Phil Jackson ist einer der erfolgreichsten NBA-Basketballtrainer aller Zeiten mit einer Bilanz von 11 gewonnenen Meisterschaften. Er war einer der ersten, der Meditation für den Sport adaptierte und in seiner eigenen Karriere als Spieler und später als Trainer der Chicago Bulls und LA Lakers mit der Kombination von Achtsamkeit und spirituellen Praktiken der amerikanischen Ureinwohner experimentierte. In den 1990-er Jahren heuerte Jackson George Mumford, einen Ex-Basketballspieler, Ex-Heroinsüchigen und professionellen Achtsamkeitslehrer an, um seine Teams zu trainieren. Mumford lehrte Jacksons Spielern einen einfachen Ansatz: nämlich, wie man die Aufmerksamkeit im Atem verankert und das Abschweifen der Gedanken wahrnimmt. Viele von Jacksons Spielern sprachen sehr positiv auf das Training an und verstanden die ganz praktischen Vorteile der Fähigkeit, während eines Spiels aus dem Gedankenkarussell auszusteigen. Der verstorbene Kobe Bryant, einer der besten NBA-Spieler, nutzte Mumfords Training »nach Art der Achtsamkeit« mit großem Erfolg, denn es half ihm, während der Spiele voll präsent zu sein. B.J. Armstrong fand, dass Achtsamkeit ihm ermöglichte, in temporeichen Spielen »mit dem Fluss zu gehen«, ohne sich in Gedanken zu verlieren.

Emotionale Regulation und Teamarbeit

Man mag Achtsamkeit als individuelles Bemühen betrachten, aber wenn man sie gemeinsam einsetzt, stärkt das die Gemeinschaft. Wie Koto kombinierte Jackson Achtsamkeitstraining mit Visualisierung und brachte auch seine tiefen Erkenntnisse über Teamarbeit ein. Jackson hatte beobachtet, dass der Zusammenhalt unter seinen Spielern wuchs, als sie begannen, gemeinsam still zu meditieren.

Der vielleicht stärkste Einfluss von Jacksons Führung und Mumfords Training zeigte sich in der Fähigkeit der Mannschaft, zusammenzuarbeiten und zu lernen, ihre emotionale Reaktivität zu regulieren. Sie hatten, angesichts von Hindernissen in aufgeladenen Situationen auf ihrem Weg zum NBA-Champion viele Gelegenheiten, Selbstberuhigung zu praktizieren!

Jackson verstand, dass »mentale Stärke« nicht dasselbe ist, wie aus einer Haltung von Hass oder Gewalt zu agieren. Er lehrte seine Mannschaften den Unterschied zwischen einem Reagieren mit negativer Aggressivität und dem Einsatz von Aggression ohne Wut. Das wurde besonders sichtbar bei entscheidenden Spielen der Chicago Bulls gegen alte Rivalen wie den Detroit Pistols, nachdem sie gelernt hatten, ihre Gegner einfach dadurch zu entwaffnen, dass sie nicht zurückschlugen, wenn sie provoziert wurden. Zu verstehen, dass Wut meistens noch mehr Wut hervorbringt, ist eine wertvolle Lebenslektion für uns alle.

Kevin & Amy: Emotionale Regulation – vom Sport fürs Leben lernen

In der High-School war ich Sportlerin und spielte das ganze Jahr über in Mannschaften. Ich wurde in fast allen meinen Basketballspielen wegen Foulspiel vom Platz geschickt, weil ich meine Wut nicht im Griff hatte. Selbst beim Training konnte ich sehr aggressiv werden. Als ich während eines Trainings wieder einmal überreagiert hatte, befahl mir mein Trainer, mich in die Ecke zu stellen. Das ging – wie Sie sich vorstellen können – nicht gut aus und ich stürmte aus der Halle. Ich kann mich nicht daran erinnern, dass ich dieses Problem je löste. Für den Trainer war es eine verpasste Gelegenheit, mir etwas über emotionale Regulation beizubringen. Ich wusste, dass ich mich nicht so verhalten wollte, aber ich hatte keine Ahnung, wie ich meine Gefühlsschwankungen hätte kontrollieren können. Als ich Quarterback und Kapitänin des Mädchen-Football-Teams war, führten meine heftigen Reaktionen und meine Erwartungen an die Perfektion meiner Mitspielerinnen zu einer angespannten Atmosphäre. Ich wünschte, ich hätte gelernt, meine Gefühle in den Griff zu bekommen, denn dann hätte ich eine bessere Team-Kameradin und Spielführerin sein können.

Amy

Ich beobachtete, wie einige Schüler ihr Achtsamkeitstraining auf eine sehr praktische Art im Sport nutzten. Ein Mittelstufenschüler, der in Prag einen Kurs bei mir absolviert hatte, erzählte mir, dass er bei einer tschechischen Mannschaft Fußball spielte, und dass er vorhatte, die erlernten Achtsamkeits-Skills anzuwenden. Er wollte so versuchen, seine Wut in den Griff zu kriegen, die oft während der Spiele aufflammte. Er erzählte niemandem, was er machte, aber am Ende der Spielsaison sagte sein Trainer zu ihm: »Das ist die beste Saison, die du bei uns gespielt hast, gut gemacht!«

Kevin

Verkörperung

Phil Jackson ist für uns ein beeindruckendes Beispiel, und zwar nicht nur, weil er ein erfolgreicher Trainer war, sondern auch, weil er die Werte, an die er glaubte, wirklich verkörperte und in sich weiterentwickelte. Seine Bemühungen, manche seiner Erkenntnisse an seine Spieler weiterzugeben, hätten nicht dieselbe Wirkung gehabt, hätten sie sich nicht in seinem Verhalten und seinem Charakter widergespiegelt. Aus seinen eigenen Berichten und dem, wie andere ihn wahrnahmen, können wir erkennen, dass Jackson einen Führungsstil entwickelt hatte, der sein Engagement im Hinblick auf Mitgefühl, Werte und Respekt für alle verkörperte. Diese Betonung auf Selbstrespekt und Respekt für die Menschen in seiner Umgebung sowie seine Art, Freundlichkeit, Interesse und die Fähigkeit zum Zuhören vorzuleben, trugen dazu bei, dass er Mannschaften in einem Umfeld schmieden konnte, in welchem oft starke Egos aufeinanderprallen und um die Führungsrolle kämpfen. Jackson hatte gelernt, auf sein »inneres Wissen« zu vertrauen, und das half ihm, im gegenwärtigen Moment Entscheidungen zu treffen und Probleme zu lösen. Indem wir unsere persönliche Praxis entwickeln und anfangen, achtsamer zu unterrichten, können wir auch eine stärkere »Verkörperung« in unsere Arbeit und unsere Klassenzimmer hineinbringen.

Wenn wir diese Beispiele aus dem Sport und anderen Leistungsbereichen anführen, um uns selbst und unseren Schüler*innen zu helfen, das volle Potenzial des achtsamen Gewahrseins und der emotionalen Intelligenz zu verstehen, also zu verstehen, wie tiefgreifend es unsere Arbeit, unser Lernen und unser Leben beeinflussen kann, können wir klarer erkennen, wie wichtig es ist, an der Praxis »dran zu bleiben«, damit diese tieferen Qualitäten zu einem Teil unseres sich entfaltenden Charakters werden. Sport ist ein eindrückliches Beispiel und eine Metapher für die breitere Anwendung dieser Qualitäten. Deshalb wollen wir das noch ein wenig genauer beleuchten, indem wir uns eine Fallstudie im Detail anschauen. Es geht um eine Lehrerin mit einem »Achtsamkeitshintergrund«, die in der Lage war, ihr Training, ihre Erfahrung und Praxis zu nutzen, um in ihrer Mannschaft achtsames Gewahrsein und emotionale Intelligenz zu fördern.

FALLSTUDIE: MENTALE STÄRKE IM SCHULSPORT UND ANDEREN LEISTUNGSSITUATIONEN

Von Lina Paumgarten

Im Laufe meiner Tätigkeit als Trainerin habe ich mit Hunderten von jungen Sportler*innen im Schulsport gearbeitet und eine Methode entwickelt, sie in »mentaler Stärke« zu trainieren, die viele nicht nur als hilfreiche Unterstützung ihrer Leistungen auf dem Sportplatz erlebten, sondern auch in ihrem Alltag. Die Grundlage bilden achtsames Gewahrsein und SEL. Den Begriff »Achtsamkeit« verwende ich allerdings selten, weil ich finde, dass Kinder und Jugendliche allgemein mehr mit der Vorstellung anfangen können, »mentale Stärke« zu entwickeln. Meine persönliche Entwicklung dieser Achtsamkeits-Skills hat meine Art, die Schüler*innen zu trainieren, geprägt.

Mein Trainingsansatz ist eher strategisch als taktisch. Das bedeutet, dass ich eher das Gesamtbild im Blick habe, anstatt anzustreben, um jeden Preis zu gewinnen. Natürlich kämpfe ich trotzdem definitiv für einen Sieg, aber ich fokussiere mich eher auf den Prozess als das Ergebnis und wende Strategien an, die hoffentlich allen Teammitgliedern helfen, mit den Herausforderungen fertigzuwerden, die mit dem Training und der Spielsituation einhergehen. Manchmal sehe ich, wie Schüler*innen bei einem Wettkampf in einem knappen Spiel »dichtmachen«, weil sie Angst bekommen, zu verlieren. Sie denken vielleicht *Was, wenn ich derjenige bin, der den entscheidenden letzten Fehler macht?* Ihre Gedanken galoppieren in die Zukunft, also üben wir, auch unter großem Druck geerdet zu bleiben. Ich bringe sie beispielsweise manchmal absichtlich in unangenehme Situationen. Es kann sein, dass ich für meine Volleyball-Mannschaft absichtlich den

Außenbereich buche, wo es kalt und windig ist und sie nicht gut über den Boden gleiten können. Wenn ein Team in einem Testspiel 20:15 gewinnt, drehe ich die Punkte manchmal um und sage ihnen *Okay, Jungs, ihr habt jetzt 15 Punkte und die anderen haben 20.* Natürlich sagen sie dann *Das ist unfair!* und werden ärgerlich. Ich sage ihnen dann, dass sie sich darauf einstellen müssen. *Im Turnier gibt es kein »Aber wieso« ...? versucht also, wahrzunehmen, was in eurem Körper und Geist vor sich geht. Ihr müsst in der Lage sein, es zu akzeptieren und wieder in den gegenwärtigen Moment zu kommen.*

Dann reflektieren wir darüber und sie beschweren sich »*Warum hast du das gemacht? Das hat wirklich meine Knöpfe gedrückt*«. Ich erkläre ihnen, dass das eine Vorbereitung auf Situationen ist, in denen es schlecht läuft. Beispielsweise, wenn sich eine Schiedsrichter-Entscheidung gegen sie richtet und sie nicht damit einverstanden sind. Sie müssen also wissen, wie sich das anfühlt und wie sie reagieren müssen. Auf diese unterschiedlichen Arten versuche ich ihnen zu helfen, sich mit Unbehagen zu arrangieren. Es folgt ein grober Überblick über mein Programm »Mentale Stärke« am Beispiel eines Mädchen-Volleyball-Teams. Mehr Informationen zu diesem Programm finden Sie auf www.mindwell-education.com/lina-paumgarten

Teil 1: Ein Fundament legen

Die Verbindung von Geist, Körper und Herz

Ziele:

- Selbstgewahrsein als Sportler*in und Mensch üben sowie die Wahrnehmung der anderen, einschließlich Mannschaftskollegen, Trainern, Gegnern etc.
- Die Teambildung mit einem tieferen Sinn und den Werten verbinden, die wir als Individuen, Trainer*innen und Sportler*innen haben.

Alles an diesem Programm läuft darauf hinaus, Verbindungen zu schaffen. Eine Verbindung zu uns selbst, unseren Mannschaftskolleg*innen, unseren Trainer*innen, unserer Performance. Zu Beginn jeder Saison ist es wichtig, ein Fundament für das Gewahrsein von Geist, Körper und Herz zu legen, auf dem alle anderen Trainingsstrategien und Leistungsaspekte aufbauen. Die Schlüsselelemente des Programms sind:

- Atemarbeit
- Konzentration und Aufmerksamkeit
- Selbstreflexion
- Einstellung zur Leistung/Leistungsbereitschaft

Atemarbeit

Ziele:

- Verstehen, wie man den Atem einsetzen kann, um sich mit dem Körper und Geist zu verbinden, sich zu beruhigen oder zu energetisieren.

Wir können unsere Art zu atmen nutzen, um unseren mentalen Zustand zu unterstützen, der wiederum unseren Körper beeinflusst. Wenn wir beispielsweise unsere Ausatmung ausdehnen, bringen wir damit unser Zentralnervensystem wieder ins Gleichgewicht und induzieren einen entspannteren Zustand. Der Atem verlangsamt sich, der Geist beruhigt sich und der Körper öffnet sich und lässt los. In einer Leistungssituation bedeutet das, dass wir präsenter sein können, ohne dass unsere Gedanken alle »Was wäre, wenn-Situationen« herunterrattern oder unser Körper sich vor Angst verkrampft. Unser Atem ist also wie ein Barometer, das uns zeigt, wie es uns geht. Wenn wir angespannt, nervös oder ängstlich sind, stellen wir vielleicht fest, dass unser Atem abgehackt, kurz und flach wird. Wir atmen dann nur in den oberen Brustbereich hinein. Das kann ein Hinweis darauf sein, den Atem zu nutzen, um sich wieder runterzubringen (siehe oben). Wenn wir entspannt sind, stellen wir vielleicht fest, dass sich unser Atem tiefer und gleichmäßiger anfühlt. In einer Leistungssituation gibt es nicht nur eine mögliche Reaktionsweise: Manchmal ist es sehr nützlich, ganz entspannt zu sein, mit langsamer, tiefer Atmung. Manchmal kann es aber auch helfen, schneller zu atmen, wodurch mehr Sauerstoff in Gehirn, Herz und Lunge ankommt. Das Wesentliche dabei ist die Fähigkeit, den Atem wahrzunehmen und in der Lage zu sein, damit zu arbeiten, um jede Leistungssituation zu unterstützen.

»Ich nehme mir normalerweise genügend Zeit und atme, bevor ich den Platz betrete. Wenn ich nicht auf dem Platz bin, konzentriere ich mich gewöhnlich auf das Spiel und auf meine Atmung, um im Moment zu bleiben und mich nicht in Gedanken zu verlieren.«

Simone, 16 Jahre

Konzentrations- und Aufmerksamkeitstraining

Ziele:

- Im Moment ein Gewahrsein der Gedanken, Gefühle, Impulse und Empfindungen zu erreichen.
- Sich auf hilfreiche Aspekte der Leistungssituation zu fokussieren.

Aufmerksamkeit ist das zentrale Element jeder achtsamkeitsbasierten Praxis, und wir müssen lernen, wie und worauf wir in Leistungssituationen unsere Aufmerksamkeit richten. Das ist der Schlüssel zur Verbesserung unserer Fähigkeit zur Fokussierung in einer Gesamtspielsituation, einem speziellen Moment während des Spiels wie beispielsweise einem wichtigen Aufschlag oder als Haltung, die wir verkörpern wollen.

Hier ein Beispiel, wie man Sportler*innen dahin führen kann, zu erkennen, was in ihrem Kopf und Körper vor sich geht:

Rufen Sie mitten in einem Training:

- *Stopp! Bleib in deiner momentanen Position und beweg dich nicht.*
- *Richte deine Aufmerksamkeit auf deinen Körper. Nimm wahr, welche Empfindungen da sind.*
- *Schlägt dein Herz schneller oder langsamer als du dachtest?*
- *Wie ist deine Atmung mit deinem Puls verbunden?*
- *Was fühlst du in deinen Armen und Beinen? Wir wollen nicht beurteilen, was wir bemerken, sondern unseren Geist trainieren, Dinge ohne zu urteilen wahrzunehmen – neugierig und freundlich.*
- *Richte deine Aufmerksamkeit auf die Gedanken, die dir jetzt in den Kopf kommen. Schau, ob es urteilende Gedanken über dieses Training, über diese Übung, über dich selbst oder ein anderes Teammitglied sind.*

- *Beweg dich jetzt langsam in eine bequemere Position, schließe die Augen und nimm wahr, welche Gefühle da sind. Bist du aufgeregt, ärgerlich, nervös, frustriert, ehrgeizig, konkurrenzorientiert? Was ist da?*
- *Es gibt kein Richtig oder Falsch. Wichtig ist deine Fähigkeit, in deinen Körper, deinen Geist und dein Herz hineinzuspüren und wahrzunehmen, was da ist. Du kannst dein Handeln nach dem ausrichten, was du vorfindest. Willst du aus Wut, Freundlichkeit, Mitgefühl, Ungeduld heraus handeln? Welchen nächsten Handlungsschritt würdest du gerne machen?*
- *Vergiss nicht, dass unsere Emotionen, unsere körperlichen Empfindungen, unsere Gedanken und unsere Handlungen miteinander verbunden sind und sich wechselseitig beeinflussen. Mit Gewahrsein können wir dazu beitragen, uns wieder neu auszurichten, wenn uns eine Gedankenspirale in eine Richtung drängt, die weder gut noch hilfreich ist.*
- *Teile mit dem Teammitglied, das dir am nächsten steht, was du wahrgenommen hast und wie du das in einer Situation auf oder außerhalb des Platzes zu deinem Vorteil nutzen kannst.*

Selbstreflexion

Ziele:

- Zu lernen, ehrliches Feedback (Kritik) anzunehmen, das manchmal schwer anzuhören ist.
- Zu üben, diese Botschaften so zu verinnerlichen, dass daraus sinnvolle Absichten entstehen.
- Selbstgewahrsein eines Sportlers, einer Sportlerin in Bezug auf seine/ihre Wirkung auf und jenseits des Platzes und innerhalb der Mannschaft zu fördern.

Performance-Momente sind nicht so zeitgebunden und abgeschlossen, wie man denken könnte. Im Falle von Sportler*innen beginnt die Performance weit vor und endet weit nach einer Spielsituation. Der/die achtsame Sportler*in entwickelt die Fähigkeit, nach einem Spiel – individuell und im Team – zu reflektieren, um in seinem oder ihrem Spielverhalten kontinuierlich zu lernen und zu wachsen. Im Programm »Mentale Stärke« nutzen wir in verschiedenen Momenten Reflexion als Instrument, um innezuhalten und mehr Selbst- und Teamgewahrsein zu entwickeln (siehe Übungen und Aktivitäten »Nach dem Spiel« in Teil 2).

Performance-Mindset

Ziele:

- Eine Haltung des Nicht-Urteilens, der Neugier und mutigen Offenheit zu fördern.
- Sich mit Mitgefühl, Empathie und Verletzlichkeit anzufreunden, um mit dem inneren Kritiker sowie äußeren Kritikern zurechtzukommen.
- Demut und Zuversicht zu entwickeln.

Zu einem Performance Mindset gehören wichtige Qualitäten wie Empathie, Mitgefühl sowie die innere Einstellung, Verletzlichkeit als Stärke zu sehen. Auf Konkurrenz ausgerichtete Sportler*innen können dies leicht als Schwäche, Faulheit oder das Gegenteil von Resilienz verstehen. Es ist sehr einfach, den Schalter der Verletzlichkeit auszuschalten, um zu versuchen, stark zu sein. Was wir unseren Sportler*innen allerdings vorleben wollen und wo wir sie letztendlich hinführen wollen, ist die Entdeckung, stark und zugleich verletzlich und verbunden zu sein. Das erfordert Übung und Arbeit. Wir trainieren, starke und herausfordernde Gefühle, Körperempfindungen und Gedankenprozesse achtsam wahrzunehmen. Es ist wichtig, offene Gespräche über unsere eigene Verletzlichkeit zu führen, und vorzuleben, dass es in Ordnung ist, ängstlich, wütend, eifersüchtig, frustriert etc. zu sein. Als Mannschaft müssen wir uns durch diese Emotionen hindurcharbeiten (manchmal allein, manchmal gemeinsam), damit wir diese Energie dann auf unsere Leistung ausrichten können.

> »Als Mannschaftskapitänin schob ich schlechte Leistungen stets auf meine körperlichen Verletzungen. Ich schuf mir gedanklich vor dem Spiel ein Sicherheitsnetz, indem ich mir sagte ,›Du wirst dein Bestes geben, aber wenn du kein gutes Spiel machst, liegt es daran, dass du wegen deiner körperlichen Verletzung nicht viel Zeit zum Trainieren hattest.‹ Dieses Narrativ in meinem Kopf hielt mich wirklich zurück. Ich spürte einen immensen Druck, die Beste im Team sein zu müssen und verglich mich mit anderen, und deshalb brauchte ich Ausreden, für den Fall, dass ich leistungsmäßig zurückfallen würde. Aber dann erkannte ich, dass eine schlechte Leistung meiner Co-Trainerinnen nie dazu führte, dass ich sie als Trainerinnen anders wahrnahm, und so beschloss ich, diesen Gedanken

auch auf mich selbst anzuwenden. In den folgenden beiden Jahren gab ich die Ausreden auf und dachte mir einfach: ›Ich werde mein Bestes geben und bis zum Schluss kämpfen.‹ Als ich mein Sicherheitsnetz losgelassen hatte, begann ich wirklich als Spielerin zu wachsen. Ich hörte auf, mir Ausreden auszudenken, konnte besser mit Kritik umgehen und schaute zuversichtlicher in die Zukunft, was die Verbesserung meiner Leistungen betraf.«

Yixin, 19 Jahre

Teil 2: Ein strategischer Ansatz zu Spitzenleistungen

Ich gebe hier Beispiele für Trainingsansätze, die man vor, während oder nach dem Spiel anwenden kann.

Vor der Leistungssituation

Die Vorbereitung auf eine Leistungssituation beginnt am Anfang einer Saison. Rituale, Traditionen und Routinen zu etablieren ist entscheidend, will man den Sportler*innen helfen, Ruhe und Kraft für ihre Performance zu finden.

VISUALISIERUNG

Ziel:

- Durch mentale Vorbereitung Agilität und Resilienz zu entwickeln

  »Unsere Volleyball-Mannschaft hatte einen Trainer, der uns durch den mentalen Teil des Spiels hindurch coachte. Dave brachte uns bei, das Spiel zu visualisieren, bevor wir auf den Platz gingen. Wir kamen bei unseren Spielen immer extra frühzeitig an, um ein paar Minuten lang uns selbst und das Spiel zu visualisieren: Wie es gut laufen könnte, aber auch, wenn wir Fehler machen würden. Das half uns, auf unsere Fähigkeiten zu vertrauen und nicht frustriert zu sein, wenn es schlecht lief.«

  Amberly, 15 Jahre

EINE ABSICHT FASSEN

Ziel:

- Eine realistische Absicht für die eigene Leistung formulieren, die eher prozessorientiert als ergebnisorientiert ist.

Der Unterschied zwischen einem Ziel (das man erreicht) und einer Absicht (bei der es darum geht, wie man auf etwas reagieren möchte) ist entscheidend. Es geht nicht so sehr darum, *was* wir tun, sondern *wie* wir es tun. Wenn ein Sportler oder eine Sportlerin sich das Ziel setzt, zu gewinnen und dann verliert, wird er oder sie sich auf das Versagen (Ergebnis) fokussieren. Wenn er oder sie die Absicht fasst, während des gesamten Spiels jedes Mal, wenn die Aufmerksamkeit nachlässt, fokussiert zu bleiben, hat er oder sie Techniken erlernt, um sich wieder in den Moment zu bringen (Prozess). Das ist etwas, das Sportler*innen eher kontrollieren können als die Punktzahl. Es gibt ihnen die Zuversicht, mit jeder Situation umgehen zu können, sei es der Sieg oder die Niederlage.

Vor einem Spiel – auch vor einem Testspiel – könnten Sie alle Sportler*innen auffordern, einen Kreis zu bilden und die Köpfe zusammenzustecken:

Wir nehmen uns jetzt einen Moment Zeit, um eine Absicht zu fassen, bevor wir uns darauf konzentrieren, unsere Leistung zu bringen.

Verbindet euch zuerst mit eurer Mitte, eurem Atem, eurem Bauch, eurem Brustkorb.

Überlegt jetzt einen Moment, wer und wie ihr in diesem Spiel sein wollt.

Wie wollt ihr reagieren, wenn ihr einen Fehler macht?

Wie wollt ihr reagieren, wenn ihr etwas gut macht?

Wie wollt ihr reagieren, wenn ihr seht, dass ein Teammitglied Schwierigkeiten hat?

Wählt ein Wort, eine Handlung oder einen Fokus oder eine Eigenschaft, die euch heute antreiben soll.

›Ich will … sein‹ (füllt die Lücke)

Wiederholt dieses Wort oder diesen Satz immer wieder beim Ein- und Ausatmen. Das ist eure Absicht für heute.

Heute werdet ihr mit dieser Absicht als treibende Kraft reagieren, handeln, spielen, unterstützen, anfeuern und kämpfen.

Nehmt euch einen Moment Zeit, um eure Absichten miteinander zu teilen, damit ihr während des Spiels aufeinander zählen und einander unterstützen könnt.

Dieser letzte Punkt ist extrem wichtig, um sich gegenseitig in den Absichten unterstützen zu können. Anfangs ist es Ihre Aufgabe, zu korrigieren, wenn eine Absicht zu stark ergebnisorientiert ist. Im Laufe der Zeit können die Sportler*innen das auch, wenn Sie nicht anwesend sind, indem sie die Dinge in die eigenen Hände nehmen und bei ihrer Spielvorbereitung unabhängiger werden.

AUFMERKSAMKEITSTRAINING

Ziel:

- Die Aufmerksamkeit trainieren, um sich darauf vorzubereiten, ganz im Spiel aufzugehen.

Die Aufmerksamkeit zu trainieren sowie die Fähigkeit, sich zu fokussieren, ist ein wichtiger Aspekt im Hinblick auf eine Leistungssituation. Ein Beispiel, wie wir das tun können, ist im Volleyball der sogenannte »Druckaufschlag«. Die Sportlerin muss nacheinander drei perfekte Aufschläge abliefern (keinen Fehler machen): Sie kann ihr Risiko-Level und ihre Intensität wählen und sie wird dabei von allen Teammitgliedern abgelenkt, die sie in einem Abstand von 1,5 m umringen, Chaos verbreiten, lärmen, negative Dinge sagen und visuelle Störmanöver machen. Wir trainieren gleichzeitig unsere Aufschläge für ein Spiel und unsere Aufmerksamkeit und Fähigkeit zur Fokussierung in Vorbereitung für die eine Aktion, über die wir volle Kontrolle haben.

> »Ich erinnere mich daran, dass Druckaufschläge mich dazu zwangen, meinen Geist zu kontrollieren, mich ausschließlich auf meinen Aufschlag, meine Handbewegungen, meine Füße zu konzentrieren und mich auf mein Spiel zu fokussieren, anstatt auf den Lärm. Mir wurde klar, dass ich es in der Hand habe, ob ich ablenkbar bin oder nicht. Es liegt ganz an mir. Und obwohl es eine harte Übung war, begann ich meinen Geist zu trainieren, sich auf das zu konzentrieren, was ich wollte.«
>
> Isabela, 17 Jahre

Während der Leistungssituation

Während des Trainings gibt es viele Gelegenheiten, eine Situation zu stoppen und zu korrigieren und eine Reaktionsweise aufzuzeigen, die wir in einer Leistungssituation haben wollen.

IM MODUS DES FÜHLENS – DER WEG IN DEN »FLOW-ZUSTAND«

Ziel:

- Beim Trainieren unserer Aufmerksamkeit in den »Fühl-Modus« zu gehen, um präsent zu sein und zu üben, in den »Flow« zu kommen.

Die meisten Profi- und Amateursportler bezeichnen den Zustand, »im Flow« zu sein, als wichtigen Aspekt ihrer Leistung. Auch beim Musizieren, Schauspielern und Singen sprechen wir von diesem inneren Zustand, in welchem man in der Lage ist, sich auf eine mühelose Art und Weise zu fokussieren. Wenn man jedoch anfängt, über diesen Zustand nachzudenken, läuft man Gefahr, ihn zu verlieren. Unsere Erfahrung zeigt uns, dass »präsent« zu sein es uns ermöglicht, in den Flow-Zustand zu gleiten, in welchem sich der schöne Aspekt der Leistung offenbart. Während des Trainings stellen wir fest, dass wir im Modus des Denkens/Tuns nicht so gut spielen wie im Modus des Seins/Fühlens, der uns unmittelbarer in den gegenwärtigen Moment bringt. Sportler*innen können Strategien anwenden, bei denen sie sich über die Füße oder die Atmung oder andere Körperbereiche und körperliche Empfindungen erden und in ihre Mitte kommen, während sie sich vom Denken/Tun hin zum Fühlen und Sein bewegen.

- *Wir wollen in diesen Zustand gleiten, indem wir uns unserer Atmung bewusst werden und die Spanne des Ausatmens verlängern, um uns zu fokussieren, zu erden und in unsere Mitte zu kommen.*
- *Verbindet euch wieder mit euren körperlichen Empfindungen im Hier und Jetzt, indem ihr etwas berührt – vielleicht euer Haar oder den Boden – oder mit den Händen über etwas wischt.*
- *Was ihr auch tut, tut es auf eine Weise, die direkt mit der tatsächlichen physischen Empfindung verbunden ist.*
- *Spürt, wie es sich anfühlt; spürt eure Fingerspitzen, die etwas berühren, jucken, kribbeln.*

- *Spürt harte, weiche, unebene oder nasse Oberflächen – alles, was ihr wahrnehmen könnt.*
- *Kommt immer dann zurück in diesen Raum, wenn ihr bemerkt, dass eure Gedanken, Sorgen, Ängste euch von eurer Performance ablenken.*

MINDSET – MENTALE EINSTELLUNG

Ziel:

- Resilienz zu entwickeln, indem man lernt, auf Mitgefühl und Verletzlichkeit zu setzen, wenn man sich durch Unannehmlichkeiten und Probleme hindurchkämpfen muss.

Resilienz ist die Fähigkeit, nach einer schwierigen Erfahrung wieder auf die Beine zu kommen, sei es physischer Schmerz (nach einer Verletzung) oder ein Verlust (eines wichtigen Spiels) oder eine persönliche Enttäuschung (eine Meinungsverschiedenheit mit dem Trainer oder einem Teammitglied). Durch Mitgefühl und Verletzlichkeit finden wir einen tieferen Zugang zu dieser inneren Qualität als durch Härte und Wut. Wenn Sportler*innen verstehen, dass sie mehr Resilienz entwickeln, wenn sie schwierige Momente mit Mitgefühl und Verletzlichkeit durchstehen, erkennen sie allmählich, welchen langfristigen Wert es hat, diese Einstellung bei ihrem Spiel zu verinnerlichen. Sie können Sportler*innen zeigen, wie man echtes körperliches oder mentales Unwohlsein identifiziert, beispielsweise während einer Plank-Übung (das Unwohlsein wahrnehmen, identifizieren und mit dem Unbehagen atmen) und dann diese Achtsamkeits-Skills in herausfordernden Momenten während des Spiels einsetzen.

> »Man kann seinen Körper darin trainieren, Unbehagen zu kontrollieren und sogar zu genießen. Wenn ich aufgebe, dann deshalb, weil ich mich nicht wohlfühle oder das Gefühl habe, dass ich nichts tun kann. Zu Hause zu trainieren ist schwierig, weil ich dann immer wieder an meiner Fähigkeit zweifle, bestimmte Übungen machen zu können. Sobald ich den leisesten Zweifel im Kopf habe, rede ich mir schnell ein, dass ich nichts machen kann. Deshalb bin ich überzeugt, dass der wichtigste Teil beim Versuch, sich mit dem Unbehagen OK zu fühlen, ein Growth Mindset oder Wachstumsdenken ist. Wenn du dir sagst, dass du etwas

schaffen kannst, wirst du dich in der Lage fühlen, es zu schaffen. Mit der richtigen Einstellung und Entschlossenheit kann Unbehagen einen positiven Weg aufzeigen, anstatt einen negativen.«

Amberly, 15 Jahre

Nach dem Spiel/der Leistungssituation

Team-Gespräche können eines der wichtigsten Rituale sein, die Sie für die Sportler*innen nach einem Spiel (ob groß oder klein) ansetzen können. Einige der Hauptaspekte sind unten zusammengefasst, aber sollten sich nicht auf diese beschränken. Eigene echte After-Performance-Rituale zu kreieren ist wichtig für das mentale Training.

REGENERATION FÜR GEIST, KÖRPER UND HERZ

Ziel:

- Geist, Körper und Herz nach einer Leistungssituation durch Bodyscan, Strecken, Selbstreflexion und/oder den Austausch im Team-Gespräch wieder zu verbinden.

Wenn wir in einer Leistungssituation sind, verändert sich etwas in unserem Geist und Körper. Während der Performance schießt unser Puls nach oben und das Adrenalin kann danach noch einige Zeit im Körper zirkulieren. Deshalb wollen wir unserem Nervensystem bewusst signalisieren, dass wir bereit sind, mit dem »Herunterkühlen« zu beginnen. Wir tun das durch Atmen, Strecken, Essen und andere physische und emotionale Erholungsstrategien. Wir machen sogar das Ausziehen der Trikots nach dem Spiel zu einem Ritual, um dem Körper zu signalisieren, dass es Zeit ist, wieder ins Gleichgewicht zu kommen.

Bei einem Team-Gespräch reflektieren die Sportler*innen über ihre persönliche Erfahrung und, besonders wichtig, essen, trinken und entspannen gemeinsam. Je nach Intensität eines Spiels kann es auch angemessen sein, das formeller zu gestalten, beispielsweise durch einen Bodyscan (siehe Kapitel 4), bei dem wir nach einem Spiel unseren mentalen und emotionalen

Zustand checken. Die Länge eines Körper/Herz/Geist-Scans hängt davon ab, wie das Spiel verlief und wie stark die Spieler sich selbst angetrieben haben. Es ist eine Gelegenheit zur Regeneration des Nervensystems, bevor wir die Leistung als solche analysieren.

MINDSET – MENTALE EINSTELLUNG

Ziel:

- Die beim Spiel/der Performance gemachte Erfahrung einzuordnen.
- Dankbarkeit auszudrücken, indem man sich selbst und andere würdigt.
- Eine mitfühlende Haltung in Bezug auf eigene Fehler oder Fehler von Teammitgliedern oder Gegnern zu entwickeln.

Wir leiten diesen Prozess nicht mit der Frage ein, *was wir hätten besser machen können,* sondern mit Hochrufen, Dankesbezeugungen und der Feststellung, wer heute herausragend war und wann. Indem wir uns auf die positiven Dinge konzentrieren – ganz gleich, wie hoch wir verloren haben – betrachten wir das Spiel aus einer positiveren Perspektive, als wenn wir dann darüber sprechen, was verbesserungswürdig ist. Jedes Spiel und jede Leistungssituation ist eine Gelegenheit, an erster Stelle Zuversicht, Vertrauen und Verbundenheit zu stärken und an zweiter Stelle die Leistung zu verbessern. Es gibt viele Höhen und Tiefen in einer Mannschaft, einem Spiel, einem Turnier, einer Saison. Es ist wichtig für die Sportler*innen, sich die Zeit zu nehmen, am Ende eines Spiels die Erfahrungen einzuordnen, damit sie mit einem guten Gefühl in Bezug auf das Spiel als solches und mit der Möglichkeit, etwas fürs Leben gelernt haben, nach Hause gehen können.

> »Obwohl ich anfangs die Wirkung des ›Mentale-Stärke-Programms‹ gar nicht wahrgenommen habe, hat es eine entscheidende Rolle bei der Verbesserung meiner sportlichen Fähigkeiten gespielt und dadurch auch in meiner persönlichen Entwicklung. Einfache Übungen wie Visualisieren, Atmen und das achtsame Gewahrsein meines Umfelds haben mich zu einer viel demütigeren Spielerin gemacht, aber gleichzeitig auch zu einer viel ›smarteren‹ Spielerin. Ich habe erkannt, dass ich die Fähigkeit habe, meine Emotionen und Handlungen zu kontrollieren.

> Dadurch wurde mir klar, welche ›Power‹ ich als Person in meiner Fähigkeit zu spielen habe. ›Mentale Stärke‹ hat mich gelehrt, dass ich alles, was vor sich geht oder was mir passieren kann, in der Hand habe. Ich kann entweder eine positive Sichtweise haben und aus meinen Fehlern lernen oder ich kann direkt ›ausrasten‹ und mein Wachstum stoppen – aber beides habe ich in der Hand.«
>
> Isabela, 17 Jahre
>
> **Lina Paumgarten** – Wellness Coordinator, High School Counsellor und Trainerin an der International School Nido de Aquilas, Chile

ZUSAMMENFASSUNG

In diesem Kapitel haben wir:

- am Beispiel des Sports (Profi- und Schulsport; Individual- und Mannschaftssport) demonstriert, wie man achtsames Gewahrsein trainieren und in praktischen Situationen und Leistungssituationen anwenden kann,
- aufgezeigt, wie man diese Achtsamkeits-Skills auf jeden Leistungsbereich oder Event übertragen kann,
- gezeigt, wie Profis und Schüler*innen gleichermaßen durch ein solches Training und solche Erfahrungen Lebenslektionen lernen und Kompetenzen erwerben können.

7

Achtsames Gewahrsein in der Schule

IN DIESEM KAPITEL SCHAUEN WIR UNS AN, WIE

- Achtsamkeitstraining den Erwerb und die Anwendung von sozial-emotionalen Kompetenzen (SEL) fördern kann, die in Unterrichtsfächern wie Gesundheitserziehung, Lebenskunde oder in Beratungsgruppen und Tutorien gelehrt werden.
- Achtsamkeitstraining die Arbeit all derer unterstützen kann, die Sorge für das Wohlbefinden der Schüler und Schülerinnen tragen (Lehrkräfte, Beratungslehrer*innen, Schulpsycholog*innen und andere).
- die Entwicklung eines übergeordneten Konzepts für allgemeines Wohlbefinden an der Schule, in Verbindung mit bereits existierenden Strukturen, dazu beitragen kann, achtsamkeitsbasiertes Wohlbefinden in die Schulkultur und -praxis einzubetten.

Achtsames Gewahrsein und sozial-emotionales Lernen einbetten

Das Achtsamkeitstraining offenbart tatsächlich sein ganzes Potenzial, wenn es darum geht, sozial-emotionale Schlüsselkompetenzen zu fördern und zu unterstützen. Auf eine sehr konkrete Art und Weise können Schüler*innen und Lehrkräfte allmählich lernen, wie sie diese Kompetenzen in unterschiedlichen Situationen sowohl in der Schule als auch in ihren Beziehungen allgemein anwenden. So tragen wir dazu bei, einen achtsameren Umgang zu kultivieren, der unser eigenes Wohlbefinden und ein Wohlfühlklima in unseren Schulgemeinschaften fördert.

Was wir uns für unsere Kinder wünschen, brauchen wir auch selbst

Die Entwicklung von Ansätzen und Aktivitäten, die das Wohlbefinden an unseren Schulen fördern, können nur dann auf eine sinnvolle Art und Weise zum Tragen kommen, wenn wir Lehrkräfte und Eltern uns ebenfalls auf die Reise zu mehr Selbsterkenntnis machen und der Entwicklung unser eigenen sozial-emotionalen Kompetenzen einen Wert beimessen. Indem wir diese Qualitäten verkörpern, kommen die Lernprozesse in Gang, die wir uns bei unseren Schüler*innen wünschen. Würden Sie wirklich auf eine Führungsperson oder Lehrkraft hören oder sie respektieren, wenn dieser Mensch Ihnen sagte, wie Sie zu sein haben, dies aber nicht durch sein eigenes Handeln oder seinen Charakter vorlebte?

Es ist ermutigend zu sehen, wie in den USA ganze Schulbezirke, beispielsweise der Oakland Unified School District, sozial-emotionale Standards eingeführt haben, welche »K-Adult« sind, das heißt, für alle über fünfjährigen Menschen gelten. Wie toll ist das! Wenn wir bestimmte Verhaltensweisen von den Kindern und Jugendlichen erwarten, ist es nur angemessen, dass genau dieselben Standards für alle Erwachsenen in der Schulgemeinschaft gelten. Alles, was wir in diesem Buch bisher gelernt und erfahren haben, sowohl im Hinblick auf die Prinzipien als auch durch praktische Aktivitäten und Übungen, gilt gleichermaßen für uns als Erwachsene. Während wir lernen, mit dem Stress des Unterrichtens umzugehen – auf eine reife, gesunde Art im Kollegium, mit der Schulleitung und den Eltern zusammenzuarbeiten und auf sinnvolle Art mit unseren Schüler*innen in Kontakt zu treten – brauchen wir all diese Kompetenzen genauso dringend wie unsere Schüler und Schülerinnen.

Indem wir uns kontinuierlich auf diesen Bereich fokussieren, trägt die Kombination aus Achtsamkeitstraining und persönlichem Wachstum sowie die Entwicklung sozial-emotionaler Kompetenzen allmählich Früchte und drückt sich in unserer Arbeit und unseren Beziehungen aus.

Achtsamkeitstraining steigert unsere Aufmerksamkeit und stärkt unsere Fähigkeit, auch in schwierigen oder herausfordernden Situationen unser Interesse an emotionalen, physischen und mentalen Prozessen aufrechtzuerhalten.

- Die Atem- und Erdungs-Techniken können uns helfen, ruhiger zu werden und in unsere Mitte zu kommen, indem sie uns ein bisschen mehr Raum und Zeit geben, sodass wir uns bewusst entscheiden können, zu antworten, anstatt nur zu reagieren, wenn es schwierig wird.
- Die gesteigerte Wahrnehmung physischer, emotionaler und mentaler Prozesse kann unsere Selbsterkenntnis fördern, indem wir beispielsweise erkennen, was uns nährt und guttut, und außerdem der wiederholten selbstkritischen Gedankenmuster und Gewohnheiten gewahr werden, die uns blockieren und unser Verhalten in Bahnen lenken, die wir eigentlich nicht wollen.
- Dieses zunehmende Selbstgewahrsein in Verbindung mit der Kultivierung eines freundlichen Umgangs mit uns selbst und anderen hilft uns, Empathie und ein Gefühl der Verbundenheit zu entwickeln. Indem wir uns selbst besser verstehen, können wir auch besser nachvollziehen, was in anderen vorgeht.
- Empathie und Verständnis können zu Selbstmitgefühl und Mitgefühl für andere führen, was uns motivieren kann, uns für diejenigen, die leiden oder benachteiligt sind, einzusetzen.

Diese Beispiele für tiefgreifendes Wachstum in unserem Leben veranschaulichen das Potenzial achtsamkeitsbasierter Prozesse, unser Wohlbefinden signifikant zu steigern und zu einem gesünderen zwischenmenschlichen Klima in unseren Schulen und sozialen Umfeldern beizutragen. Natürlich können wir nicht unbedingt erwarten, solche tiefgreifenden Veränderungen bei den Kindern zu sehen, nur weil sie an einem kurzen Achtsamkeits- oder SEL-Kurs teilgenommen haben. Doch wenn wir dafür sorgen, dass sich die Praxis und die Gelegenheiten für die Anwendung und Vermittlung von sozial-emotionalen Kompetenzen überall in unseren Schulen ausbreiten, verändern wir allmählich die Kultur in unseren Schulgemeinschaften, was wiederum eine Auswirkung auf die Alltagserfahrungen unserer Schüler*innen hat, während sie wachsen und sich innerhalb einer Institution weiterentwickeln, in der die menschliche Entwicklung wahrhaft gefördert wird.

Zeit und Raum für Achtsamkeitstraining/SEL-Kurse schaffen

Wenn es in unseren Schulen oder unserer Kultur bisher nicht üblich war, sich auf soziale und emotionale Aspekte des Lernens zu fokussieren, kann es herausfordernd sein, herauszufinden, wo man beginnen sollte, wenn man versuchen will, diese Tür in unseren Lehrplänen aufzustoßen. Obwohl es unsere Absicht ist, achtsamkeitsbasiertes Wohlbefinden für alle als universales Angebot zu etablieren, anstatt als individuelle Intervention, müssen wir manchmal eben da anfangen, wo wir gerade stehen. Manche Schulsysteme haben bereits gut ausgearbeitete SEL-Programme, für die im Lehrplan Raum geschaffen wurde, während viele andere diesem Thema bisher noch kaum Aufmerksamkeit geschenkt haben. Wenn man hier vom »Wohl« der Schüler*innen spricht, meint man in der Regel die Arbeit mit denen, die »nicht gut zurechtkommen«. Manchen Schulen ist es allerdings gelungen, sich auf das Wohlergehen aller Schüler und Schülerinnen zu konzentrieren. Viele Schulen schaffen gegenwärtig organisatorische Strukturen, verbessern bereits bestehende und stellen eigens Personal ein, das für das Wohlbefinden an der Schule zuständig ist, um diesem Bereich mehr Gewicht zu geben.

Falls es an Ihrer Schule bereits Lehrkräfte gibt, die sich um das Wohlbefinden kümmern, sowie Unterrichtsfächer, in die dieses Thema integriert werden kann, sind Sie in einer guten Ausgangsposition und können das ausbauen und weiterentwickeln. Viele Schulen integrieren inzwischen Achtsamkeits- und SEL-Kurse in Fächer wie Gesundheitserziehung, Alltagskompetenz, Sozialkunde, Ethik etc. Mit der zunehmenden Sorge um die psychische Gesundheit von Schüler*innen, fordern einige Länder inzwischen, dass solcher Unterricht Elemente von sozial-emotionalem Lernen sowie Angebote für den Erwerb von Kompetenzen im Bereich »Psychische Gesundheit« enthalten müsse.

Ein weiterer Bereich, der in Betracht gezogen werden könnte, sind Angebote wie »Seelsorge« oder »Affektives Lernen«, die es eventuell an Ihrer Schule gibt. In manchen Schularten finden diese in kleinen Gruppen statt, als Tutorium oder Mentoring. Dabei liegt der Schwerpunkt vielleicht auf Beziehungen und anderen sozialen Themen, obwohl diese Treffen in der Praxis oft eher dafür genutzt werden, Informationen weiterzugeben, oder andere administrative Angelegenheiten zu besprechen, die vom sozial-emotionalen Fokus ablenken. Wenn das der Fall ist, sollte überprüft werden, wie diese wertvollen Stunden tatsächlich genutzt werden und eine Priorisierung von SEL und Beziehungsarbeit stattfinden. Die Schulleitung sollte von der Notwendigkeit überzeugt werden, ausreichend Zeit für diese Unterrichtsformate einzuplanen, um die Dinge mehr ins Gleichgewicht zu bringen. Vielleicht sind an dieser Stelle auch einige wissenschaftliche Erkenntnisse hilfreich, zum Beispiel:

FALLSTUDIE: SEL UND LERNERFOLG

Eine aufschlussreiche Studie (Durlak et al., 2011) über die Auswirkungen von SEL-Programmen in Schulen (USA) ergab, dass sich die schulischen Leistungen verbessern, wenn wir den sozialen und emotionalen Aspekten des Lernens Aufmerksamkeit schenken:

- Neben besseren sozial-emotionalen Kompetenzen zeigte die Metaanalyse, dass Schüler*innen, die Schulen besuchten, an denen es SEL-Programme gab, bei standardisierten Tests im Durchschnitt um 11 % besser abschnitten als Kontrollgruppen.

Im Jahr 2017 zeigte eine Follow-up-Studie von Taylor et al., (2017) die positiven Langzeitwirkungen universeller SEL-Interventionen auf. Bei dieser Metaanalyse wurden fast 100 000 Schüler*innen nach ihrem Schulbesuch an Schulen mit SEL-Programmen 3 bis 5 Jahre lang beobachtet. Man stellte fest:

- Die schulischen Leistungen waren um etwa 13 % besser als die ihrer Altersgenossen.
- Es gab signifikant weniger Probleme mit Verhaltensauffälligkeiten, riskantem Sexualverhalten und Drogenkonsum.
- Bessere sozial-emotionale Kompetenzen und ein positiverer Umgang mit sich selbst, mit anderen und der Schule im Allgemeinen.

Die postinterventionelle Entwicklung von sozial-emotionalen Kompetenzen war beim Follow-up der stärkste Prädiktor für Wohlbefinden. Die Teilnehmenden schnitten in Bezug auf sozial-emotionale Kompetenzen, Einstellung und Indikatoren für Wohlbefinden signifikant besser ab als die Kontrollgruppe. Die positiven Ergebnisse ähnelten sich unabhängig von ethnischer Herkunft, sozioökonomischem Hintergrund und Schulstandort.

Die praktische Anwendung von Achtsamkeitstraining/SEL in Schulen

Es kann schwierig sein, neue Initiativen wie Achtsamkeitstraining in Schulen zu etablieren. Indem man sich an bereits vorhandene Initiativen anpasst oder in Vorgehensweisen einfügt, die alle Beteiligten mittragen können, können einige der Schwierigkeiten abgemildert werden, die bei Veränderungen unweigerlich auftreten. Wie wäre es, wenn sich eine Schule einfach auf etwas konzentriert, das sie bereits tut und Achtsamkeitstraining auf diese Aktivität anwendet, anstatt zu versuchen, etwas Neues hinzuzufügen?

Eine achtsame Schule = eine zuhörende Schule

Wie wir in Kapitel 3 gesehen haben, können Übungen für das Verankern der Aufmerksamkeit und solche, die aufmerksames Zuhören fördern, die Basis für ein Achtsamkeitstraining bilden, von der ausgehend man strukturierte Aktivitäten anbieten kann, die zur Entwicklung der Kompetenz des Zuhörens in der Partner- oder Gruppenarbeit in jedem beliebigen Schulfach beitragen. Die Fähigkeit zuzuhören ist von fundamentaler Bedeutung für das Lehren und Lernen, aber in vielen Fällen wird sie zwar bewertet, aber nicht unbedingt *gelehrt.* Wenn wir die Fähigkeit des Zuhörens durch eine »SEL/Achtsamkeitsbrille« betrachten, erkennen wir allmählich, welches Potenzial die Fokussierung auf diese Fähigkeit hat, zu einer Kernqualität und einem einenden Thema einer Schulkultur zu werden.

Die fünf SEL-Kernkompetenzen können durch das Entwickeln dieser einen wirkungsvollen Kompetenz in allen Unterrichtsfächern und Bereichen kultiviert werden, beispielsweise:

- Selbstgewahrsein: Wie höre ich zu? Wo ist meine Aufmerksamkeit?
- Selbstmanagement: Kann ich mich zurückhalten, wo es angemessen ist, und darauf verzichten, andere zu unterbrechen?
- Soziales Gewahrsein: Achte ich die Meinungen und Stimmen anderer?

- Beziehungskompetenzen: Kann ich meine Fähigkeit zum Zuhören nutzen, um Teamarbeit zu erleichtern?
- Verantwortungsvolle Entscheidungen: Kann ich auf mich selbst hören und aus einer freundlichen, fürsorglichen Haltung gegenüber anderen mit Neugier und Offenheit handeln?

Reflexion über das Zuhören

Auf diese Art könnte man eine Diskussion über die Bedeutung des Zuhörens anstoßen – in einer Klasse, im Kollegium oder mit Eltern.
Geben Sie eine Struktur vor – Paare oder Kleingruppen –, um die folgenden Fragen zu erörtern:

Könnt ihr euch an eine Situation erinnern, in der ihr unbedingt etwas mit jemandem teilen wolltet und er oder sie euch nicht zuhörte? Wie hat es sich angefühlt, nicht gehört zu werden?

Könnt ihr euch an eine Situation erinnern, in der ihr unbedingt etwas mit jemandem teilen wolltet und er oder sie euch zuhörte? Wie hat es sich angefühlt, wirklich gehört zu werden?

Was kommt dem Zuhören in die Quere? Was kann es schwer machen, jemandem wirklich zuzuhören? (Es kann hilfreich sein, die Antworten der ganzen Klasse aufzuschreiben.)

Zuhören ist nicht leicht! Aber wir können diese Fähigkeit auf sehr praktische Weisen entwickeln. Was dem Zuhören in die Quere kommt, ist im Grunde das Gleiche, was uns hindert, präsent zu sein. Wir können unser achtsames Gewahrsein nutzen, um unsere Fähigkeit zum Zuhören zu trainieren. Schaut, ob ihr nächstes Mal, wenn ihr jemandem zuhört, eine eurer gewohnheitsmäßigen Tendenzen wahrnehmen könnt: Verspürt ihr den Impuls, die andere Person zu unterbrechen? Oder zu versuchen, ihr Problem zu lösen? Denkt daran, eure Achtsamkeitspraxis zu nutzen, um euch über den Körper zu erden und, wenn die Gedanken abschweifen, zurückzukommen und der Person so aufmerksam und unmittelbar wie möglich zuzuhören.

(Sie könnten auch die Übung »Flüsternde Paare« aus Kapitel 3 als Format für diese Reflexion nutzen. Damit schaffen Sie eine Gelegenheit, »achtsames Zuhören« unmittelbar zu erfahren.)

Council (Ratsversammlung)

Eine weitere Möglichkeit, die Fähigkeit zum achtsamen Zuhören im Kontext des Klassenzimmers einzusetzen und zu entwickeln, ist die »Council-Methode«. Das ist eine Form der Kommunikation, die ihre Wurzeln in indigenen Gesellschaften und Weisheitstraditionen aus aller Welt hat. Die vier Absichten des Councils, wie von der Ojai Foundation beschrieben, sind:

1. Aus dem Herzen sprechen
2. Mit dem Herzen zuhören
3. Spontan sprechen
4. Kurz und prägnant sprechen

Diese Absichten prägen die Erfahrung und bieten einen sicheren Raum, in welchem sich sowohl Kinder als auch Erwachsene beim Sprechen vor einer Gruppe unterstützt fühlen können.

Die Lehrerin: Die Erlaubnis, gehört zu werden

Ich habe Council zuerst im Kollegium meiner Schule eingeführt, was einen durchschlagenden Erfolg hatte. Die Fähigkeit, wirklich zuzuhören, auf Urteile zu verzichten und aus dem Herzen zu sprechen, erzeugte ein starkes Gemeinschaftsgefühl. Danach führte ich solche Versammlungen in allen Klassen ein, in denen ich entweder Klassenlehrerin oder Fachlehrerin war und die Schüler*innen von Klasse 1 bis 12 praktizierten das einmal pro Woche. Wenn man diese Kommunikationsform einführt, ist es am besten, sie mit einladenden, einfachen Aufforderungen wie bei der »Rosen-Dornen-Knospen-Methode« (Was läuft gut, was ist schwierig, und wo liegt eine Chance?)

oder einer spaßigen Frage wie »Würdet ihr lieber fliegen oder unsichtbar sein und warum?« einzuführen. Nachdem die Gruppe Vertrauen in den gemeinsamen Prozess gewonnen hat, können Sie Aufforderungen einbringen, die vielleicht tiefgründigere Antworten hervorlocken. Manchmal klingen die Aufforderungen recht harmlos, können das Council aber schließlich auf emotionaleres Terrain führen. Als ich einmal ein Council in einer achten Klasse leitete, begann ich mit der Aufforderung »Erzählt mir von einer Reise, die euer Leben verändert hat«. Ich hatte keine Ahnung, in welche Tiefe diese Einladung uns führen würde, besonders, weil alle Schüler*innen so offenherzig alle möglichen Reisen schilderten – sowohl reale als auch fiktive. In Anbetracht dessen, dass dieser Austausch sehr tief gehen kann, ist es unbedingt erforderlich, dass Lehrkräfte Council zuallererst selbst erfahren. Um zu wissen, wie sie die Gruppe halten können, müssen Lehrer*innen die Erlaubnis, die durch Council gegeben wird, selbst erfahren: die Erlaubnis zu fühlen, die Erlaubnis, gehört zu werden, die Erlaubnis, gesehen zu werden, die Erlaubnis, menschlich zu sein. Das ist ein Training in emotionaler Intelligenz auf höchstem Niveau.

Krysten Fort-Catanese, Gründungsdirektorin von Mindfulness and SEL an der UWC in Thailand (früher Phuket International Academy)

Weitere Informationen über Council finden Sie auf https://waysofcouncil.net/

Wir haben die Council-Methode mit Lehrer*innen und Schüler*innen in vielen verschiedenen Kontexten angewendet und sie immer als wertvollen Prozess empfunden. Sie können ausprobieren, achtsames Gewahrsein mit jedem strukturierten Ansatz zu kombinieren, bei dem es um Reden und Zuhören geht und der bereits in Ihrer Schule angewendet wird.

Metakognition – Lernen lernen

Unsere Stärken und Herausforderungen als Lernende zu kennen ist der Schlüssel zu Wachstum und Entwicklung in der Bildung. Es ist äußerst wertvoll für Schüler*innen, ein Bewusstsein für ihren individuellen Lernstil zu entwickeln und, ganz besonders in diesem Zeitalter der Ablenkbarkeit, zu erkennen, was sie dazu bringt, Dinge aufzuschieben und was ihre Aufmerksamkeit auf sich zieht (siehe »Mit Ablenkungen umgehen«, Kapitel 4). Dieses Verständnis für sich selbst als Lernender zu entwickeln, mit den eigenen Lernstrategien vertraut zu werden und sich ehrlich eingestehen zu können, was man weiß und was nicht, ist letztendlich das, was uns hilft, »Lernen zu lernen«. So wird ein persönliches »Lernprofil« ein immer wichtigerer Aspekt des Kompetenzspektrums eines Schülers oder einer Schülerin auf seinem oder ihrem Weg durch das Bildungssystem.

Zu wissen, wann ich nicht aufmerksam war, ist eine wertvolle Information

»Meta« + »Kognition« ist die Fähigkeit, mit innerem Abstand der eigenen gewohnheitsmäßigen Gedankenprozesse gewahr zu sein. Ein wichtiger Aspekt der metakognitiven Fähigkeit besteht darin, dass man in der Lage ist, die Aufmerksamkeit zu beobachten und zu steuern. Wenn man eine Passage in einem Buch liest und dann realisiert, dass man während des Lesens die meiste Zeit über an etwas anderes gedacht hat, ist das ein Moment der Metakognition: wenn man der eigenen kognitiven Prozesse gewahr wird und sich selbst wieder zurück in den Moment bringen kann, einräumen kann, dass man die betreffende Seite tatsächlich nicht gelesen hat und dann beschließt, die Seite, wenn nötig, noch einmal zu lesen.

Achtsamkeitstraining kann die Entwicklung von metakognitiven Kompetenzen bei unseren Schüler*innen unterstützen, während sie sich selbst als reflektierende Lernende immer besser verstehen. Es kann hilfreich sein, wenn Lehrkräfte zuerst metakognitives Gewahrsein in Bezug auf ihren eigenen Lernstil entwickeln und dann mit Schüler*innen darüber diskutieren, was für diese am besten funktioniert und was dem Studieren und Lernen manchmal im Wege steht. Eine solche Diskussion könnten Sie mit der untenstehenden Reflexionsübung in Gang bringen – angepasst an Ihre Altersgruppe:

Mein Lernprofil – Reflexion

- Lässt du dich leicht ablenken oder versuchst du, deine Aufgaben schnell hinter dich zu bringen?
- Oder fällt es dir schwer anzufangen?
- Stellst du bei dir irgendwelche starken positiven oder negativen Reaktionen in Bezug auf bestimmte Fächer oder Bereiche innerhalb bestimmter Fächer fest?
- Fällt es dir leicht, Fantasiegeschichten zu lesen und die Figuren darin zu verstehen, aber hast du Probleme mit abstrakten Inhalten wie in der Mathematik oder den Naturwissenschaften? Oder ist es bei dir gerade umgekehrt?
- Unter welchen Bedingungen kannst du am besten lernen?
- Weißt du, wie du dein Achtsamkeitstraining nutzen kannst, um dich neu zu fokussieren oder eine Atempause einzulegen oder dich zu erden oder einfach ein bisschen runterzukommen?
- Kannst du es wahrnehmen, wenn du zu angestrengt versuchst, ein mentales Problem zu lösen und dich im Kreis drehst, und kannst du dann eine Atemübung nutzen, um innerlich Abstand zu gewinnen und das Problem für eine Weile loslassen?

Wir können Schüler*innen auch helfen, metakognitives Gewahrsein zu entwickeln, wenn sie mit anderen zusammenarbeiten, beispielsweise indem sie verstehen, wie sie in Teamwork-Situationen funktionieren:

- Bist du ein guter Zuhörer, eine gute Zuhörerin?
- Bist du in Gruppen dominant?

Schüler*innen können lernen, Achtsamkeitskompetenzen und Selbstregulation bei Gruppenarbeit oder in Gruppensituationen zu nutzen, beispielsweise, indem sie sich zurücknehmen, wenn sie zu viel sprechen, oder sich selbst ermutigen, »den Mund aufzumachen«, wenn sie sich schüchtern fühlen.

Eine allgemeine Forschungsarbeit über Metakognition (Quigley et al., 2018) ergab, dass Schüler*innen dann am effektivsten lernen, metakognitive Lernstrategien anzuwenden, wenn sie sie im Rahmen eines jeden Schulfachs vermittelt bekommen, anstatt in einem speziellen Kurs, weil sie dann Gelegenheiten haben, ihr zunehmendes Gewahrsein innerhalb des jeweiligen Kontexts praktisch anzuwenden. Wir sind überzeugt, dass Achtsamkeitstraining dies unterstützen kann, indem es praktische Skills vermittelt, auf welche sie zurückgreifen können. So kann es eine wichtige Rolle bei der Entwicklung der Fähigkeit zur Selbstregulation der Lernenden spielen.

Achtsames Gewahrsein bei besonderem Förderbedarf

Bitte beachten Sie, dass viele der unten aufgeführten Bereiche auf Schüler*innen anwendbar sind, unabhängig davon, ob ein besonderer Förderbedarf diagnostiziert wurde oder nicht.

Die wichtigste Entwicklung bei einem Schüler oder einer Schülerin mit einer Lernschwäche zeigt sich vielleicht dann, wenn er oder sie allmählich beginnt, die eigenen, besonderen Lernschwierigkeiten zu verstehen, anzuerkennen und bewusst damit zu arbeiten. Achtsamkeitstraining kann die Entwicklung solcher metakognitiven Kompetenzen unterstützen, während die Schüler*innen sich selbst als Lernende immer besser verstehen.

Viele Kinder und Jugendliche mit Lernschwächen profitieren von einem Training, das sie in ihren exekutiven Funktionen stärkt, weil das einen signifikanten Einfluss auf ihre Fähigkeit hat,

- sich zu fokussieren
- zu organisieren
- zu planen
- ihr Zeitmanagement zu verbessern

Achtsamkeitstraining trägt im Wesentlichen zur Entwicklung von drei Kernkompetenzen bei: Aufmerksamkeit, Selbstgewahrsein und Emotionsregulation. Wir sehen hier also das Potenzial, bestimmte Skills in einigen der Schlüsselbereiche zu verbessern, in denen Schüler*innen mit besonderem Förderbedarf eventuell Schwierigkeiten haben.

Das sind Schüler*innen, die vor allem große Probleme mit der Regulation ihrer Emotionen haben – bei vielen unserer Kinder ist das das Hauptthema. Achtsamkeit gibt ihnen einen Selbstachtungs-Schub, weil sie eine Strategie haben, die sie anwenden können, um ihre Emotionen unter Kontrolle zu bringen: Sie hilft ihnen, konzentriert und ruhig zu bleiben. Das ist ein riesiger Fortschritt für ein Kind, das vielleicht viele Probleme in diesem Bereich hat (Thomas, 2016).

FALLSTUDIE: ACHTSAMES GEWAHRSEIN UND EXEKUTIVE FUNKTIONEN

Viele Forschungsstudien sowie Fallberichte mit anekdotischer Evidenz haben den starken Einfluss von Achtsamkeit auf die exekutiven Funktionen und die Emotionsregulation gezeigt (Fuster und Scholar, 2009). Manche Studien haben die Anwendung von Achtsamkeit direkt in Klassen mit Förderbedarf untersucht (Frank et al. 2013), obwohl es im Allgemeinen bisher wenig direkte Forschung in diesem Bereich gab. Eine Studie, die die Anwendung von Achtsamkeitsübungen (MAPs=Mindful Awareness Practices) bei 7 bis 9-Jährigen untersuchte, ergab, dass »… jene Kinder, die zu Beginn bei den exekutiven Funktionen Schwächen zeigten und am MAPs-Training teilnahmen, deutliche Verbesserungen in Verhaltensregulation (Emotionsregulation), Metakognition und allgemeiner Selbstregulation aufwiesen.« (Magaldi und Park-Taylor, 2016)

Es gibt zunehmende Evidenz, dass ein Training in achtsamem Gewahrsein die Fähigkeit, sich zu fokussieren und ablenkende Reize auszufiltern, verbessern kann. Eine ganze Reihe von Studien beschäftigte sich mit der

Anwendung von Achtsamkeitstraining bei Schüler*innen mit ADHS. Van de Weijer-Bergsma et al. (2012) konzentrierte sich beispielsweise auf Jugendliche und stellte fest, dass … »sich nach einem Achtsamkeitstraining die Aufmerksamkeitsdefizite und Verhaltensauffälligkeiten bei diesen Jugendlichen reduzierten, während sich ihre exekutiven Funktionen verbesserten«.

Achtsamkeitstraining ist somit eine universell anwendbare Intervention, die besonders hilfreich für Schüler*innen mit speziellem Förderbedarf sein kann, bei denen die exekutiven Funktionen, die Aufmerksamkeit und Emotionsregulation gestärkt werden müssen. Aber es ist keine Wunderpille, die alles »repariert«. In der oben genannten abschließenden Studie (van de Weijer-Bergsma et al., 2012) wiesen die Forscher*innen auch darauf hin, dass … »die Effekte des Achtsamkeitstrainings bei einem Follow-up nach acht Wochen stärker zutage traten, während sie bei einem Follow-up nach sechzehn Wochen bereits wieder nachließen«. Das zeigt uns, wie wichtig es ist, regelmäßig und fortlaufend Gelegenheiten zu schaffen, zu praktizieren, und die erlernten Achtsamkeits- und SEL-Skills anzuwenden. Irgendwann werden diese veränderten mentalen Zustände schließlich zu Charakterzügen (Goleman und Davidson, 2017), aber kurzfristig betrachtet müssen wir einfach weiterüben.

Eine Mutter: Achtsamkeit und Autismus

Jake bekam im Alter von 4 Jahren die Diagnose Autismus und wir versuchten viele Bewältigungsstrategien, um uns über den Tag zu retten – insbesondere in seinen jüngeren Jahren. Seine Hauptprobleme waren Reizüberflutung, der Umgang mit neuen Situationen und eine Unfähigkeit zu kommunizieren. Wir entwickelten Strategien, die ihn unterstützten, aber er hatte einen ziemlich holprigen Übergang von der Grundschule auf die Mittelschule und er brauchte das gesamte siebte Schuljahr (sechste Klasse), um sich in seinem neuen Umfeld zu integrieren.

Im achten Jahr wurde an seiner Schule ein »Achtsamkeitsclub« gegründet, der immer dienstags in der Mittagspause zusammenkam. Jake nahm teil und konnte vom ersten Tag an etwas damit anfangen. Normalerweise kam er nach einem vollgepackten Schultag nach Hause und wollte nur noch seine Ruhe haben. An einem Dienstag war er verändert. Er wirkte glücklicher, hatte einen schöneren Abend mit der Familie und sein Angst- und Stresspegel war merklich niedriger.

Achtsamkeit hat Jake die Kontrolle über seinen Umgang mit seinen Ängsten gegeben und ihm geholfen, mit vielen Aspekten des täglichen Lebens, Prüfungssituationen sowie der Teilnahme an Aktivitäten und gesellschaftlichen Ereignissen zurechtzukommen und unabhängig von uns das College zu besuchen.

Als Eltern sind wir so dankbar, dass Jake ein Instrument gefunden hat, das er selbst täglich anwenden kann und das seine mentale Gesundheit unterstützt. Ich würde es auch anderen Eltern empfehlen, die ein Kind haben, das mit Angstzuständen oder mentalen Problemen zu kämpfen hat, und ich würde den Eltern raten, aktiv daran teilzunehmen, sodass sie diese Erfahrung miteinander teilen können, miteinander über Achtsamkeit sprechen und sich gegenseitig zum Praktizieren ermutigen können.

Jakes Achtsamkeitslehrerin, Sarah Gotting, hat buchstäblich das Leben für unsere ganze Familie verändert, indem sie ihm Achtsamkeit vermittelte. Wir sind so dankbar!

Kat Holgate, Mutter, The King's School, Devon, US

Eine unserer Kolleginnen, eine erfahrene Förderlehrerin, sagt, dass sie ihr Achtsamkeitstraining nutzt, um ein warmherziges, entspanntes Umfeld in ihren Klassen zu schaffen und ihren Schüler*innen zu helfen, sich zu zentrieren, zu erden, zu regenerieren und genährt zu fühlen: »Ich beginne die Stunden oft mit einer konzentrierten Atemübung, um das Tohuwabohu und Gewusel zu beruhigen. Die Schüler*innen wissen das wirklich zu schätzen, denn es hilft ihnen, sich auf eine neue Situation einzustellen, und gibt ihnen Raum und Zeit sich anzupassen.« Indem wir lernen, in unseren Klassen einfache, beruhigende Aktivitäten und Konzentrationsübungen anzuwenden, können wir unseren Schüler*innen – und uns selbst helfen, an einem betriebsamen und fordernden Schultag Momente der inneren Ruhe zu finden.

FALLSTUDIEN: FÖRDERUNTERRICHT/SONDERPÄDAGOGIK

Clare Winter ist eine führende Pädagogin in einem Projekt mit Schüler*innen, bei denen das Risiko bestand oder besteht, dauerhaft von der Schule verwiesen zu werden. Sie arbeitet seit 15 Jahren als Sonderpädagogin.

Die Arbeit mit den verstörten jungen Menschen ist für uns als Lehrer*innen und Fachkräfte lohnend, aber auch herausfordernd. Während die Arbeit in einem regulären Schulumfeld gewöhnlich nach bestimmten Kriterien für bestimmte Zielgruppen abläuft, können junge Menschen mit sozialem, emotionalem und mentalem Förderbedarf zusätzliche Herausforderungen mit sich bringen. Die jungen Leute, die ihre Bedürfnisse häufig durch ein sozial höchst unangemessenes Verhalten kommunizieren, können von dem mitfühlenden Ansatz einer erfahrenen Achtsamkeitslehrerin oder eines Lehrers enorm profitieren. Sie brauchen wahrscheinlich auch die meiste Unterstützung dabei, ihre Aufmerksamkeit in positive Richtungen zu lenken und mit dem inneren Lärm dazusitzen, den die Stille vielleicht offenbart.

Anfangs werden Sie vielleicht mit negativem Feedback konfrontiert – viele Schüler*innen werden Stille als unangenehm oder gar aufdringlich empfinden und Schwierigkeiten haben, sich zu fokussieren. Halten Sie die Übungen anfangs kurz und einfach. Wenn Sie gemeinsam praktizieren, können auch folgende Überlegungen nützlich sein:

- **Beziehungen:** Lernende, die traumatische Lebenserfahrungen gemacht haben oder entrechtet wurden, müssen wissen, dass sie Ihnen vertrauen können. Es hilft wirklich, eine positive Beziehung zu haben. Finden Sie heraus, ob es in der Vergangenheit traumatische Erlebnisse oder schwierige Erfahrungen gab, die die Praxis Ihrer Schüler*innen negativ beeinträchtigen könnten.

- **Stille:** Viele junge Menschen dieser Generation pflegen einen relativ chaotischen Lebensstil, bei dem Stille eher ungewöhnlich ist. Manche verspüren das Bedürfnis, Lücken oder innere Leere mit Lärm zu füllen. Versichern Sie den Schüler*innen, dass Stille nicht unangenehm sein muss und erwarten Sie bescheidene Fortschritte. Loben Sie sie für kleine Erfolge und akzeptieren Sie es, wenn die Schüler*innen anfangs nur für einen kurzen Moment still sein können.
- **Sicherheit:** Manche Schüler*innen werden sich mit geschlossenen Augen oder in einer verletzlichen Position unbehaglich oder sogar unsicher fühlen. Hier ist es ebenfalls wichtig, Trauma-sensibel zu arbeiten. Erlauben Sie ihnen, eine angenehme Position einzunehmen und den Blick zu senken. Wenn eine Übung im Liegen durchgeführt wird, können Decken hilfreich sein, um Gefühle des Ausgeliefertseins zu vermeiden. Manchen Schüler*innen fällt es vielleicht sehr schwer, bei sich zu bleiben. Es kann dann hilfreich sein, die Stühle so aufzustellen, dass sich die Kinder oder Jugendlichen nicht anschauen. Das kann man machen, bevor sie den Klassenraum betreten, um Widerstände zu vermeiden.
- **Bei den Füßen beginnen:** Da den Schüler*innen so viel im Kopf herumschwirrt, ist es ratsam, das Gewahrsein auf eine Stelle zu lenken, die so weit wie möglich vom Kopf entfernt ist. Beginnen Sie mit Übungen, bei denen die Füße im Fokus stehen. Sie könnten die Schüler*innen einladen, ihre Schuhe und Socken auszuziehen, um die Sensibilität in diesem Bereich zu erhöhen. Das wird die Sache für viele junge Leute einfacher machen, weil dieser Bereich für sie konkreter ist als der Atem. Außerdem kann die Konzentration auf den Atem unangenehme Gefühle oder Erinnerungen an stressige Situationen auslösen, in denen ihre Atmung beschleunigt war.
- **Bewegung ist der Schlüssel:** Machen Sie sich den Bewegungsdrang vieler junger Leute zunutze, indem Sie kurze Bewegungsübungen durchführen. Wechseln Sie in regelmäßigen Intervallen zwischen schnellen und langsamen Bewegungen ab. Simple Übungen wie auf der Stelle rennen oder langsame Armbeugen können dazu beitragen, die Teenager bei der Stange zu halten. Bei der Arbeit mit Gruppen eignen sich

Aktivitäten, die eine konzentrierte Teamarbeit erfordern. Das Weiterreichen einer Tasse im Kreis, die immer weiter mit Wasser gefüllt wird, kann beispielsweise ein Gewahrsein für Bewegungen, Gleichgewicht und die Nähe zu anderen schaffen.

- **Sich mit den Sinnen verbinden:** Gehen Sie nach draußen und lenken Sie das Gewahrsein auf die Bewegung der Wolken, auf die Sonnenstrahlen, die durch das Geäst der Bäume fallen, auf das Rauschen des Windes oder das Zwitschern der Vögel.
- **Regelmäßigkeit:** Bauen Sie die Übungen in jeden Schultag ein. Machen Sie sie zu etwas, das von den Schüler*innen erwartet wird und regelmäßig stattfindet.
- **Neurodidaktik:** Schüler*innen lieben es, herauszufinden, wie sie »ticken«. Bringen Sie ihnen etwas über die Plastizität ihres Gehirns bei und erklären Sie ihnen, was geschieht, wenn ihre Emotionen den Neokortex »offline« schalten.
- **Persönliche Verantwortung:** Nehmen Sie achtsam Ihre eigenen Erfahrungen wahr und das, was durch Ihre Schüler*innen bei Ihnen hochkommt.
- **Feiern:** Beglückwünschen Sie sich selbst und Ihre jungen Leute regelmäßig, wenn sie Fortschritte machen, wie klein diese auch sein mögen.

Terry Taylor war früher Leiter der Hopetown School for Specific Purposes in Australien, die sich um die Bedürfnisse von 5–18-jährigen Kindern und Jugendlichen kümmert, die als emotional- und verhaltensgestört eingestuft wurden.

> Die Schüler*innen der Hopetown Schule haben mit einer ganzen Reihe von mentalen und emotionalen Problemen zu kämpfen, einschließlich Angstzuständen, Depressionen, Aggressivität sowie Missbrauchserfahrungen und der Vernachlässigung in der frühen Kindheit. Vor einigen Jahren führten wir ein Achtsamkeitsprogramm auf der Basis des ›.b‹-Projekts (Mindfulness in Schools Project, UK) ein sowie einige

Elemente der Akzeptanz- und Commitment-Therapie. Die Lektionen wurden in kleinen Gruppen von engagierten Achtsamkeitslehrer*innen gehalten und die Übungen auf eine Trauma-sensible Weise vermittelt. Der Erfolg des Programms bestand im Großen und Ganzen darin, ein Umfeld der Sicherheit, des Vertrauens und der Akzeptanz durch Lehrkräfte zu schaffen, die die essenziellen Qualitäten verkörperten, die sie vermittelten, wie Empathie, Mitgefühl und Neugier. Eine Herausforderung war allerdings die Zustimmung und Akzeptanz aller Lehrkräfte. Es gab keine direkten Widerstände, aber dennoch unterschiedlich großes Interesse an diesem Programm und der Zuversicht, dass die Einführung einer Achtsamkeitspraxis etwas bewirken würde. Rückblickend wäre es wohl besser, den Lehrkräften die Teilnahme am Programm freizustellen. Es ist entscheidend, dass die Trainer*innen bestens vorbereitet sind und Schüler*innen kompetent dabei unterstützen können, mit intensiven oder enervierenden Gedanken und Gefühlen zu »sitzen«, welche während einer Übung hochkommen können.

Selbstfürsorge

Für Sonderschullehrer*innen, die oft eine ziemlich schwere Last tragen, wenn sie Schüler*innen unterstützen, für die die Schule eine riesige Herausforderung ist, ist es entscheidend, dass sie sich auch die Zeit nehmen, gut für sich selbst zu sorgen und sich auf ihre Fähigkeit zu besinnen, präsent, ausgeglichen und unter Druck ruhig zu bleiben. Das wahre Potenzial der Achtsamkeit kommt tatsächlich oft erst dann zum Vorschein, wenn die Erwachsenen im Gebäude beginnen, diese Skills auf sich selbst anzuwenden. Die meisten positiven Effekte, die wir in diesem Abschnitt aufgeführt haben, können für Erwachsene genauso hilfreich sein wie für Kinder. Mehr Selbstgewahrsein zu entwickeln, kann unsere tägliche Erfahrung als Erwachsene in einem herausfordernden sozialen Umfeld transformieren, uns helfen, effektiver mit Schüler*innen und Eltern zu arbeiten und unsere eigene Energie zu bewahren, wenn wir als Fürsprecher*innen für unsere Schüler und Schülerinnen im Kollegium auftreten. Die Sonderschullehrerin Jada Thomas (2016) sagt:

»Also, die meisten Lehrer*innen haben Selbstfürsorge nicht wirklich auf dem Schirm, weil einfach keine Zeit dafür bleibt. Das ist das Wesen unseres Berufs – du gibst und gibst und lädst nie die Batterien auf. Aber wenn du dich hinsetzt, um Achtsamkeit zu praktizieren, ist das ein Moment, den du dir selbst schenkst, um alles, was du gegeben hast, wieder aufzufüllen.«

Achtsames Gewahrsein bei Beratungsdiensten und Hilfsangeboten

Länder und Bildungssysteme organisieren Beratungs- und Hilfsangebote für Schüler*innen im schulischen und psychologischen Bereich sowie im Bereich Berufsplanung auf unterschiedliche Weise. In manchen Ländern gibt es Bildungspsycholog*innen, die die Schulen unterstützen, andere haben Sozialarbeiter*innen und wieder andere vielleicht Vertrauenslehrer*innen. Wenn wir in diesem Abschnitt über die Unterstützung von Schüler*innen sprechen, beziehen wir uns dabei allgemein auf »unterstützende Beratungsangebote«, aber uns ist bewusst, dass viele Schulen ohne diese speziellen Fachkräfte auskommen müssen und die verschiedenen Verantwortlichkeiten so gut sie können delegieren müssen – oft an überarbeitete Lehrkräfte oder stellvertretende Schulleiter. Vertrauenslehrer*innen sind für eine Schulgemeinschaft oft extrem wertvoll und wenn dieser Bereich gut organisiert und personell ausgestattet ist, können wir ihre Rolle aufgrund ihrer Expertise und weil sie Gesundheit und Wohlbefinden in den organisatorischen Fokus rücken, sogar als »Herzstück« der Schule sehen.

Neben der Unterstützung von Schüler*innen in emotionalen und schulischen Fragen und bei der Karriereplanung unterstützen Vertrauenslehrer*innen oft auch Lehrkräfte in Bezug auf emotionales und mentales Wohlergehen und kümmern sich auch ganz allgemein um das Wohlergehen innerhalb der gesamten Schulgemeinschaft. In manchen Schulen stehen die Bewerbungen für Universitäten und akademische Zeitpläne im Vordergrund, sodass wenig Raum und Zeit für die emotionalen Aspekte der Beratung bleiben. Es ist wichtig, dass die Schulleitung diese Aspekte der Arbeit von Vertrauenslehrer*innen schützen, weil sie eine so entscheidende Unterstützung für Schüler*innen und Lehrkräfte sind.

Viele Vertrauenslehrer*innen integrieren inzwischen auch achtsames Gewahrsein auf die eine oder andere Art in ihre Arbeit.

Aus der Perspektive einer Vertrauenslehrerin

Als Vertrauenslehrerin kann ich die positiven Effekte von Achtsamkeit auf die mentale und physische Gesundheit meiner Schüler*innen sowie auf ihre zunehmenden sozialen und emotionalen Kompetenzen und ihr allgemeines Wohlbefinden beobachten. Das kann sich beispielsweise darin zeigen, dass sie lernen, wie sie im jeweiligen Moment auf herausfordernde Erfahrungen antworten und damit fertigwerden können. Ein simples Achtsamkeits-Tool, das ich bei meiner Arbeit fast täglich anwende, ist die »achtsame Pause«, gefolgt von bewusstem Atmen. Danach reflektieren wir gemeinsam über die Erfahrung und fragen uns, auf welche Weise das die Schüler*innen stärken kann.

Ich empfehle das Core Counseling Curriculum der International School Counselor Association (iscainfo.com), weil es ein Modell ist, das Vertrauenslehrer*innen im akademischen, persönlichen, sozialen, beruflichen Bereich und einer globalen Perspektive leiten kann. Achtsamkeit fördert die Kompetenzen des Selbstgewahrseins und Selbstmanagements, die von der frühen Kindheit bis zur 12. Klasse vermittelt und genutzt werden können.

Die kontinuierliche Ausübung meiner persönlichen Achtsamkeitspraxis befähigt mich, meinen Schüler*innen da zu begegnen, wo sie stehen, und hat mir bei meiner eigenen Emotionsregulation und Selbstfürsorge geholfen.

Chrystal Kelly, Vertrauenslehrerin an der American International School in Maskat

Wie Chrystal beschreibt, wird es einfacher, andere im Moment zu unterstützen, wenn man selbst Achtsamkeit praktiziert.

Amy: Emotionale Erste Hilfe

Eines Tages beriet ich ein junges Mädchen, das unter Angstzuständen und Depressionen litt, und wir überlegten gemeinsam, welche praktischen Methoden sie anwenden könnte, um sich in Momenten zu unterstützen, in denen sie sich überfordert und überwältigt fühlte. Ich schlug ihr spontan die folgende Übung vor, die ich immer wieder mit Schüler*innen und Lehrkräften teile:

Finger pressen + Selbstmotivation

Wenn man feststellt, dass man sich von starken Gefühlen oder störenden Gedanken überwältigt fühlt, kann man Folgendes versuchen:

- Presse jeden Finger einzeln (nacheinander) auf die Schreibtischplatte. Gehe dabei von der einen zur anderen Hand über und sprich innerlich folgende Worte (ein Wort pro Finger):
- »Ich. Tue. Alles. Was. Ich. Kann. Jetzt. In. Diesem. Moment.«
- (Du kannst auch, je nachdem, was gerade passt, andere zehn Wörter auswählen.)
- Die Finger können bei der Übung auch auf den Beinen ruhen, man kann dabei sogar die Arme verschränkt oder in jeder beliebigen Position halten, sodass niemand mitbekommt, was man da gerade macht!
- Sogar wenn man es ohne Worte macht, kann das manchmal eine physische Verbindung herstellen und die Anspannung und Gedankenflut verringern.
- Eine kleine Übung wie diese ist natürlich keine simple Lösung für die Schwierigkeiten, mit denen diese junge Frau zu kämpfen hatte, aber als praktische Übung fand sie sie nützlich und stärkend und praktizierte sie mehrmals am Tag.

Ein Rahmen für Wohlbefinden

Das Einbetten von achtsamkeitsbasiertem Wohlbefinden in die gesamte Schulstruktur, wird noch kohärenter, wenn wir anfangen, Wohlbefinden, Achtsamkeitstraining und SEL in unsere Bildungspläne und unsere Schulphilosophie einzubeziehen. Im folgenden Kapitel beschäftigen wir uns eingehender mit Fragen der Kohärenz und Implementierung und zeigen das Beispiel einer Schule auf, die bereits ihre Strukturen, Lernziele und Lehrplaninhalte dementsprechend entwickelt oder angepasst hat.

FALLSTUDIE: DER WEG EINER SCHULE ZUM WOHLBEFINDEN

Wie viele andere Schulen ist die American School of The Hague, ASH, (Amerikanische Schule in Den Haag) seit Jahren auf einem Weg, der zu Wohlbefinden und Resilienz für alle Lernenden führen soll. Und wie viele Schulen konzentrieren auch wir uns manchmal so stark auf das Ziel, (d. h. ein ganzheitliches Programm für Wohlbefinden), dass wir vergessen, die Erfolge zu feiern, die wir auf unserem Weg bereits erreicht haben. Durch eine Reihe von Initiativen, die wir in den vergangenen Jahren gestartet haben, erreichen wir langsam, aber sicher eine »kritische Masse« von Erwachsenen, die für einen ganzheitlichen Ansatz für Wohlbefinden eintreten. Einige dieser Initiativen für das Kollegium beinhalteten:

- Trainings und aktives Teilen von Forschungsergebnissen und Unterrichtsmaterialien.
- Nutzung einer persönlichen Achtsamkeits-Apps.
- Regelmäßige Achtsamkeitsmomente zu Beginn einer Konferenz.
- Professionelle Unterstützung für Kolleg*innen auf dem Weg von »Achtsam sein« über »Achtsam unterrichten« bis hin zu »Achtsamkeit unterrichten«.

Daraus ergaben sich auch zunehmend Initiativen für Schüler*innen, einschließlich

- Achtsamkeitskurse für alle Schüler*innen der Klassen 6 bis 8.
- Die Gründung eines von Schüler*innen geleiteten Yoga-Clubs.
- Persönliche Sitzungen für Wohlbefinden im Rahmen der Beratungen in der Oberstufe.
- Geführte Atemübungen zu Beginn mancher Unterrichtsfächer und zu Beginn jeder Prüfung.

Gleichzeitig haben wir auf unserem Weg, ein ganzheitliches Programm für Wohlbefinden zu entwerfen, mit Schüler- und Elternvertretungen zusammengearbeitet, um noch genauer herauszuarbeiten, wie ein solches Programm in unserer Schule aussehen könnte. Wir haben begonnen, einen Rahmenplan zu entwickeln, den wir »Being well. Doing well« genannt haben. Um diesen Prozess zu unterstützen, sind wir als erste Schule in Europa eine dreijährige Partnerschaft mit Dr. Lea Waters aus Australien und ihrem Visible Wellbeing Program eingegangen.

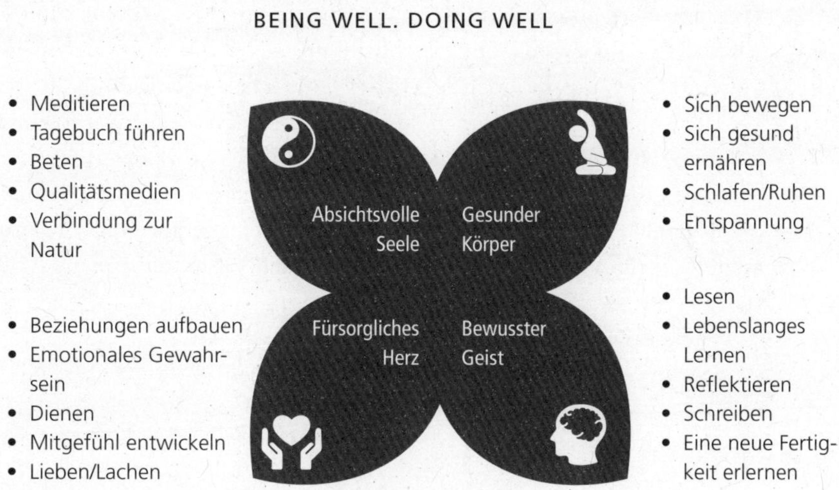

Abbildung 10: Ein Rahmen für das Wohlbefinden

Quelle: Dank an das ASH-Being-Well-Doing-Well-Team
Bart Dankaerts, CAS und Service Learning, Coordinator, American School of The Hague

Indem wir diese Standards und Kompetenzen in unsere Lehrpläne und in den Schulalltag integrieren, finden wir nach und nach praktische Wege, diese tieferen Qualitäten zu einem selbstverständlichen Teil der täglichen Erfahrung in der Schule werden zu lassen. Dieser Prozess gelingt vielleicht ein bisschen einfacher, wenn Sie das Glück haben, eine Schulvision von Anfang an mitplanen zu können.

Eine Schulleiterin: Sei offen, neugierig und freundlich

Ich bekam die Gelegenheit, Schulleiterin einer neuen Schule zu werden, und konnte so glücklicherweise meinen Teil dazu beitragen, dass unser Fokus von Anfang an auf mentalem und emotionalem Wohlbefinden lag. Die Arbeit, Achtsamkeit und SEL in der Schule zu etablieren, begann mit der Entwicklung unseres *Vision Statements.* So entstand das Motto unserer Schule: Sei offen, sei neugierig, sei freundlich. Das war der Anfang. Dieses Motto ist das Fundament unserer Schule und wird durch unsere Achtsamkeitsübungen hochgehalten. Es hat uns ermöglicht, uns auf eine Weise weiterzuentwickeln, die ich nie für möglich gehalten hätte. Diejenigen Lehrkräfte, die in Achtsamkeit geschult wurden, begannen Veränderungen bei sich selbst zu bemerken. Sie waren im Klassenzimmer ruhiger und waren angenehm überrascht, dass die »Atem-Momente« sowohl ihnen selbst als auch ihren Schüler*innen halfen. Alle, die das Gebäude betreten, nehmen unser Motto wahr, weil wir es in allem, was wir tun und sagen, leben und atmen.

Pauline McKenna, Leiterin der Kanata Highlands Public School, Ottawa, Kanada

Wahrscheinlich ist es aber eher die Regel, dass man in einer Schule oder einer Bildungseinrichtung arbeitet, in der es mehr Widerstände gegen Veränderungen gibt. Wir werden das im folgenden Kapitel noch genauer beleuchten, aber es kann hilfreich sein, Beispiele von Schulgemeinschaften zu sehen, die in diesem Bereich Pionierarbeit geleistet haben, und zu erkennen, welche positiven Wirkungen das auf unsere Schüler und Schülerinnen haben kann.

Wir möchten dieses Kapitel mit dem persönlichen Blick einer Mutter auf das ASH-Programm für Wohlbefinden abschließen. Sie hat unmittelbar erfahren, welche Vorteile die Bemühungen der Schule um das Wohlbefinden der Schüler*innen und die Einführung von Achtsamkeit in der Schulgemeinschaft mit sich bringen:

Eine Mutter: Achtsamkeit in der Bildung aus der Perspektive einer Mutter

Im Schuljahr 2011/2012 waren die Kinder von Kara Smith an der ASH mit Achtsamkeit vertraut gemacht worden. Ihre Tochter belegte einen achtwöchigen Kurs, der in der achten Klasse in das Fach Sport/Gesundheitserziehung integriert war, und ihr Sohn nahm an einer innovativen, maßgeschneiderten Unterrichtseinheit im Sozialkundeunterricht der sechsten Klasse teil, bei der Achtsamkeitsübungen Bestandteil einer Lektion über chinesische Kultur waren.

»Ich wusste sofort, dass etwas nicht stimmte, als ich sah, dass mein 12-jähriger Sohn anrief: Er hätte um diese Zeit in seiner Klasse an seiner neuen Schule sein müssen, doch stattdessen rief er mich völlig panisch aus der Schultoilette an. Für eine gefühlte Ewigkeit lauschte ich dem Geräusch seiner schnellen, flachen, stoßweisen Atmung und seiner bebenden Stimme, mit der er stockend Worte hervorstieß, um die Situation zu schildern, die eine solche Angst ausgelöst hatte. Ich meinte, sehen zu können, wie ihm die Tränen in die Augen traten, während er versuchte, tapfer zu bleiben … nach einem Anker suchend, während er in einem aufgewühlten Meer von Ängsten, Erschöpfung und Leid herumgeschleudert wurde.

Ich fühlte mich vollkommen hilflos: das schlimmste Gefühl als Mutter oder Vater, wenn es deinem Kind schlecht geht. Mein Verstand suchte nach ›Lösungen‹, um ihm zu helfen, aber ich kannte niemanden in der Schule und war weit weg auf einer Geschäftsreise.

Und dann – fast aus Verzweiflung – nahm ich innerlich Abstand, gegen meinen Impuls, einzuspringen und die Sache ›in Ordnung zu bringen‹. Ich erinnerte mich an die Achtsamkeitslektionen, die er in seiner alten Schule gelernt hatte. ›Lass uns aufhören zu reden, lass uns jetzt einfach nur die 7–11-Atmung machen‹, schlug ich vor. ›Lass uns aufhören, darüber nachzudenken und uns zu sorgen – lass uns für zwei Minuten einfach nur atmen.‹

Ich werde nie vergessen, wie sich seine Atemgeräusche allmählich veränderten, während wir über die große Entfernung hinweg gemeinsam ein- und ausatmeten. Ich hörte tatsächlich, wie sein Atem langsamer wurde und in einen steten, gleichmäßigen Rhythmus überging, bis er in der Lage war, die Situation klarer zu schildern.

Und ich stellte auch fest, dass ich selbst vom panischen ›Was kann ich tun, um ihm zu helfen?!?‹ in eine ruhigere, stabilere Verfassung kam, aus der ich die nächsten Schritte mit ihm besprechen konnte. In seinen Worten: ›Ich konnte klarer darüber nachdenken, was wirklich das Problem war, oder nicht, und mir überlegen, wie ich damit umgehen könnte.‹

Ich war immer eine absolute Befürworterin der Achtsamkeitslektionen gewesen, die meine Kinder im Schuljahr zuvor gelernt hatten. Ich verstand die wissenschaftliche Grundlage und bewunderte die Schule dafür, dass sie die Schüler*innen – und Eltern und Lehrkräfte – mit derart praktischen Tools für Wohlbefinden ausstattete. Aber bis dahin hatte ich den greifbaren, messbaren Effekt, den sie in unerwarteten Situationen entfalten können, noch nicht wirklich erfahren.

An diesem Tag erwiesen sich die Techniken, die wir vor fast einem Jahr gelernt hatten, tatsächlich als Rettung für uns beide. Alle in meiner Familie haben seither immer wieder auf die Achtsamkeitslektionen der Schule zurückgegriffen – manchmal in entscheidenden Momenten, wie beispielsweise vor einer Prüfung oder einem wichtigen Spiel, und manchmal, um nach einem hektischen Tag einfach ›herunterzukommen‹ oder um ein Gespräch zu erleichtern. Ich habe beobachtet, wie meine Kinder diese Tools an ihre Bedürfnisse angepasst und verinnerlicht haben, während sie mit ihren eigenen Stresspunkten, Ängsten und Spannungen arbeiten.

Auch wenn sie jetzt bereits junge Erwachsene sind, hat sich in gewisser Hinsicht für meinen Sohn und meine Tochter seit ihrer Kindheit wenig geändert. Wie sagt man so schön: ›Kleine Kinder, kleine Probleme … große Kinder, große Probleme.‹ Obwohl sie sehr verschieden sind, tragen sie dieselben Ängste, Stress- oder Spannungsmuster sowie dieselben Stärken und Einstellungen in sich, wie in ihren jungen Jahren. Und auch wenn die Momente, in denen sie unter Druck stehen, nicht unbedingt verschwinden, hat ihre Fähigkeit, aus einem inneren Raum des achtsamen Gewahrseins darauf zu antworten, ihre Lebenserfahrungen zum Besseren verändert.«

ZUSAMMENFASSUNG

In diesem Kapitel haben wir

- gesehen, wie das umfassendere Potenzial von Achtsamkeit sichtbar wird und zum Tragen kommt, wenn es im gesamten Lehrplan mit sozial-emotionalen Programmen und Initiativen kombiniert wird,
- untersucht, welche positiven Auswirkungen die Entwicklung von metakognitiven Kompetenzen und Aufmerksamkeitskompetenzen durch ein Achtsamkeitstraining für Schüler*innen hat – insbesondere für Schüler*innen mit Förderbedarf,
- das Beispiel eines Schulprojekts betrachtet, das zum Ziel hat, achtsamkeitsbasiertes Wohlbefinden in die Lehrpläne und die Schulkultur zu integrieren.

8

Einen kohärenten Ansatz entwickeln: die Umsetzung

Fragen und Antworten

IN DIESEM KAPITEL ERÖRTERN WIR:

- häufig auftretende Fragen, die beantwortet werden müssen, und Herausforderungen, die es zu überwinden gilt, wenn wir uns von individuellen Ansätzen einiger Pioniere zu einer Veränderung des gesamten Systems hinbewegen wollen.
- wie die Arbeit, die wir alle tun, zu einer grundlegenden Verlagerung des Schwerpunkts in unseren Schulen beitragen kann, indem wir das Wachstum und Wohlbefinden der Schüler*innen neben den schulischen Leistungen als zentrale Elemente unseres Bildungssystems in unsere Bildungspläne einbeziehen.

Eine der Fragen, die uns in Bildungseinrichtungen- und projekten in aller Welt am häufigsten gestellt wird, lautet: *Wie kann ich das in meiner Schule auf eine Weise einbringen, die zu dauerhafter Veränderung führt?* Unsere spontane Antwort lautet dann möglicherweise: Das hängt von Ihrem Umfeld ab. Das ist vielleicht keine besonders zufriedenstellende Antwort, aber die Realität ist nun einmal so, dass es von einer ganzen Reihe von Faktoren abhängt, die charakteristisch für Ihre Schulgemeinschaft sind. Nicht alle Schulen haben die gleichen Rahmenbedingungen – und natürlich wird diese Arbeit leichter in Schulen umzusetzen sein, die mehr Mittel und Raum haben, neue Dinge auszuprobieren. Es hängt sehr viel vom Budget und von Gelegenheiten ab, aber auch von der Leitungsebene und der Unterstützung der Gemeinschaft. In diesem Kapitel haben wir einige Schlüsselfragen zusammengetragen, die von Lehrkräften und Eltern zum Thema Wohlbefinden gestellt werden und wir hoffen, dass einige der Antworten zusammen mit den persönlichen Erfahrungsberichten und den Expertenkommentaren Ihnen helfen, sich über Ihre eigenen Vorstellungen in Bezug auf dieses Thema klar zu werden und Ihnen praktische Führung geben, wenn Sie die nächsten Schritte in Ihrer Schule machen.

Die Fragen in Teil 1 drehen sich um organisatorische Probleme, während in Teil 2 andere häufig gestellte Fragen behandelt werden.

Teil 1: Organisatorische Fragen

? Frage 1: Wie kann ich anfangen, achtsamkeitsbasiertes Wohlbefinden in meiner Schule voranzubringen und zu entwickeln?

- Vielleicht machen Sie als Klassen-, Fach-, oder Förderlehrer*in Ihre Schüler*innen bereits mit achtsamkeitsbasiertem Wohlbefinden vertraut und fragen sich, wie Sie sich am besten die Unterstützung von interessierten Kolleg*innen oder der Schulleitung sichern können.

- Vielleicht sind Sie die Schulleitung und möchten, dass Wohlbefinden in Ihrer Schulgemeinschaft einen höheren Stellenwert einnimmt.
- Oder Sie sind Mutter oder Vater eines Schulkindes und möchten diese Entwicklung in der Schule Ihres Kindes unterstützen.

Wo fangen Sie also an?

Fangen Sie da an, wo Sie sind …

Es gibt keine Universallösung und jede Schule arbeitet in einem anderen Umfeld. Ein wichtiger Teil Ihrer »Reise« besteht darin, zu lernen, innerlich einen Schritt zurückzutreten und zu versuchen, die Wechselwirkungen der komplexen Faktoren zu verstehen, die das Wohlbefinden in unseren Schulgemeinschaften beeinflussen. Diese kognitive Fähigkeit, »das Gesamtsystem« als das zu sehen, was es ist, mit einer zunehmend verkörperten Präsenz durch die eigene Praxis zu verbinden, ist ein effektiver Weg, Veränderungen in unseren Schulen zu bewirken.

Indem Sie als Lehrkraft Achtsamkeit verkörpern, stärken Sie die Beziehung zu Ihren Schüler*innen, und vielleicht stellt sich auch eine ruhigere Atmosphäre in Ihrem Klassenzimmer ein. Das kann sich dann allmählich auf den Lernerfolg auswirken und potenziell interessierte Kolleg*innen aufmerksam machen.

Falls Sie die Schulleitung sind und in Ihrem Kollegium Lehrkräfte haben, die sich in diesem Bereich auskennen und engagieren und einen achtsamen Ansatz zu Wohlbefinden verkörpern, dann sind das die Leute, mit denen Sie arbeiten sollten (siehe Frage 2).

Wenn Sie Mutter oder Vater eines Schulkindes sind, können Sie die Gesundheit und das Wohlbefinden Ihres Kindes fördern sowie zur Verbesserung des gesamten Schulklimas beitragen, indem Sie sich mit den Lehrkräften und leitenden Personen der Schule zusammentun, die begonnen haben, diese Arbeit zu erforschen und voranzubringen.

Gute Absichten und bessere Verbindungen allein genügen jedoch nicht, um eine Veränderung anzustoßen. Die systemische Sichtweise hat gezeigt, dass sogar eine Gruppe von Individuen mit besten Absichten in einem mangelhaften System manchen Menschen schaden kann, denen sie eigentlich helfen will. Auf der Basis der bislang begrenzten Forschungsergebnisse über die Implementierung von Achtsamkeit in der Bildung können wir sagen, dass der Übergang von punktuellen, experimentellen Bemühungen einzelner Lehrkräfte zu einem ganzheitlicheren Ansatz in der gesamten Schule weder ein reibungsloser noch ein einfacher Prozess ist. Unsere Erfahrungen bei der Arbeit mit Schulen und Lehrkräften in aller Welt und die bisher verfügbaren Forschungsergebnisse in Bezug auf die erfolgreiche Implementierung haben uns im Laufe der vergangenen zehn Jahre gezeigt, dass

1. sich ein Top-Down-Ansatz zur Implementierung von achtsamkeitsbasiertem Wohlbefinden bisher als wenig effektiv erwiesen hat,
2. einzelne Lehrerkräfte, die für sich allein in diesem Bereich arbeiten, im Allgemeinen nicht in der Lage waren, Veränderungen in der gesamten Schule oder im System zu bewirken,
3. (und jetzt die gute Nachricht …) Pionierarbeit »von unten nach oben« in Kombination mit der Unterstützung »von oben« und der Bereitstellung entsprechender Ressourcen dazu beitragen kann, einen echten Wandel in Bildungssystemen zu bewirken.

»Champions« oder auch Pionier*innen, unterstützt von einer visionären Schulleitung, die erkannt hat, welchen Wert die Selbstfürsorge der Lehrkräfte und die Entwicklung eines ausgewogenen Ansatzes in Bezug auf die schulischen Leistungen und das Wohlbefinden der Schüler*innen haben, haben gezeigt, dass diese Formel dazu beiträgt, die erfolgreiche Implementierung in Schulen voranzubringen. (Wilde et al., 2018)

Frage 2: Wie können wir die Schulleitung für diese Arbeit gewinnen?

Sofern eine Lehrkraft nicht bereits ein eigenes Interesse an persönlichem Wachstum, Wohlbefinden oder Achtsamkeit hat, kann das ein schwieriges Unterfangen sein. Aus unterschiedlichsten Gründen fällt es den meisten Schulleitungen nicht leicht, hier die Initiative zu ergreifen. Selbst wenn sie erkennen, dass es notwendig wäre, sich mit dem Thema »Psychische Gesundheit der Schüler*innen oder Wohlbefinden der Lehrkräfte« auseinanderzusetzen, ist der von den Lehrplänen vorgegebene Zeitrahmen oft so eng und die ihnen persönlich zur Verfügung stehende Zeit so begrenzt, dass diese Faktoren sie daran hindern, ernsthaft in Erwägung zu ziehen, Raum für persönliche Reflexion und persönliches Wachstum zu schaffen. Viele von uns vermeiden es, der Selbstfürsorge Raum zu geben, bis sie sich durch eine Krankheit oder Burnout dazu gezwungen sehen. In einigen Fällen wurden Schulen durch einen tragischen Vorfall der Selbstschädigung oder einen Suizid dazu gezwungen, sich mit Angststörungen oder Depressionen bei Schüler*innen auseinanderzusetzen. Auch wenn wir solche Tragödien nie ganz verhindern können, obliegt es den Schulleitungen in Anbetracht der gegenwärtigen weltweiten Trends in Bildungssystemen, sich proaktiver darum zu bemühen, das Thema mentale Gesundheit von Schüler*innen auf die Tagesordnung zu setzen. Der durch die Covid-19-Pandemie verursachte Bruch und die damit einhergehenden Bedrohungen für die physische, soziale, emotionale und mentale Gesundheit von Kindern und Jugendlichen, Lehrkräften und Familien führte vielen Schulen und Schulleitungen vor Augen, wie enorm wichtig es ist, Gesundheit und Wohlbefinden im Bildungswesen zu priorisieren.

Wenn interessierte Schulleitungen in ihren Schulen auf Lehrkräfte treffen, die bereits Wohlbefinden, Achtsamkeit und Selbstfürsorge in ihren Klassen fördern, kann das der beste Weg sein. Denn so können sie eine Menge über die positiven Auswirkungen und die Herausforderungen dieser kollektiven Reise zu mehr Wohlbefinden erfahren. Und indem sie diesen »Vorreiter*innen« unter den Lehrkräften zuhören und sich mit ihnen zusammenschließen, zeigen sie ihnen, dass sie ihre Bemühungen zu schätzen wissen und an den potenziellen Benefits interessiert sind, die solche Ansätze für die Schulgemeinschaft haben können.

Manchmal kann es auch hilfreich sein, einen externen Trainer oder eine Trainerin hereinzuholen, um die Entwicklung, die gerade in der Schule begonnen hat, zu verstärken und das Thema der gesamten Schulgemeinschaft auf eine allgemein verständliche und erfahrungsorientierte Weise nahezubringen.

Auf der Grundlage von relevanten wissenschaftlichen Erkenntnissen und einer soliden Praxis können solche Einführungen dazu beitragen, Interesse zu wecken. Und wenn Schulleitungen dann feststellen, dass sich auch andere Lehrkräfte engagieren, nehmen sie allmählich mehr Notiz davon. Forschungsergebnisse, die auf einen Zusammenhang zwischen schulischen Leistungen und sozial-emotionalen Interventionen hinweisen, können hier auch wichtig werden (siehe Kapitel 7), ebenso die wissenschaftliche Evidenz in Bezug auf ein Achtsamkeitstraining für Aufmerksamkeit, Emotionsregulation und Selbstgewahrsein (siehe Kapitel 4). Es ist auch wichtig, dass Schulleitungen von Kolleg*innen aus anderen Schulen Positives über deren Bemühungen hören, sich dem Thema »psychische Gesundheit« zu nähern und auf die sozialen und emotionalen Aspekte des Lernens zu fokussieren. In dieser Hinsicht kann Vernetzung also sehr hilfreich sein.

Achtsame Führung und Wohlbefinden am Arbeitsplatz sind heute in der Wirtschaft und im Management brandaktuelle Themen und es gibt viele Programme und Konferenzen zu diesem Thema.

Ein paar Beispiele:

- **Institute for Mindful Leadership** – www.instituteformindfulleadership.org/
- **Search Inside Yourself Leadership Institute** – https://siyli.org/
- **Inner MBA** – https://innermba.soundstrue.com/

Wenn Schulen die Möglichkeit haben, ihre Leitungen zu solchen Kursen oder sogar zu Trainingsprogrammen für Wohlbefinden in der Schule (die sich speziell an sie richten) zu schicken, kann das ebenfalls höchst vorteilhaft sein – weil sie dann besser verstehen, wie wichtig Wohlbefinden ist – für die Schulgemeinschaft und zugleich für ihr eigenes Wohlergehen in einem fordernden Beruf. Hier finden Sie einige Beispiele dazu aus dem englischsprachigen Raum:

- **Transformative Educational Leadership:** Transformative Führung, Equity, SEL, Mindfulness – www.teleadership.org/
- **CARE (Cultivating Awareness and Resilience in Education):** Training für Schulleitungen – https://createforeducation.org/
- **Passageworks:** Transformative Führung für Schulleitungen – https://passageworks.org/our-programs/
- **Mindfulness in Schools Project:** Training für Schulleitungen zu Achtsamkeit in Schulen – https://mindfulnessinschools.org/school-mindfulness-lead/
- **MindWell Education** – Die Kultivierung achtsamer Führung in der Bildung: Training für Schulleitungen und angehende Schulleitungen – www.mindwell-education.com/

Wir weisen Schulleitungen oft darauf hin, dass eine der effektivsten Formen der beruflichen Weiterbildung darin bestehen kann, Lehrkräfte zu motivieren, für ihr eigenes Wohlergehen an einem achtwöchigen Achtsamkeitskurs teilzunehmen. Wer würde nicht wollen, dass seine oder ihre Lehrkräfte einfühlsamer mit den Schüler*innen und Kolleg*innen umgehen? Dass sie in herausfordernden Situationen ruhiger bleiben und beim Unterrichten präsenter sind? In Schulen, in denen eine signifikante Anzahl von Lehrkräften an Achtsamkeitskursen teilnimmt, melden sich häufig Mitglieder des Leitungsteams an. Das setzt ein Zeichen für Lehrkräfte und andere Personen, die eine Leitungsfunktion in der Schule innehaben.

Eine Rektorin: Aus der Perspektive einer Schulleiterin

Ich nahm an einem achtwöchigen Kurs »Stressbewältigung durch Achtsamkeit« teil und war von den positiven Auswirkungen angenehm überrascht. Ich stellte fest, dass sich meine Schlafqualität verbesserte, ich hörte aufmerksamer zu und war mir meiner Gedanken bewusst. Bei Gesprächen mit Kolleg*innen oder Eltern stellte ich fest, dass ich mich mehr aufs Zuhören konzentrierte, um den anderen zu verstehen, anstatt innerlich schon meine Antwort vorzubereiten. Ich stand mehr für Gespräche zur Verfügung. Ich nahm stärker wahr, was in meinem Körper und Geist vor sich ging. Dieses Gewahrsein half mir, rechtzeitig zu bemerken, wenn in meinem Körper Stress aufkam und was ich tun musste, um durchzukommen. Ich kann Dinge, mit denen ich mich zwanghaft beschäftigt habe, besser loslassen und mich selbst daran erinnern, »loslassen, loslassen, loslassen«. Ich fühle mich einfach wohler mit mir selbst – so, wie ich bin. Je mehr ich praktiziere, desto mehr positive Veränderungen entdecke ich bei mir persönlich und in meinem Führungsstil. Wir alle müssen unser Selbstgewahrsein und unsere Selbstregulation verbessern! Wenn ich das für mich als Schulleiterin zur Priorität mache, werden es auch die Kollegen und Kolleginnen tun.

Pauline McKenna – Rektorin der Kanata Highlands Public School, Ottawa, Kanada

Die Brille des Wohlbefindens

In den Schulen, mit denen wir gearbeitet haben, macht es anscheinend wirklich einen Unterschied, wenn eine Reihe von Lehrer*innen anfangen, ihre Schulgemeinschaft durch eine »Brille des Wohlbefindens« zu betrachten. Wenn man sich auf diese Reise begibt, ist es wichtiger, sich Zeit zu nehmen, um die Sache zunächst »von der Talsohle aus« (siehe Schlusswort) zu betrachten, anstatt einen neuen strategischen Plan oder eine Liste von vereinbarten Zielen zu erstellen. Der Probleme wirklich gewahr zu sein, sie gemeinsam zu untersuchen und sich offen auszutauschen, kann sich sehr positiv auf die Entwicklung nachhaltiger Lösungen auswirken. Wir empfehlen, zur Vertiefung des Dialogs strukturierte Ansätze zu nutzen, die einen sicheren Raum schaffen und achtsames Sprechen und Zuhören unterstützen (siehe Kapitel 7). Wenn immer mehr Mitglieder einer Schulgemeinschaft, einschließlich Eltern, Schüler*innen, Lehrkräften und Leitungen, anfangen, von dieser tieferen Ebene aus zu agieren und den tieferen Sinn von Bildung mit den realen menschlichen Bedürfnissen der Gesellschaft zu verbinden, können wir den Raum schaffen, um unsere Schulen »neu zu denken«: als Orte, an denen junge Menschen lernen, wachsen und Erfolg haben, während sie dabei gesund bleiben und sich wohlfühlen. Wenn die Leute anfangen, durch diese »Brille des Wohlbefindens« zu schauen, tun sich allmählich Möglichkeiten auf – sogar innerhalb der sehr realen Grenzen, die durch den Mangel an Zeit und Mitteln vorgegeben werden.

Frage 3: Wann und wie beziehen wir die Eltern ein?
Das ist ein entscheidendes Element einer jeden erfolgreichen Schulinitiative. Wir müssen über die »Wir-gegen-sie-Mentalität« hinausgelangen, die manchmal zwischen Schulen und Eltern existiert und wieder die gemeinsamen Ziele der Bildung in den Vordergrund stellen. Indem wir den Dialog darüber vertiefen, worauf es in der Bildung wirklich ankommt, geht es uns darum, beide Gruppen in ihrem Wunsch zusammenzuführen, junge Menschen bei ihrem Wachstum und in ihrem Wohlbefinden zu unterstützen. Wir haben gesehen, wie Schulen diesen Prozess angestoßen haben, indem sie alle interessierten Parteien zu einem »Runden Tisch« einluden. Das kann Lehrkräfte, Eltern, Schüler*innen und Schulleitungen einschließen, sodass alle ermutigt sind, ihre Sichtweisen einzubringen, mit Mitspracherecht beim Prozess. Dabei ist es von entscheidender Bedeutung, alle Parteien auf dem Laufenden zu halten. Informationsveranstaltungen für Eltern sind also unverzichtbar, um sich die Unterstützung für diese wichtige Arbeit zu sichern. Wir werden oft von Schulen gebeten, solche Veranstaltungen für

Eltern und Lehrkräfte abzuhalten, und viele Schulen bieten inzwischen Achtsamkeitskurse (und manchmal Kurse über achtsame Erziehung) für ihre Elternschaft an.

Es ist wichtig, dass man sich in dieser Anfangsphase Zeit nimmt. Indem wir uns – mit Herz und Verstand – auf die Frage »*Was wollen wir wirklich für unsere Kinder?*« konzentrieren, entdecken wir in den meisten Fällen mehr Verbindendes als Trennendes. Und auf dieser gemeinsamen Basis können wir durch respektvolles, ehrliches und aufmerksames Sprechen und Zuhören ein gemeinsames Fundament für achtsamkeitsbasiertes Wohlbefinden aufbauen.

Manchmal mag es praktikabler sein, zunächst die Pionierarbeit der »Champions« in der Schule zu unterstützen, bevor man die Eltern einbezieht. Sich zuerst auf die Selbstfürsorge der Lehrer*innen zu fokussieren und dann weitere Lehrkräfte durch ein Training darauf vorzubereiten, Achtsamkeitsübungen in ihren Klassen einzustreuen, kann ein guter Ausgangspunkt sein. Wenn eine solche Initiative in Schulen gestartet wurde, verlangt oft ein erheblicher Anteil engagierter Eltern nach mehr. In einer Schule, mit der wir gearbeitet haben, begann die Hauptinitiative beispielsweise in der Grundschule, aber dann wünschten die Eltern der Oberstufen-Schüler*innen nachdrücklich Unterstützung auch für ihre Jugendlichen in Fragen der psychischen Gesundheit und des Wohlbefindens. Wir haben die Erfahrung gemacht, dass Eltern an diesem Thema sehr interessiert sind. Sie sind oft selbst gestresst und haben großes Interesse daran, etwas über Stressmanagement zu lernen. Außerdem wollen sie wissen, wie sie ihre Kinder, die teilweise unter Angststörungen, Depressionen oder anderen psychischen Problemen leiden, am besten unterstützen können.

Frage 4: Was, wenn dieser Schwerpunkt auf sozialen und emotionalen Kompetenzen und Wohlbefinden zu viel Zeit in Anspruch nimmt und das Budget belastet?

Die Anforderungen an die einzelne Lehrkraft, an Schulleitungen und Schulen sind im Allgemeinen ohnehin enorm hoch. Der Druck, Lehrpläne zu erfüllen, kann intensiv sein, und Lehrkräfte fühlen sich manchmal verpflichtet, um weitere Minuten für ihr Fach zu kämpfen, damit sie ihre Schüler*innen angemessen auf Prüfungen vorbereiten können. Herausforderndes Verhalten und psychische Probleme erhöhen die Anforderungen an das Classroom-Management. Budgets sind begrenzt und es ist eine große Herausforderung, die finanziellen Mittel, aber auch die Zeit für neue Initiativen aufzubringen, mögen sie in unseren Augen noch so wichtig sein.

Früher bekamen wir solche Bedenken öfter zu hören als heute, was darauf hinweist, dass viele Schulen inzwischen die Notwendigkeit dieser Arbeit akzeptieren und ihren Wert erkennen. Aus eben diesen Gründen und aufgrund des ganzen Drucks ist es entscheidend, dass Lehrkräfte, Schulleitungen, Schulen und Bildungssysteme Zeit für Reflexion »herausschinden«. Wir müssen anfangen, offen miteinander darüber zu reden *»wie wohl wir uns fühlen«*. Unsere tiefere Motivation, Lehrer*in zu werden, hinterfragen. Uns etwas von der kostbaren Zeit nehmen, um uns auf das eigene Wohlbefinden zu konzentrieren. Wege finden, uns selbst und einander zu unterstützen, um in der Lage zu sein, unser Bestes für unsere Schüler*innen und die Zukunft unserer Schulen zu geben. Wie wir beobachten konnten, kann es eine konkrete Auswirkung auf das Wohlbefinden der Schüler*innen haben, wenn die Lehrkräfte sich wohlfühlen. Den meisten Schulleitungen ist heutzutage die Bedeutung von Wohlbefinden in der Schule klar. Sie (an)erkennen, dass psychische und physische Gesundheit die Basis für das Lernen und die Entwicklung sind. Sie wissen, dass der Erwerb von emotionalen Kompetenzen einen riesigen Unterschied im Hinblick auf das weitere – persönliche und berufliche – Wachstum der jungen Menschen haben kann, die in ihrer Obhut sind.

Was die erforderliche Zeit angeht, hängt es davon ab, wofür genau Sie sich Zeit nehmen wollen. Ein konkretes Wohlbefinden/Achtsamkeits/SEL-Curriculum erfordert eine bestimmte Anzahl an Wochenstunden, je nachdem, für welches Programm sich Ihre Schule entscheidet. Vielen Schulen ist es gelungen, solche Kurse in existierende Fächer, Beratungsstunden oder seelsorgerische Angebote einzubetten. Aber auch ohne einen bestimmten Kurs oder ein bestimmtes Curriculum zu unterrichten, können viele Lehrer*innen den Tag mit kurzen Momenten der Ruhe »würzen« und ihren Schüler*innen damit helfen, sich auf eine Weise zu regenerieren, die sowohl das Lernen als auch das Wohlbefinden fördert, ohne allzu viel Zeit in Anspruch zu nehmen. Es wird einfach zu einem normalen Teil des Schulalltags.

Wenn Schulen sich die Zeit nehmen, sich auf soziale und emotionale Aspekte des Lernens zu fokussieren, können die Auswirkungen auf die schulischen Leistungen beeindruckend sein (siehe SEL und Lernerfolg, Kapitel 7). Wir sagen nicht, dass wir Schüler*innen in Achtsamkeit und SEL-Kompetenzen unterrichten sollten, damit sie bei Prüfungen besser abschneiden, genauso wenig wie wir behaupten, dass Lehrer*innen ein größeres Arbeitspensum übernehmen könnten, wenn man sie in Selbstfürsorge schulte. Es ist allerdings wichtig, qualitativ hochwertige wissenschaftliche Evidenz zu haben, um vielbeschäftigten Schulleitungen zu zeigen, was wir instinktiv bereits wissen: dass wir nicht gut lernen, wenn es uns nicht gut geht.

Frage 5: Wie nachhaltig ist achtsamkeitsbasiertes Wohlbefinden? Was, wenn unsere »Champion-Lehrkräfte« die Schule wechseln?

Das ist eine berechtigte Sorge, die viele Schulleitungen in Bezug auf jedes spezialisierte Training haben – nicht nur im Bereich Wohlbefinden und Achtsamkeit. Wenn starke Lehrkräfte mit besonderer Expertise eine Schule verlassen, hinterlassen sie unweigerlich eine Lücke. Es kann eine noch größere Herausforderung sein, SEL- und Achtsamkeitstrainer*-

innen zu ersetzen, weil dieses Training so stark von persönlichen Qualitäten abhängt, die eingeübt und weiterentwickelt wurden. Deshalb sagen wir: »Dies entspricht nicht Ihrer durchschnittlichen beruflichen Entwicklung.«

Das Standardmodell für persönliche Weiterentwicklung funktioniert in den meisten Schulen so, dass eine Lehrkraft, die in neuen Kompetenzen geschult wurde, zurückkommt und diese Skills direkt an ihre Kolleg*innen weitergibt. Das funktioniert allerdings nicht besonders gut bei einer Lehrkraft, die an einem intensiven Training in achtsamem Gewahrsein teilgenommen hat: Sie kann nach ihrer Rückkehr an die Schule nicht direkt ihre Kolleg*innen trainieren. Dies erfordert ein höheres Level an spezialisierter Vorbereitung und Training, also müssen wir uns alternative Modelle anschauen, um in der Lage zu sein, Achtsamkeits-Initiativen aufrechtzuerhalten.

Manche Schulen haben es geschafft, ein schulinternes Training zu entwickeln, indem sie Lehrkräfte dabei unterstützten, ein entsprechendes Zertifikat zu erwerben, um beispielsweise achtwöchige Achtsamkeitskurse für ihre Kolleg*innen abhalten zu können. Eine Schule, mit der wir gearbeitet haben, setzte voraus, dass neue Lehrer*innen an einem achtwöchigen Achtsamkeitskurs sowie einem Wochenend-Retreat für Lehrkräfte teilnahmen – beides wurde schulintern angeboten. Das können vielleicht nicht viele Schulen leisten, aber im Hinblick auf Nachhaltigkeit könnte es sehr hilfreich sein, Kontakt mit einer lokalen (oder Online)-Achtsamkeitstrainerin aufzunehmen, die Achtsamkeitskurse für Lehrkräfte abhalten kann.

Manche Schulen haben bei der Einstellung von neuen Lehrkräften auch das Thema »Wohlbefinden« im Blick, um sicherzustellen, dass diese mit den Werten der Schule konform gehen. Wir haben außerdem festgestellt, dass – in Anbetracht des weltweiten Interesses an psychischer Gesundheit und Wohlbefinden – Schulen, die sich für die Entwicklung in diesem Bereich stark machen, attraktiv für Lehrkräfte mit Kompetenzen und/oder Interesse an Wohlbefinden und Achtsamkeit sind.

Wenn Wohlbefinden zu einem Grundelement der Mission und des Konzepts einer Schule wird, muss die Schulleitung Zeit und Ressourcen für die Weiterentwicklung dieses Ansatzes zur Verfügung stellen. Schulleitungen müssen sich natürlich nicht verantwortlich fühlen, sich direkt um das Wohlbefinden jeder einzelnen Lehrkraft zu kümmern, es geht vielmehr darum, dass sie den Wert der Selbstfürsorge von Lehrkräften (an)erkennen und dies sowohl verbal als auch durch die entsprechenden Ressourcen, die sie nach und nach bereitstellen, zum Ausdruck bringen.

Frage 6: In unserer Schule gibt es bereits Initiativen für Wohlbefinden und Achtsamkeit, aber sie finden nur vereinzelt und unregelmäßig statt. Wie können wir sie ganzheitlicher integrieren und unseren Ansatz und unser Angebot kohärenter machen?

Mit dieser Frage (und der folgenden) kommen wir zum Kern der gegenwärtigen Arbeit in diesem Bereich und zu der Frage, die hinsichtlich der Entwicklung von Wohlbefinden durch Achtsamkeit im Fokus steht. Wie Sie den praktischen Beispielen auf diesen Seiten und unseren Empfehlungen bisher entnehmen konnten, geht es bei dieser Frage tatsächlich um die Essenz unseres Buches. Viele Schulen, mit denen wir gearbeitet haben, haben uns diese Frage auf ihrer Suche nach externer Unterstützung direkt oder implizit gestellt. Das sollte uns nicht überraschen angesichts der Tatsache, dass Achtsamkeit in Schule und Bildung noch eine sehr junge Entwicklung ist, mit wenigen etablierten Modellen, die man zur Grundlage der eigenen Arbeit machen kann.

Eine inkohärente Entwicklung ist an sich zunächst kein Problem. Sie ist tatsächlich symptomatisch für die Art und Weise, wie diese Arbeit sich anscheinend entwickelt: Einzelne Lehrkräfte probieren es zuerst für sich selbst und dann in ihren Klassen aus. Auf der nächsten Stufe kann es allerdings chaotisch werden. Vielleicht wissen Kolleg*innen, was Sie in Ihren Klassen machen und wollen etwas Ähnliches ausprobieren. Vielleicht hat auch die Schulleitung von anderen Schulen gehört, in denen

Achtsamkeit unterrichtet wird oder soziales und emotionales Lernen eine zentrale Rolle einnehmen, und will das dann auch in ihrer Schule einführen. Diese Absichten von Kolleg*innen und Schulleitungen sind positiv und verständlich – sie sehen die Notwendigkeit und haben von möglichen Interventionen gehört, also wollen sie aktiv werden. Das ist logisch, nicht wahr? Auf der einen Seite haben wir eine Menge ängstliche oder gestresste Schüler*innen und auf der anderen haben wir Achtsamkeits- oder SEL-Programme, die zur mentalen und emotionalen Gesundheit beitragen sollen. Lasst uns einfach beides zusammenbringen und das Problem ist gelöst! Aber nein – ist es natürlich nicht. Auf diesem Kerngebiet mentaler Gesundheit und Wohlbefindens lernen Schüler*innen mindestens genauso viel, indem sie die Erwachsenen in ihrem Umfeld nachahmen, wie durch ein Programm, das man sie lehrt. Es ist ganz wesentlich, dass die Erwachsenen sich Zeit nehmen, um über ihr eigenes Wohlbefinden, ihre eigene psychische Gesundheit und ihre sozialen und emotionalen Kompetenzen zu reflektieren, bevor sie versuchen, jungen Leuten zu sagen, wie diese damit arbeiten sollten.

Um es mit den Worten unseres Kollegen Chris Willard zu sagen: »Der beste Weg, gestresste Kinder zu produzieren, besteht darin, sie mit gestressten Erwachsenen zu umgeben. Aber das Gegenteil stimmt natürlich auch. Der beste Weg, achtsame, mitfühlende Kinder zu produzieren, besteht darin, sie mit freundlichen, fürsorglichen, mitfühlenden Erwachsenen zu umgeben.«

Auch wenn es dem üblichen Muster unserer Schulen, ihre strategischen Planungen »durchzudrücken« widerspricht: Wenn wir neben den schulischen Leistungen einen bodenständigeren, ganzheitlicheren Ansatz zur Förderung von Wohlbefinden in unseren Schulen integrieren wollen, müssen wir uns die Zeit nehmen, innezuhalten, um zu schauen, was bereits erreicht wurde. Und wir sollten darauf vorbereitet sein, die Dinge langsamer anzugehen, damit wir besser verstehen können, was als Nächstes passieren muss, um einen kohärenteren Ansatz für nachhaltiges Wachstum zu organisieren.

Frage 7: Wie können wir am besten einen Überblick über die Initiativen für Wohlbefinden an unserer Schule gewinnen?

Wir empfehlen Schulen, eine umfassende Umfrage zu Wohlbefinden durchzuführen und sie, wenn möglich, mit einer ganzheitlichen Bewertung des Curriculums der Bereiche Gesundheitsbildung/Leibeserziehung/Beratung-Seelsorge zu verbinden. Falls machbar, sollten Sie eine externe Agentur beauftragen, die eine Umfrage in der gesamten Schulgemeinschaft durchführt und ausgewählte Lehrkräfte, Eltern, die Schulleitung und natürlich vor allem Schüler*innen interviewt. Die Ergebnisse können wieder an die Schulgemeinschaft rückgemeldet werden und dann können Vertreter aus jedem Bereich – mit dem Engagement und der Unterstützung der Schulleitung – als Komitees zusammenarbeiten, um die Arbeit voranzubringen. Die Prozesse, die wir für diese Arbeit nutzen, sollten die ganzheitlichen und humanistischen Werte widerspiegeln, die wir in unser Curriculum einbetten und in unseren Schüler*innen und Lehrkräften wecken wollen (siehe die Amsterdam-Fallstudie im Schlusswort).

Die Schulleitung muss diese qualitativ unterschiedlichen Ansätze ebenso wie die Menschen, die bei dieser Arbeit vorangehen, offen wertschätzen und unterstützen. Für eine erfolgreiche und nachhaltige Implementierung ist es in dieser Phase entscheidend, dass Schulen Zeit und Ressourcen für diese wichtige Arbeit umwidmen. Die Aufmerksamkeit sollte ganz auf einer guten Praxis liegen und die Vorteile dieser Fokusverlagerung für die ganze Schulgemeinschaft verständlich sein. Es kann an diesem Punkt helfen, sich mit Schulen zu vernetzen, die auf einem ähnlichen Weg sind – möglichst mit ein oder zwei, die uns bei dieser Arbeit schon ein bisschen voraus sind.

Nachhaltige Ansätze für Wohlbefinden zu integrieren bedeutet eine große Veränderung für Schulen – Sie müssen also nicht alles auf einmal schaffen! Es ist wichtiger, sich daran zu gewöhnen, innezuhalten und zu reflektieren, sich Zeit zu nehmen, um zu einem Konsens zu kommen und dann kleine Schritte zu machen. Lassen Sie aber nicht zu, dass diese große

Veränderung banalisiert wird, indem man beispielsweise die Erwartung hegt, dass ein »Wohlbefinden-Quiz-Abend« für das Kollegium oder »Achtsame Montage« die Vorbehalte von Lehrkräften und die Stressthemen der Schüler*innen zum Verschwinden bringen. Das können hilfreiche Initiativen sein, aber sie spiegeln nicht die Essenz dessen wider, wovon wir hier sprechen. Andererseits sollte uns der Fokus auf Selbstfürsorge für Lehrkräfte und Stressmanagement nicht davon ablenken, unmittelbare Herausforderungen wie übermäßige Unterrichtsbesuche und Arbeitsbelastung anzugehen. Eine Verschiebung hin zu Achtsamkeit und Wohlbefinden in Schulen erfordert eine komplette und ehrliche Bewertung aller Faktoren und Prozesse, die zu einer Überlastung und Überforderung von Schüler*innen *und* Lehrkräften führen. Indem wir die zentrale Bedeutung von Wohlbefinden in der Bildung verstehen, können wir anfangen, die Systeme zu verändern, die die Lernansätze verstärken, welche tatsächlich unsere tieferen Ziele und Werte untergraben.

Diejenigen, die den Überblick über das Thema »Wohlbefinden« haben, müssen klare und offene Kommunikationsnetzwerke etablieren, mit deren Hilfe sie unterstützende, engagierte Führung anbieten können. Wenn Sie Teil einer solchen Gruppe werden möchten, sollten Sie auch in der Lage sein,

- die gesamte Schulgemeinschaft zu repräsentieren, nicht nur die »Gleichgesinnten«,
- ganzheitlich zu denken – in Bezug auf Menschen und Programme und nicht nur im Hinblick auf die Einrichtung von Zusatzkursen, sondern auch auf das Entdecken von Möglichkeiten, die entsprechenden Kompetenzen auf andere Fächer, Wahlfächer und Schul-Events zu übertragen und dort anzuwenden,
- Ein Vokabular und Kommunikationsstile zu entwickeln, die für Ihre Schulgemeinschaft Sinn ergeben.
- »Frischen« Sie Ihre Ideen immer wieder auf, besinnen Sie sich immer wieder auf das, was Sie hier umzusetzen versuchen und auf sich selbst, auf Ihre Absichten und auf das, was Sie wirklich für Ihre Kinder wollen.

Wir empfehlen auch, dass Schulen, wo es möglich ist, eine Stelle eines »Koordinators für Wohlbefinden« einrichten (oder verbessern). Je nachdem, wie Ihr schulisches Umfeld aussieht, ist das vielleicht leichter gesagt als getan. Aber wenn dafür Mittel und Ressourcen bereitgestellt werden, sehen wir beachtliche Möglichkeiten für einen echten Wandel in Schulen.

FALLSTUDIE: ACHTSAMKEIT IN MIDDLESEX, MA

Es gibt viele Möglichkeiten, Achtsamkeit in eine Schule oder organisierte Gemeinschaft zu integrieren und das, was in Middlesex funktioniert hat, passt vielleicht nicht unbedingt zur Schulkultur in Ihrer Gemeinschaft. Jede Gemeinschaft hat ihre eigene Philosophie und ihren eigenen Charakter und muss auf ihre ganz eigene Art und Weise durch diesen Prozess gehen: indem sie sich die Interessen und die Erfahrung ihrer Achtsamkeitstrainer*innen zunutze macht, während sie gleichzeitig die besonderen Bedürfnisse und Werte der Gemeinschaft im Blick behält.

Gleichwohl glauben wir, dass der Erfolg des Middlesex-Programms auf zwei Schlüsselfaktoren zurückzuführen ist. Einer davon ist unsere Überzeugung, dass – auch wenn es wichtig ist, dass alle Middlesex-Schüler*innen mit Achtsamkeit vertraut sind – die Teilnahme an jeder beliebigen Meditation immer optional ist. Unser Programm macht die Schüler*innen durch einen obligatorischen Kurs für neue Schüler*innen mit Achtsamkeit vertraut und es gibt gelegentliche Präsentationen bei Lehrerkonferenzen, um die Lehrerschaft auf dem Laufenden zu halten, aber es ist, wie immer in Middlesex, eine Einladung zum Praktizieren. Wir versuchen nie, die Praxis für diejenigen zur Pflicht zu machen, die kein Interesse daran haben, Achtsamkeit für sich persönlich zu entdecken. Schüler*innen, Lehrkräfte und andere Mitglieder der Schulgemeinschaft nehmen sich aus dem Achtsamkeitsprogramm nur das heraus, was sie als nützlich empfinden. Tatsächlich werden sie immer ermutigt, sich eine »gesunden Skepsis« zu bewahren und nur das zu übernehmen, was sie durch eigene Erfahrung als hilfreich empfinden.

Das zweite Schlüsselelement bei der Entwicklung unseres Programms war, dass wir eine Lehrkraft hatten, die sich sehr engagiert der Initiative und der eigenen Praxis widmete. Unsere Erfahrung hat gezeigt, dass die Einstellung oder Berufung eines oder einer »Achtsamkeitsbeauftragten«, einer Person, die regelmäßig praktiziert und gut zu Ihrer Schulgemeinschaft passt, die Wahrscheinlichkeit für den Erfolg des Programms erhöht.

Dough Worthen, Achtsamkeitsbeauftragter,
Middlesex, School, Concord MA.

Von der Einführung im Jahre 2009 brauchte Worthen vier Jahre, um Achtsamkeit in die Middlesex-Schule zu integrieren, und die Schule hat auf diesem Fundament in den Folgejahren weiterhin kontinuierlich ihr Programm aufgebaut. (Weitere Einzelheiten über die Weiterentwicklung des Programms finden Sie in Worthen, 2018: *»The Mindfulness Program at the Middlesex School: Evolution and Structure«,* www.mxschool.edu/about-mx/mindfulness/access-to-program-overview).

**WHOLESCHOOL MINDFULNESS –
ACHTSAMKEIT FÜR ALLE SCHULEN**

Die Arbeit an der Middlesex-Schule hat auch einen neuen Achtsamkeits-Verband in den USA hervorgebracht, der sich »WholeShool Mindfulness« nennt. Er will *allen* Schulen Zugang zu Achtsamkeitslehrenden und -Übungen ermöglichen. Um dieses Ziel zu erreichen, hilft WholeSchool Mindfulness dabei, Vollzeit-Achtsamkeitstrainer*innen in Schulgemeinschaften zu integrieren und arbeitet mit Schüler*innen, Lehrkräften und Familien zusammen, um nachhaltigere und wirkungsvoller Programme zu gestalten.

WholeSchoolMindfulness.org

Teil 2: Andere häufig gestellte Fragen

Frage 8: Was, wenn meine Schulgemeinschaft Achtsamkeit mit religiöser Bildung gleichsetzt?

Bei Achtsamkeit geht es darum, Gewahrsein zu entwickeln. Das ist eine angeborene menschliche Fähigkeit, die entwickelt werden kann, um die mentale, emotionale, körperliche und spirituelle Gesundheit zu unterstützen. Kontemplative Praktiken, die die Entwicklung dieses Gewahrseins durch Reflexion, inneres Wachstum und Gleichgewicht fördern, sind Teil der meisten religiösen Traditionen. Moderne Anwendungen von Achtsamkeit bedienen sich solcher Praktiken und basieren besonders auf der buddhistischen Psychologie in einem rein säkularen Kontext. Ihre Wirksamkeit wurde durch wissenschaftliche Forschungsstudien verifiziert.

Ein wichtiger Faktor bei der Einführung von Achtsamkeitstrainings in Schulgemeinschaften ist, zu klären, was Achtsamkeit ist – und was nicht. Das hängt wieder sehr vom individuellen Kontext ab. Falls einige in Ihrer Schule dazu neigen, Achtsamkeit mit Religion oder »New-Age-Praktiken« gleichzusetzen, ist es wichtig, dieses Thema auf eine behutsame, sensible und gleichzeitig praktische, bodenständige Art und Weise einzuführen. Aus diesem Grund raten wir auch im Allgemeinen davon ab, Meditationsglöckchen, ätherische Öle, Kerzen etc. zu verwenden, die zu falschen Vorstellungen über Achtsamkeit in der Bildung verleiten könnten. Das soll nicht heißen, dass Sie, abhängig von Ihrer Situation, solche Dinge nicht gelegentlich mit Ihren Schüler*innen als interessante Objekte oder Hilfsmittel zur Beruhigung der Atmosphäre benutzen können. Sie sollten jedoch darauf achten, dass sie nicht mit der Achtsamkeitspraxis als solcher verwechselt werden. Den wissenschaftlichen Aspekt im Fokus zu behalten, beispielsweise auf den beruhigenden Effekt von Achtsamkeit für Körper und Geist durch die Aktivierung des parasympathischen Nervensystems oder auf die Vorteile der Steigerung der emotionalen Intelligenz hinzuweisen, sind hilfreiche Möglichkeiten, den Leuten zu zeigen, dass Achtsamkeit sehr praktisch im Alltag angewendet werden kann.

Frage 9: Besteht die Gefahr, dass sich eine »In-Group« und eine »Out-Group« entwickelt?
Ja, das stellt eine reale Gefahr dar. Menschen, die in diesen Bereich involviert sind – insbesondere im Hinblick auf Achtsamkeit – können dazu neigen, sehr leidenschaftlich auf die positiven Veränderungen zu verweisen, die Achtsamkeit für sie selbst und ihren Unterricht mit sich gebracht hat. Und wenn diese Begeisterung in Übereifer ausartet, kann das andere abschrecken.

Amy: Lektion gelernt

Ich muss gestehen, dass ich zu viel Druck gemacht habe und zu ungeduldig gewesen bin! Nachdem ich die positiven Auswirkungen von kontemplativen Praktiken und Achtsamkeit in meinem eigenen Leben erfahren und während meines Studiums zum Master in Contemplative Education verschiedene Übungen und Aktivitäten kennengelernt hatte, war ich ganz erpicht darauf, dies mit meinen Kolleg*innen an der High-School, an der ich unterrichtete, zu teilen. Eine Peinlichkeit ist mir noch im Gedächtnis geblieben: Ich lud alle Kolleg*innen ein, einen persönlichen Vorsatz für das kommende Schuljahr aufzuschreiben – nicht unbedingt eine seltsame Sache. Aber dann bat ich sie, ihre Vorsätze an einen Baum zu hängen – eine sehr seltsame Sache in einer High-School in einem Vorort. Ich konnte sehen, wie meine Kolleg*innen die Augen verdrehten und spürte deutlich ihren Widerstand. Ich lernte sehr schnell, wie man neue Ideen *nicht im Kollegium* einführen sollte.

Widerstand ist eine natürliche Reaktion auf alles, was neu und unbekannt ist – und es ist wichtig, ihn zu erkennen und, wo er angemessen ist, zu respektieren. Es wird immer auch zynische Lehrkräfte und Schulleitungen geben und in unserem Achtsamkeitstraining halten wir es wie Dough Worton (siehe oben) und ermutigen Erwachsene und Kinder, sich eine »gesunde Skepsis« zu bewahren – offen für neue Ideen zu sein, sie aber nicht einfach unkritisch zu übernehmen. Es wird Lehrer*innen geben, die Widerstände haben, so wie es Schüler*innen mit Widerständen geben wird. Und es wird natürlich auch genügend Gelegenheiten geben, bei denen wir unseren eigenen Widerständen gegen die eigene Praxis begegnen! Das ist ganz normal. Man kann niemanden achtsam »machen«; man kann nur ein Angebot machen und Gelegenheiten schaffen, die Sache zu entdecken und wenn jemand, sei es eine Lehrkraft oder ein/e Schüler*in, nicht dazu bereit ist, sich momentan daran zu beteiligen, dann ist das auch in Ordnung und normal.

Während diese Bewegung hin zu mehr Wohlbefinden Fahrt aufnimmt, ist es wichtig, dass diejenigen, die daran beteiligt sind, diesen Prozess zu steuern, nicht ein Gefühl aufkommen lassen und verstärken, es gäbe, was Achtsamkeit betrifft, eine »In-Group« oder »Wir-Gruppe«. Unter dem weiter gefassten Oberbegriff »Wohlbefinden« haben wir ein übergeordnetes Anliegen, dem alle zustimmen können. Kaum jemand könnte wohl argumentieren, dass wir uns *nicht* wohlfühlen wollen. Wie wir dorthin gelangen und welcher Weg für welche Menschen zu welchem Zeitpunkt der beste zu sein scheint, erfordert allerdings eine Flexibilität in der Umsetzung, die sicherstellt, dass sich alle einbezogen fühlen.

Ein Experte: Keine Gurus!

Ständig über Achtsamkeit zu reden, anderen Forschungsergebnisse über Achtsamkeit aufzudrängen und vorzugeben, man sei achtsamer als andere, ist sowohl ärgerlich als auch das beste Rezept, um die Dynamik eines Achtsamkeitsprogramms zu stoppen. Es ist hilfreich, sich daran zu erinnern, dass es Menschen gibt, die nicht praktizieren und ein Leben im Gleichgewicht führen und einfach nicht zu praktizieren brauchen!

Dough Worton, Beauftragter für Achtsamkeit, Middlesex School, MA

Frage 10: Wie können wir uns ändern, wenn sich das System nicht verändert?

Im Allgemeinen sind unsere Bildungssysteme unausgewogen und die Erwartungen, die an Lehrkräfte gestellt werden, spiegeln dieses Ungleichgewicht wider. Lehrer*innen sind überarbeitet und Ressourcen zu ihrer Unterstützung sind oftmals rar. Es kann sich hoffnungslos anfühlen, auch nur darüber nachzudenken, wie man diese Situation ändern könnte. Ehrlich gesagt, wir können nicht darauf warten, dass sich unsere Bildungs»systeme« verändern – sie sind bekanntermaßen schwer in den Griff zu bekommen! Deshalb ermutigen wir Schulgemeinschaften, aber auch einzelne Lehrkräfte und Eltern, zu überdenken, was wirklich wichtig für sie ist. Es mag widersprüchlich erscheinen, wenn eine Rektorin ihr Kollegium ermutigt, »gut für sich zu sorgen«, während die Arbeitsbelastung und die Erwartungen so hoch sind. Aber das ist keine Heuchelei – es ist ein echtes Spannungsfeld.

Wenn Wohlbefinden als integraler Bestandteil der Schulerfahrung (an)erkannt wird, beginnen wir unsere Art und Weise, Dinge zu tun, zu hinterfragen, wodurch sich Prioritäten verschieben. Wir können auf einer persönlichen und lokalen Ebene einige Veränderungen bewirken in unseren Klassenzimmern und Schulgemeinschaften. Wir können uns an den Lehrplan halten und trotzdem eine Atmosphäre der Zufriedenheit in unseren Klassen schaffen. Die Forschung auf dem Gebiet der Neurowissenschaften stützt die Erkenntnis, dass wir jungen Menschen beim Lernen helfen, indem wir gesunde Beziehungen zu ihnen aufbauen (Cozolino, 2013). Das kann jedoch nur geschehen, wenn wir eine gesunde Beziehung zu uns selbst haben. Es mag abgedroschen klingen, aber die Wahrheit ist: Wenn wir uns um unseren Stress kümmern und unsere Gesundheit priorisieren, kann sich das enorm auf die Atmosphäre in unserem Klassenzimmer auswirken. Die Verschiebung unserer individuellen Perspektive ist tatsächlich der Beginn einer Veränderung des Systems. (Mehr über systemische Veränderung finden Sie im folgenden Kapitel.)

Frage 11: Was, wenn ich zu gestresst bin, um den Kindern zu helfen, sich wohler zu fühlen?

Weil wir auch nur Menschen sind, gibt es unweigerlich Tage oder längere Phasen in unserem Leben, in denen wir uns überfordert und nicht wirklich in der Lage fühlen, den jungen Leuten in unserem Umfeld zu helfen. Das ist normal. Wir können Stress nicht wie durch Zauberhand aus unserem Leben verschwinden lassen. Aber wir können versuchen, unsere Situation und unseren mentalen und emotionalen Zustand bewusster wahrzunehmen und zu erkennen, und anerkennen, was auch immer unsere gegenwärtige Erfahrung ist. Unser Stress kann auf persönliche Umstände zurückzuführen sein oder durch systemische oder äußere Bedingungen verursacht werden. Hier ein Beispiel, wie wir uns bei diesem Prozess des Gewahrwerdens gegenseitig unterstützen können:

FALLSTUDIE: LEHRERSTRESS IN HONKONG

Die Proteste in Honkong im Jahre 2019 ließen das ganze Land in einem Zustand von Stress und Angst zurück. Unberechenbare Gewaltausbrüche, blockierte Straßen, Schulschließungen und Wiedereröffnungen, die Absage vieler Veranstaltungen und der blindwütige Einsatz von Tränengas führten bei vielen, einschließlich Lehrkräften, zu zusätzlichem Stress, Zukunftsängsten und der Angst um ihre Sicherheit und die der von ihnen unterrichteten Kinder.

Ich war eingeladen worden, ein zweitägiges Achtsamkeitstraining für eine Gruppe von Vorschullehrer*innen abzuhalten, als Teil einer dreiwöchigen beruflichen Fortbildung im Bereich Lehren und Lernen in den Schulen. Für die Schüler*innen waren die Schulen geschlossen worden, aber die Lehrkräfte sollten dennoch teilnehmen. Lehrkräfte einzuladen, miteinander darüber zu sprechen, wie sie sich fühlen, und ihre Gedanken und Gefühle in Bezug auf die Proteste zu akzeptieren, war eine der beeindruckendsten Übungen, an denen ich je teilgenommen habe. Die Lehrer*innen waren in der Lage, sich mit den anderen – von denen ihnen einige durch die gemeinsame Arbeit bekannt, andere fremd waren, darüber auszutauschen, welche Erfahrungen sie gemacht hatten und vor welchen Herausforderungen sie standen. Eine der eindrücklichsten Übungen war die, bei der die Lehrer*innen eine Analogie für ihren Zustand benutzten und sich darüber austauschten, welches mentale oder emotionale »Wetter« dieser innere Zustand widerspiegelte. Viele Lehrkräfte sagten, es sei tröstlich für sie, mit ihren Kolleg*innen über diese Gefühle zu sprechen.

Wir fuhren dann mit Atem- und weiteren Übungen fort und sprachen anschließend darüber, wie diese helfen könnten, Gefühle wahrzunehmen, zu akzeptieren und einfach mit ihnen zu *sein*. Eine Lehrerin kam am zweiten Tag auf mich zu und erzählte mir, wie sehr ihr die tiefe Atmung geholfen hatte und dass sie am Abend zuvor einige der Übungen gemacht habe, bevor sie zu Bett ging und schließlich nach drei Wochen, in denen sie sich schlaflos im Bett herumgewälzt hatte, zum ersten Mal wieder gut geschlafen habe.

Am zweiten Tag erfuhren wir mehr darüber, wie unsere eigene Seinsweise die Kinder, die wir unterrichten, beeinflusst und sprachen über unsere eigenen Erfahrungen im Klassenzimmer. Die Lehrkräfte drückten ihre Besorgnis darüber aus, dass die Kinder traumatisiert werden könnten, indem sie beängstigende Szenen miterlebten, wenn sie Gruppen von Polizisten mit Gasmasken, die Auswirkungen von Tränengas und all den Vandalismus zu sehen bekamen. Die Lehrer*innen stimmten zu, dass ihre Selbstfürsorge auch den Kindern helfen würde. In kleineren Gruppen diskutieren sie dann darüber, wie sie ein achtsameres Arbeitsumfeld an ihren Schulen schaffen könnten, und brachten einige innovative Ideen auf, wie beispielsweise in der Schule einen Raum einzurichten, wo man praktizieren, sich ausruhen und regenerieren kann. Andere entschieden sich dafür, eine gemeinsame Fünf-Minuten-Morgen-Übung einzuführen, die vor Unterrichtsbeginn oder während der Mittagspause durchgeführt werden konnte. Eine andere Gruppe überlegte, während der Mittagspause einen gemeinsamen Spaziergang zu machen. Während des gesamten Workshops waren alle Lehrkräfte sehr kooperativ und begeistert von der Vorstellung, Achtsamkeit für ihr eigenes Wohlbefinden zu nutzen – besonders während dieser turbulenten Zeit für Schulen in Hongkong.

Dr. Helen Maffini, Mindfulness in the Early Years, Beraterin undTrainerin für »Achtsamkeit in der frühen Kindheit« https://mindbe-education.com

Vielleicht ist es ein bisschen leichter, in einer Situation wie der oben beschriebenen die Erfahrung eines gemeinsamen Raumes zu schaffen und für eine unterstützende Kommunikation zu sorgen, weil die Lehrer*innen durch die gemeinsamen äußeren Bedingungen alle ähnlichen Stress erlebten. Während der Covid-19-Pandemie waren die universalen Gefühle der Unsicherheit und Angst überall in der Welt für Lehrer*innen, Schüler*innen und Familien sehr konkret und greifbar, trotz völlig unterschiedlicher Umfelder. Wir haben die Erfahrung gemacht, dass, wo immer wir einen Rahmen und Bedingungen schaffen, unter denen Lehrer*innen sich über ihre Erfahrungen austauschen können – sogar wenn der beschriebene Stress eher persönlicher Natur ist – automatisch ein Gemeinschaftsgefühl der Empathie entsteht. Durch den Austausch und die gegenseitige Unterstützung auf dieser authentischen Ebene stellen wir die Bedingungen her, die es braucht, damit wir unsere Schüler*innen bei ihren eigenen Schwierigkeiten unterstützen können.

Frage 12: Ist Achtsamkeit nur ein angesagter Weg, uns passiver werden zu lassen und ernsthafte systemische Probleme in unserem Bildungswesen zu akzeptieren?

Auch wenn wir diese Befürchtung zuweilen hören, und verstehen, warum manche Leute so denken, könnte in Wirklichkeit nichts weiter von der Wahrheit entfernt sein. Die Praxis der Achtsamkeit hilft uns »aufzuwachen« und ein größeres Gewahrsein ist entscheidend für eine bedeutsame soziale Veränderung.

Diese Leute befürchten vielleicht, dass Schulleitungen oder politische Entscheider*innen ein Achtsamkeitstraining möglicherweise deshalb unterstützen, weil es Lehrkräften helfen kann, besser mit ihrem Stress umzugehen und somit noch mehr Leistung zu bringen, während die tieferen, systemischen Faktoren, die dazu führen, dass wir uns durch unnötigen Stress überfordert fühlen, weiterhin ignoriert werden. Das ist eine nachvollziehbare Befürchtung, die aber außer Acht lässt, was in Wirklichkeit normalerweise passiert, wenn Einzelne und Gruppen anfangen, sich auf inneres Wachstum und äußere Verbindungen zu fokussieren. Wenn uns unser Stress und seine Auswirkung auf unseren Körper, unsere Emotionen und unseren Geist erst einmal bewusst wird, beginnen wir natürlich auch die Ursachen dieser Stressoren zu hinterfragen. Über manche haben wir keine Kontrolle, andere können wir kontrollieren, und da ist es natürlich offensichtlich, wo wir anfangen müssen: nämlich bei jenen unmittelbaren Faktoren, die wir bis zu einem gewissen Grad zugunsten unserer Selbstfürsorge und Gesundheit kontrollieren können. Auch wenn dieser erste Schritt ganz wesentlich ist, können wir da aber nicht einfach aufhören. Die eigentliche Wirkung zeigt sich, wenn wir dieses erhöhte Gewahrsein auf unsere Beziehungen und unsere berufliche Situation mit der Absicht anwenden, mehr Wohlbefinden für alle zu erreichen.

Ein Spruch, der im Achtsamkeitstraining oft zu hören ist, lautet: »Mit dem Gewahrsein kommt die Wahlfreiheit.« Wenn uns zunehmend bewusst ist, wie unser Umfeld auf uns einwirkt, sind wir eher in der Lage, zu erkennen und zu spüren, wo Veränderungen notwendig sind. Wir haben festgestellt, dass sich Menschen durch ein Achtsamkeitstraining unweigerlich stärker dafür einsetzen, Dinge zum Besseren zu verändern. Im Hinblick auf das Bildungswesen hilft es, klarer zu erkennen, woher der Stress in den Schulen kommt – ob er nun »hausgemacht« ist oder von Prozeduren und Prozessen herrührt, die nicht länger hilfreich sind. Das führt uns natürlich zu der Frage, wie wir »Schule« organisieren. Warum die meisten Prüfungssysteme und Konkurrenz orientierten Ansätze so hohe Stresslevel für Schüler*innen erzeugen und was getan werden kann, um das System zu ändern. Manche Menschen haben vielleicht das Gefühl, dass nichts getan werden kann, weil »die Dinge nun einmal so sind und schon immer so waren«, aber auch wenn es stimmt, dass Bildungssysteme notorisch resistent gegen Veränderungen sind, ist die Stärkung des Gewahrseins der zentrale Punkt, an dem man ansetzen muss. Deshalb leiten wir diese Arbeit oft mit einer Gemeinschaftsdiskussion über die Frage ein: *»Was zählt wirklich und wie gut geht es uns«?*

Indem immer mehr Lehrkräfte, Eltern, Schüler*innen, Schulleitungen und politische Entscheider*innen allmählich aufwachen und die dringende Notwendigkeit einer Veränderung verstehen, nähern wir uns einer potenziell »kritischen Masse«, ab der die vergangene oder gegenwärtige harte Arbeit der vielen Pioniere in der Mainstream- oder alternativen Bildung Früchte tragen wird. Es kann gut sein, dass die Schüler*innen, denen wir heute helfen, bewusster, geerdeter und »so weise wie clever« zu werden, eine zentrale Rolle bei zukünftigen gemeinschaftlichen Bemühungen spielen, Bildungssysteme zu schaffen, die in Einklang mit dem Wohlergehen von Individuen, der Gesellschaft und unseres Planeten stehen.

ZUSAMMENFASSUNG

In diesem Kapitel haben wir einige der Kernfragen und allgemeinen Fragen thematisiert und hervorgehoben, die auftauchen, wenn Schulen sich auf die Förderung von Wohlbefinden in ihren Schulgemeinschaften fokussieren:

- Eine Kombination von Bottom-up-Ansätzen (vom Kollegium ausgehend) und Top-down-Ansätzen (von der Schulleitung unterstützt) hilft, nachhaltige Veränderungen zu integrieren.
- Eine inkohärente Entwicklung ist anfangs die Norm, aber ab einem gewissen Punkt gelangen Schulen, die innehalten und über den weiteren Weg reflektieren, zu einem kohärenteren Ansatz.
- Die für diese Arbeit genutzten Prozesse müssen die Ergebnisse und Werte des Gewahrseins, der Freundlichkeit, des Zuhörens und des gemeinsamen, mitfühlenden Handelns abbilden und widerspiegeln.
- Achtsamkeitsbasiertes Wohlbefinden führt dazu, dass wir Systeme und die Rolle, die wir in diesen Systemen spielen, wirklich verstehen.

Schlusswort

ACHTSAMKEITSBASIERTES WOHLBEFINDEN MIT GESELLSCHAFTLICHEM UND ÖKOLOGISCHEM WANDEL IN EINKLANG BRINGEN

Wir haben dieses Buch während der Covid-19-Pandemie geschrieben. Im Laufe dieses vergangenen Jahres gab es so viel Leid überall auf der Welt. Viele Menschen konnten ihre Liebsten nicht sehen, als diese krank waren oder im Sterben lagen, Beschäftigte im Gesundheitswesen haben so viele Opfer gebracht – manchmal ihr eigenes Leben. All das passiert weiterhin, während wir diese abschließenden Worte schreiben, und dennoch existiert, man mag es kaum glauben, eine noch viel größere Bedrohung für das Leben, wie wir es kennen. Die Möglichkeit weiterer Pandemien kommt nun zur Klimakrise und dem Rückgang der Artenvielfalt hinzu, und bildet mit diesen einen tödlichen Cocktail von Bedrohungen für unseren Planeten, die schnelles und kluges Handeln erfordern.

Während sich all das um uns herum abspielt und entwickelt, scheinen wir uns schlafwandlerisch auf eine höchst instabile Zukunft zuzubewegen, wobei Leugnung oder die Schaffung »alternativer Fakten« für die meisten viel bequemer zu sein scheint, als sich mit der Realität auseinanderzusetzen. Während die Demokratien schwächeln, nehmen politische Spannungen zu und extreme Ansichten werden zur Normalität. Unsere Kinder wachsen in einer beispiellosen Atmosphäre der Manipulation, Desinformation und bewussten Versuche, Fakten zu verfälschen, auf. Wahrheit und wirkliches Verstehen sind selten anzutreffen, denn der Status quo wird verzweifelt von Menschen verteidigt, die ihre Privilegien behalten wollen, die auf Ausbeutung der Umwelt, systemischem Rassismus und tief verwurzelter Ungleichheit beruhen. Und während sich diese extremen Herausforderungen und unsere ausweichenden Antworten darauf zu einer globalen Krise für die Menschheit in diesem Jahrhundert addieren, gibt es eine zentrale Botschaft, die nach unserer Aufmerksamkeit schreit:

WIR MÜSSEN AUFWACHEN!

Wir müssen aufwachen und wach bleiben, wenn wir überhaupt eine Chance haben wollen, ausgewogene und nachhaltige Strategien zu entwickeln, um mit diesem Planeten zu koexistieren. Gewahrsein ist die allerwichtigste Fähigkeit, die wir in uns selbst und unseren Kindern kultivieren können. Ein Gewahrsein, das uns hilft, unsere Augen, unseren Geist und unsere Herzen für das zu öffnen, was wirklich vor sich geht. Ein Gewahrsein, das uns klar sehen lässt und von den essenziellen Qualitäten der Liebe und Güte durchdrungen ist. Ein Gewahrsein, das bewusst darauf ausgerichtet ist, Wege zu finden, harmonisch auf unserem großartigen, erstaunlichen Planeten zusammenzuleben.

Wenn wir es versäumen, Selbstgewahrsein und Selbsterkenntnis in unsere Bemühungen zur Schaffung einer besseren Welt einzubeziehen, werden wir immer und immer wieder von den »menschlichen Faktoren« ins Stolpern gebracht, die unsere gut gemeinten gemeinsamen Bemühungen untergraben. Aber wir brauchen nicht nur *Selbst*gewahrsein. Wir müssen unser zunehmendes Gewahrsein nutzen, um *einander* besser zu verstehen und in der Lage zu sein, effektiver zusammenzuarbeiten. Und – ganz wichtig – wir brauchen ein breiteres Verständnis darüber, wie menschliche Prozesse und Systeme funktionieren, damit wir die Fehler der Vergangenheit nicht wiederholen.

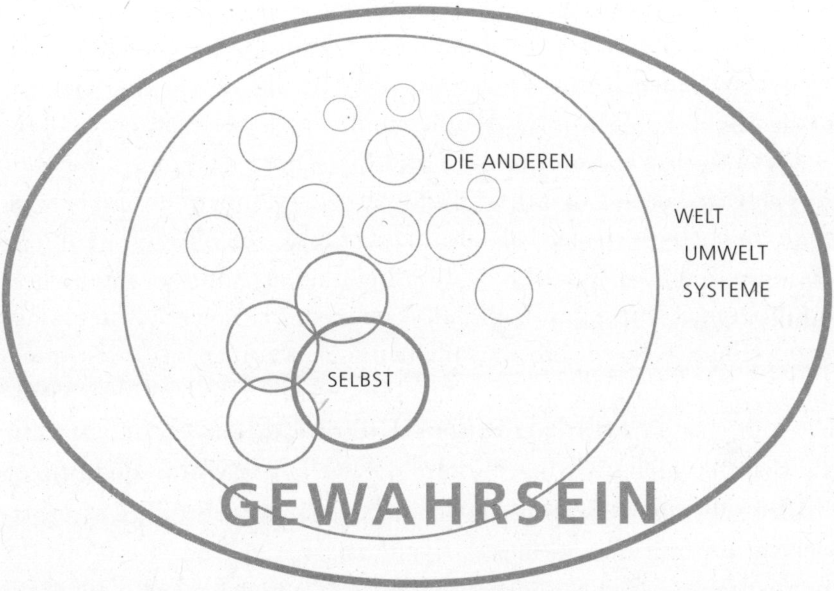

Abbildung 11: Gewahrsein des Selbst/der anderen/der Welt
Quelle: MindWell

Indem wir unsere eigentlichen Absichten für Bildungssysteme (*Was wirklich zählt*) überdenken und neu beleben, legen wir den Grundstein für unseren Beitrag zur Erneuerung unserer globalen Gesellschaft. Es ist gar nicht so schwer, einen Konsens darüber zu finden, was wir für unsere Kinder auf einer tieferen, einer Herzebene, wollen. Es ist noch nicht einmal besonders kompliziert, daraus abzuleiten, dass das, was wir für unsere Kinder wollen, die Samen dessen enthält, was wir für die Zukunft des gemeinsamen Lebens auf dem Planeten wollen. Um Gesundheit, Ausgewogenheit, Gleichheit und Wohlbefinden in der Gesellschaft zu fördern, brauchen wir Bildungssysteme und Lehrkräfte, die verstehen, wie sie diese Qualitäten in ihren Schüler*innen und in sich selbst fördern können. Und wir alle können dabei eine Rolle spielen, indem wir achtsamkeitsbasiertes Wohlbefinden kultivieren. Dieses Buch ist ein kleines Teilchen innerhalb einer wachsenden Welle von Ideen und Initiativen, die uns einige einfache Schritte zeigen, die Lehrkräfte machen können. Schritte, um sich selbst und unsere Kinder mit jenen essenziellen Kompetenzen für menschliche Weiterentwicklung auszustatten, die in unseren Schulsystemen so lange größtenteils vernachlässigt wurden: Kompetenzen und Einsichten, die sowohl *Weisheit als auch Cleverness* fördern und dazu beitragen können, unsere Kinder durch das Labyrinth der Desinformation und Ablenkung zu führen. Kompetenzen und Einsichten, die ihnen helfen können, ihren eigenen inneren Kompass auszubilden. Die dazu beitragen können, dass sie auf einem Weg des Herzens bleiben, der, wenn er mit ihren intellektuellen Begabungen und ihren technologischen und wissenschaftlichen Fähigkeiten zusammenkommt, Kreativität, Klarheit und Sinn in jene Bemühungen einbringen kann, die Welt zum Wohle zukünftiger Generationen neu zu gestalten.

Innerhalb dieses Kontextes fokussieren wir uns nun auf zwei Bereiche:

- Systemisches Gewahrsein: Uns mit unserem Verständnis und unserer Klarheit sowohl auf die *aktuellen* als auch die *beabsichtigten* Effekte von Bildungssystemen und Prozessen auf Lernende zu fokussieren. Das Wort »Systeme« als solches klingt vielleicht mechanistisch und impliziert scheinbar ein industrielles, fabrikmäßiges Schulsystem, aber wir betrachten unser Schulsystem hier tatsächlich aus einer mehr ganzheitlichen, humanistischen, ökologisch-systemischen Perspektive.
- Führung: So, wie wir es sehen, schließt diese nicht nur die Verwaltungseinheiten und Positionen ein, bei denen es um organisatorisches und

pädagogisches Management geht, sondern auch alle Bemühungen, die von Lehrkräften unternommen werden, um einen positiven Wandel in ihrer Schulkultur und dem Curriculum voranzutreiben und zu fördern.

»Culture eats strategy for breakfast« – Schulkultur und Strategie

Diese zwei Bereiche überschneiden sich stark, denn die Kernaussage des systemischen Gewahrseins ist ja – insbesondere in sozialen Systemen wie Schulen – dass man das Individuum nicht vom System trennen kann. Wenn wir einen tiefgreifenden Wandel in der Gesellschaft und in Organisationen wie Schulen anstreben, ignorieren wir den menschlichen Faktor auf eigenes Risiko. Unsere eigenen Erfahrungen mit dem Versuch, Veränderungen in Schulen voranzutreiben, haben diesen Schlüsselaspekt bestätigt, und wir fanden es höchst nützlich und vorteilhaft, wenn Lehrkräfte, Leitungspersonen und Eltern genügend Zeit und Raum bekamen, um gemeinsam zu reflektieren und die Aufmerksamkeit bei der Neubewertung der Prozesse in unseren Schulen auf die eigenen Vorstellungen über das Lernen zu richten (Hawkins, 2017).

Wenn Schulleitungen und politische Entscheider*innen mit neuen Strategien aufwarten, versäumen sie oft, diese menschlichen Faktoren umfassend einzubeziehen, und viele Initiativen nehmen eine andere als die beabsichtigte Richtung oder werden durch die vorherrschende Schulkultur und festgefahrene Ansichten von Lehrkräften verwässert. Mutige neue Ideen können am Ende in alten, vertrauten Schubladen landen, die das Potenzial für einen tieferen Wandel ausbremsen. Wie können wir, angesichts der hartnäckigen Undurchlässigkeit von Bildungssystemen für Veränderungen überhaupt hoffen, unsere eigene Schulkultur und unser Ökosystem zu beeinflussen? Zwei Schlüsselbereiche können uns inspirieren und Mut machen:

- Die durch Wissenschaft und Forschung gewonnenen Erkenntnisse und die Erfahrung von Führungspersonen und Organisationen im Bereich gesellschaftlicher und organisatorischer Veränderungen.

- Die Angleichung unserer Bemühungen an umfassendere globale Trends, indem wir uns mit anderen zusammenschließen, um unterstützende Netzwerke zu bilden und Vertrauen in den Wert und den Sinn dieser Arbeit aufzubauen.

Es gibt viele wunderbare Beispiele dafür, wie tiefgreifende gesellschaftliche und organisatorische Veränderungen verstanden und erleichtert werden können. Davon können wir uns inspirieren lassen. Einige der klügsten und weisesten Denker*innen und Aktivist*innen in diesem Bereich stehen in Verbindung mit dem renommierten Massachusetts Institute of Technology in den USA. Wenn wir unter anderen die Beispiele von Peter Senge, Jay Forrester, Otto Scharmer und Joseph Jaworski betrachten, können wir Inspiration und praktische Ideen aus ihren Ansätzen beziehen – und von den positiven Auswirkungen ihrer Arbeit in aller Welt. Einer der hilfreichsten und erfolgreichsten Ansätze, der unmittelbare Bedeutung für das Bildungswesen hat, ist die »Theorie U«. Otto Scharmer entwickelte sie auf der Basis der Arbeiten der oben Genannten als Modell zum Anstoßen eines tiefgreifenden organisatorischen Wandels.

Achtsamkeitsbasierte Veränderung von Systemen

Wenn wir innerhalb von Organisationen etwas verändern wollen, analysieren wir üblicherweise zunächst die Probleme und suchen dann nach Lösungen. Das könnte man mit einer »V«-förmigen Bewegung vergleichen. Man dringt bis zum tiefsten Punkt des Problems vor und taucht dann mit einer Strategie wieder auf, um es zu lösen. Scharmer, Senge und Jaworski haben durch ihre umfangreichen Forschungen mit führenden Unternehmer*innen allerdings gelernt, dass es viel effektiver ist, wenn diejenigen, die in den Veränderungsprozess involviert sind, sich länger am tiefsten Punkt der Kurve aufhalten. Die Kurve sieht dann mehr wie ein U anstatt wie ein V aus.

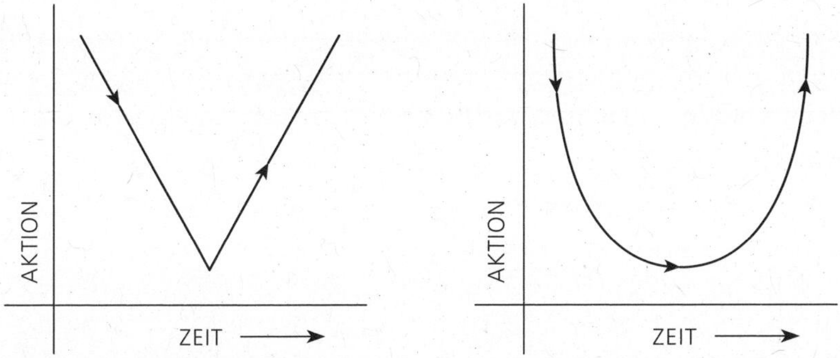

Herkömmliche strategische Antwort auf eine organisatorische Herausforderung

Theorie-U-Modell: Man verweilt länger am tiefsten Punkt der Kurve

Abbildung 12: Die Theorie U – »Der tiefste Punkt der Kurve«
Quelle: Otto Scharmers Theorie U (Scharmer, 2016)

Die Zeit, die man am tiefsten Punkt der Kurve verweilt, wird in der Theorie U als »Presencing« (mit der Quelle verbinden) beschrieben und das ist der Punkt, an dem wir mehr mit den tieferen Aspekten und Einzelheiten vertraut werden und wirklich ein Gefühl für das Problem bekommen. Und genau an diesem Punkt können wir auch lernen, in die sich entwickelnde Zukunft »hineinzuspüren« und zu untersuchen: *Was muss sich entwickeln?* Indem sie diese Arbeit tun, nehmen Führungspersonen eine eher reflektierende Haltung ein und entwickeln innere Kompetenzen wie »Wahrnehmen, sich auf das System einstimmen und achtsam bei dem bleiben, was auftaucht« (Rowland, 2017). Und wenn es dann Zeit zum Handeln ist, kommen die Lösungen von einer tieferen, kreativeren Ebene, die sich mehr an zukünftigen Möglichkeiten als an Mustern der Vergangenheit orientiert.

Der Erfolg einer Intervention hängt vom *inneren Zustand* des Intervenierenden ab

Diese Schlüsselerkenntnis des Unternehmers, Bill O'Brian, half den MIT-Forschern, das Theorie-U-Modell zu entwickeln. O'Brian hatte die Erfahrung gemacht, dass ein tiefer und dauerhafter organisatorischer

Wandel in hohem Maße von den inneren Qualitäten derjenigen abhängt, die eine führende Rolle bei diesen Veränderungen einnehmen.

Diese Vorstellung ist die Grundannahme von Scharmers Version der Theorie U.

»Das System sehen« bedeutet, dass wir den Strahl des Beobachtungsscheinwerfers zurück auf uns selbst richten müssen.

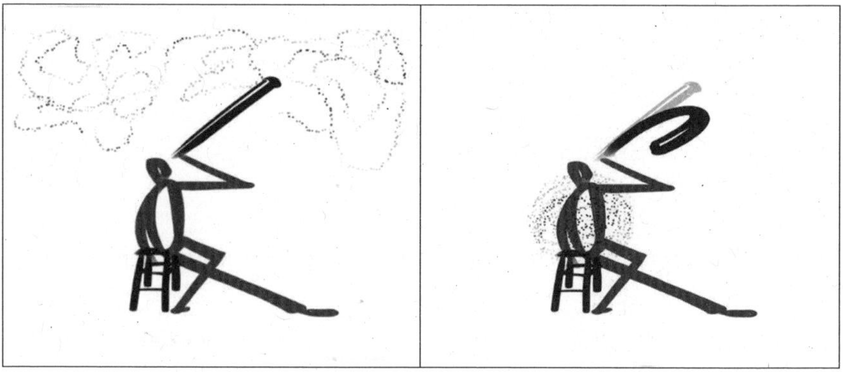

Abbildung 13: Das System sehen
Quelle: Presencing Institute – Otto Scharmer.

Kevin: Wir sind das »System«

Als ich als Schulleiter mit meinem Team aus Lehrerinnen und Lehrern zusammenarbeitete, griff ich auf die Arbeit von Peter Senge und seine Bücher *Die fünfte Disziplin: Kunst und Praxis der lernenden Organisation* (2017) und *Schools That Learn* (Senge et al., 2000) zurück. Wir fanden heraus, dass wir selbst diejenigen waren, die einer tieferen Veränderung am meisten im Wege standen. Das System ist nicht nur dort draußen, in den Strategien und Lehrplänen der Schulen – es ist in uns selbst als Lehrkräfte und Schulleitungen, in den mentalen Mustern, die wir in uns tragen und selten genauer untersuchen. Deshalb kann man mit Strategien allein keine echte Veränderung bewirken. Wir müssen tiefer gehen, auf die chaotischere menschliche Ebene, wenn wir wollen, dass die Umsetzung neuer Ideen wirklich erfolgreich ist.

(Weitere Informationen zu diesem Thema siehe Hawkins, 2017: 145–9)

Im Vorwort zur zweiten Auflage von *Theorie U – Von der Zukunft her führen: Presencing als soziale Technik* reflektiert Scharmer über einige größere Veränderungen, die zwischen den beiden Auflagen von 1990 bis 2016 stattfanden. Er erwähnt »die Anfänge eines globalen Erwachens – eine Bewegung von Menschen, Netzwerken und Bewusstsein« (2016) und weist auf eine Reihe von Faktoren hin, die zu diesen Veränderungen beitragen. Als ersten hebt er das Aufkommen von Achtsamkeit und ihren wachsenden Einfluss auf die kognitiven Wissenschaften, das Gesundheitswesen und auf Führungsstile hervor. Die Achtsamkeitspraxis hilft uns, unsere Aufmerksamkeit aufrechtzuerhalten, sodass wir das mit Veränderungen einhergehende Unbehagen akzeptieren können, anstatt vor ihm davonzulaufen und in eine andere, wenig nachhaltige »Lösung« hineinzurennen. Wenn wir mit Herausforderungen *sein* können, anstatt vor ihnen wegzulaufen, schaffen wir Raum für Einsicht und das bewegt uns in die Richtung eines klügeren Handelns.

Achtsame Führung in der Bildung kultivieren

Wir erkennen allmählich, wie Lehrkräfte, die eine führende Rolle beim Vorantreiben eines systemischen Wandels spielen, profitieren können, wenn sie diese inneren Qualitäten kultivieren, und eine Möglichkeit, mit diesen inneren Zuständen zu arbeiten, besteht darin, achtsame Formen der Führung zu entwickeln. Natürlich gibt es Menschen, die eine natürliche Präsenz oder ein Gewahrsein haben, aber vielen von uns hilft es, diese Kompetenzen trainieren zu können. Für Führungspersonen ist Selbstgewahrsein der Schlüssel. Deborah Rowland, Autorin von *Still Moving* (2017), eine führende Change-Managment-Beraterin für Weltkonzerne, drückt es so aus: »*Change Leader* müssen zuerst ihrer inneren Erfahrung gewahr sein und sie regulieren, bevor sie von Grund auf an den Routinen ihrer Systeme arbeiten können.« Achtsames Gewahrsein ist eine Schlüsselkompetenz, die wir in uns selbst und bei unseren Schüler*innen, Lehrkräften und in unseren Schulgemeinschaften fördern können. Nicht nur als Momente der Achtsamkeit oder im Rahmen einer Übung oder eines Gesundheitskurses, sondern als etwas, das in unsere Schulgemeinschaften eingewoben wird und dazu beiträgt, dass sie als gesündere Lern-Ökosysteme funktionieren können.

Achtsame Führung ist bereits ein gut etablierter Bereich der beruflichen Fortbildung in der Unternehmenslandschaft. Otto Scharmer sagt: »Achtsamkeitspraktiken werden im *Leadership Development* nicht nur in *Tech-Communities* angewendet, sondern auch in den meisten zukunftsorientierten Weltkonzernen … Der geringe Widerstand ist fast schon schockierend. Wenn man es richtig macht (was bedeutet, dass man Achtsamkeit nicht als Ideologie, sondern als Tool anbietet) gibt es starke positive Reaktionen, insbesondere bei der nächsten Generation von Führungskräften.«

Achtsame Führung gewinnt in einigen Führungszirkeln des Bildungswesens allmählich an Schwungkraft (siehe Ressourcen für Achtsame Führung, Kapitel 8) und während die Betonung anfangs noch auf einer individuellen Ebene, also Selbstgewahrsein und innere Qualitäten liegt, zeigen praktische Programme wie die Theorie U, wie die kollektive Anwendung von achtsamem Gewahrsein als Schlüssel-Tool für einen organisatorischen Wandel eingesetzt werden kann.

Wenn wir uns eine qualitative Veränderung in unseren Schulen wünschen, müssen wir Ansätze von anderer Qualität anwenden, um diese Veränderungen zu unterstützen. In Kapitel 7 haben wir gezeigt, wie einige Schulen verschiedene Reflexions- und Kontemplationstechniken anwenden, um für Schüler*innen und Lehrkräfte Bedingungen zu schaffen, unter denen sie auf einer tieferen, achtsameren Ebene miteinander reden und einander zuhören können. Ansätze wie *Council* können ebenfalls sehr effektive Tools in realen Alltagssituationen sein. Bedingungen zu schaffen, unter denen ein sinnvoller Austausch über bestimmte Themen in der Gruppe stattfinden kann, ist eines der wirkungsvollsten Mittel, um die Samen der Veränderung zu säen: indem man gemeinsam Themen erforscht wie innere und äußere Ausgeglichenheit, Wohlbefinden und die Verlagerung des Schwerpunkts in unseren Bildungssystemen.

FALLSTUDIE: ACHTSAMKEITSBASIERTE SYSTEMVERÄNDERUNG IN DER BILDUNG

Gemeinsam menschlich sein – die Lehrermangel-Krise in Amsterdam
Im Jahre 2019 erreichte der Lehrermangel in Amsterdam einen kritischen Punkt. Einige Schulen mussten sogar schließen, weil sie nicht mit genügend Personal ausgestattet werden konnten (Fransen und Middlebeek, 2020). Vor dem Hintergrund niedriger Gehälter und hoher Arbeitsbelastung entschloss sich eine Gruppe von Schulen im Amsterdamer Stadtbezirk Nieuw-West einen anderen Weg zu gehen, um ihre gemeinsamen Herausforderungen zu analysieren. Sechzehn Grundschulen des Bezirks schlossen sich zusammen und hielten gemeinsam eine »Woche für Qualität in der Bildung« ab, bei der sich über 500 Lehrerkräfte, Bildungsbeauftragte und Eltern über ihre Ideen und Vorstellungen miteinander austauschten und einen neuen Plan für die Bildung in ihrem Bezirk entwarfen. Die Schulen trafen sich in großer Runde und auch separat, jede Schule mit ihrer eigenen Moderatorin, die verschiedene strukturierte Gesprächstechniken anwendete, um zu sinnvollem Sprechen und Zuhören anzuregen. Die Moderationsgruppe wurde von Simoon Fransen angeleitet. Simoon ist eine erfahrene Seminarleiterin, die »naturalistische Methoden anwendet, um Wege zu kulturellem Wandel und nachhaltigen Lösungen zu erkunden, wobei die Theorie U als Grundgerüst dient«. Sie war von Jo Middelbeck, einer angesehenen Schulleiterin, die mit Peter Senge zum Thema systemisches Denken in der Bildung zusammengearbeitet hatte, eingeladen worden, die Theorie U während der »Woche für Qualität in der Bildung« vorzustellen.

Die 5.400 Kinder hatte während dieser Woche schulfrei, aber Tausende nahmen an den Kursen und Aktivitäten teil, die von der Elternschaft der jeweiligen Schulen organisiert worden waren. Darunter waren Aktivitäten wie Technik-Kurse, Theater- und Schach-Kurse und es wurde eine Schüler-Presseagentur gegründet, um aus der Perspektive der Schüler und Schülerinnen über die Woche zu berichten. Die Eltern freuten sich über diese Gelegenheit, mehr in die Schulaktivitäten ihrer Kinder involviert zu sein, und man sprach über die Möglichkeit, dass Eltern an mehr Tagen im Jahr Aktivitäten organisieren könnten, damit Lehrkräfte sich zu Fortbildungen treffen könnten. Das alles machte den Eltern zunehmend bewusst, wie groß die Herausforderungen für die Lehrkräfte waren – angefangen von Unterbringungs- und Transportfragen bis hin zum Stress des Unterrichtens. So konnten sich die Lehrer*innen durch die Gemeinschaft der Eltern wiederum mehr unterstützt fühlen.

Diese im großen Stil organisierte Zusammenarbeit erwies sich als höchst effektiv, um Fragen zu klären und Lösungen zu finden, aber auch – ganz wichtig – positive Energien innerhalb der Gemeinschaft freizusetzen. Trotz der Intensität der Woche berichteten Lehrkräfte, dass sie sich gestärkt und unterstützt fühlten, während zunehmendes elterliches Engagement zeigte, wie wertvoll es ist, den Gemeinschaftsaspekt im Kontext der Bildung wieder aufleben zu lassen. Einige Schulen konnten als Ergebnis dieser Woche im Hinblick auf das Kernthema – Mangel an adäquater Fortbildung und Unterstützung von Lehrkräften – wichtige Veränderungen vornehmen.

Simoon sprach mit uns offen über die Herausforderungen und Erfolge dieses Ansatzes:

»Wir behaupten nicht, dass wir innerhalb von fünf Tagen die Zukunftsfragen des Bildungswesens gelöst haben. Es gibt keine schnelle Lösung. Wir haben aus allen Ergebnissen ein Handbuch zusammengestellt und es dem Minister vorgelegt, aber am Ende der Woche waren die Probleme natürlich immer noch da. So werden beispielsweise immer noch sofort neue Lehrkräfte gebraucht, und da beginnt die eigentliche Arbeit. Es dauert Jahre, ein bestimmtes Muster zu erschaffen und es zu ändern dauert ebenfalls Jahre, aber gewisse qualitative Veränderungen haben stattgefunden – auch wenn sie subtil sind.«

Ich bekomme immer noch Gänsehaut, wenn ich mich an die letzte Ein-

heit erinnere, die Freitag nachmittags stattfand. Alle Schulleitungen kamen zusammen und ursprünglich war es so gedacht, dass alle ihre Ergebnisse als dreiminütige Präsentation vorstellen würden. Am Ende entschieden sie sich dafür, sich im Kreis zusammenzusetzen und miteinander zu reden. Der Schwerpunkt lag auf der Frage, »Was ist das Wichtigste, das dir in dieser Woche aufgefallen ist?« Es war wirklich überwältigend, ihre Antworten zu hören. Sehr viele sprachen darüber, wie es war:
»Endlich einmal Zeit zu haben, sich wieder zu begegnen«,
»Die Möglichkeit zu haben, über das Leben zu sprechen – gemeinsam ›menschlich‹ zu sein«,
»Sich der Tatsache bewusst zu werden, dass wir ein Team sind«, und fragten sich:
»Wie können wir die Zeit finden, um öfter auf diese Weise zusammenzukommen?«

Angesichts des gnadenlosen Tempos unseres »normalen« Alltags ist es schwer, einen solchen Raum zu schaffen. Aber wir haben eine gemeinsame Erinnerung für diese Gemeinschaft geschaffen – etwas, das uns daran erinnert, was wir in dieser Woche getan haben. Wir können uns wieder darauf besinnen, menschlich zu sein.

Gemeinsame Momente der Stille zu ermöglichen ist zu einem integralen Bestandteil dieses Ansatzes geworden. Als Teil des »Presencing-Prozesses« der Theorie U fragt Simoon die Leute normalerweise:

- Wo haben Sie Ihre besten Ideen?
- Was tun Sie, wenn Sie sie haben?

Oft lauten die Antworten:

- Auf der Toilette.
- Unter der Dusche.
- Im Wald.

Niemand sagt »Bei der Arbeit an meinem Computer«! Unsere klügsten Momente haben wir nicht unbedingt, wenn wir damit beschäftigt sind, »Experten« zu sein. Wir ermutigen sie also, Musik zu hören oder spazieren zu gehen oder »in die Stille zu gehen« und die Bedeutung dieser Momente zu würdigen. Ich denke, heutzutage sind die Menschen zunehmend in der Lage, Stille auszuhalten. Der traditionelle Widerstand dagegen scheint sich allmählich aufzulösen – immer mehr Menschen sind bereit dazu. Der Stille-Aspekt ist ein wichtiges Element bei der Entstehung von Gruppengewahrsein.

Durch diese Krise in Amsterdam und die Art und Weise, wie die Schulen damit umgingen, kam eine intensivere Debatte über die Zukunft des Bildungswesens in Gang. Der Dialog-Prozess ermöglichte es jeder einzelnen Schule, Schlüsselfragen und Lösungsmöglichkeiten aus ihrer eigenen Perspektive zu betrachten und so, abhängig vom jeweiligen Kontext der Schulgemeinschaft, unterschiedliche Antworten zu finden. Aber er führte auch in größerem Stil zu gemeinschaftlichen Bemühungen, Schule in den Niederlanden »neu zu denken«. Während des landesweiten Lehrerstreiks im darauffolgenden Monat beschlossen andere Schulen, die Streiktage für ähnliche Treffen zu nutzen und grundlegende Fragen in Bezug auf systemisches Denken im Bildungswesen zu erörtern.

> »Ich glaube, dass die Prozesse der Theorie U hier sehr hilfreich sind, indem beispielsweise die drei Aspekte – offener Geist, offenes Herz und offener Wille – entwickelt werden.
>
> Von der mentalen Ebene können wir Neugier einbringen: ›Wieso tue ich/tust du das?‹
>
> Von der Herzebene können wir Mitgefühl einbringen: ›Ah, jetzt verstehe ich, warum ich/warum du das gemacht hast.‹
>
> Mit unserem Willen können wir den Mut finden, das Alte loszulassen – und dadurch entsteht ein Raum, in dem Dinge geschehen können, damit das Neue auftauchen kann.«

Simoon Fransen, Mitglied der Kernteams des Presencing Institute, www.presencing.org (Fransen, 2020)

Die in Amsterdam geleistete Arbeit beleuchtet ein wiederkehrendes Thema dieses Buches: Wenn wir dazu beitragen wollen, den Fokus im Bildungswesen zu verschieben und unsere Bildungssysteme zu verändern, ist es entscheidend, dass die Prozesse, die wir dabei anwenden, selbst von anderer Qualität sind. Solche Prozesse müssen unsere Absicht widerspiegeln, Orte des Lernens zu schaffen, wo Erwachsene und Kinder sensibler und fürsorglicher miteinander sprechen und einander zuhören, ein stärkeres Gefühl der Verbundenheit und Gemeinschaft entwickeln und Kopf und Herz für zukünftige Möglichkeiten öffnen.

Auch wenn diese Diskussion unter den Lehrkräften beginnt, wird sie viel bedeutungs- und wirkungsvoller, wenn wir Eltern und Schüler*innen einbeziehen, sobald wir uns dazu bereit fühlen. Indem wir uns mehr auf den Prozess als das Ergebnis konzentrieren, beginnen wir die Samen der Veränderung in den Interaktionen unserer Gemeinschaft zu säen und während sich die Wellen in diesem tiefen Pool des Dialogs ringförmig ausbreiten und mehr Teilnehmende mitnehmen, fangen wir bereits an, unsere Schulkultur zu beeinflussen. Und wenn wir dann aus diesem Raum, in welchem wir die Bedeutung der »inneren Zustände des Intervenierenden« anerkennen, gemeinsame Entscheidungen treffen, ist die Wahrscheinlichkeit viel höher, dass wir kreativere, nachhaltigere Lösungen kreieren.

Die Notwendigkeit, mehr Gewahrsein in die Systeme hineinzubringen, in denen wir arbeiten, beschränkt sich nicht auf die Erwachsenen im Gebäude. So haben beispielsweise inzwischen viele Schulen begonnen, ziemlich jungen Schüler*innen systemisches Denken zu vermitteln. Hier ein Beispiel – die Green School auf Bali:

Ein Lehrer: Junge systemische Denker*innen

Während einer Lektion über »systemisches Denken« beschlossen wir, mit unserer vierten Klasse ein Experiment zu machen. Wir hatten etwas über Systeme gelernt und darüber, wie sie sich gegenseitig unterstützen oder getrennt funktionieren können. Wir beschlossen, eine Simulation zu arrangieren, bei der wir den Kindern sagten, dass jedes wichtige System der Schule ausfallen würde. Wir wollten ihre Reaktionen und ihre Strategien zur Überwindung dieser systemischen Ausfälle sehen. Wir begannen mit den unwichtigsten Systemen (dass beispielsweise an diesem Tag der Abfall nicht beseitigt wird) und gingen dann weiter bis hin zu einigen der wichtigsten Systeme (das Abwassersystem der Schule funktioniert nicht mehr). Wir gingen strategisch vor, um die Wahrscheinlichkeit zu verringern, dass sie unseren Bluff durchschauen würden.

Es war faszinierend, zu beobachten, wie die verschiedenen Kinder auf ganz unterschiedliche Weise auf wahrgenommene Systemausfälle reagierten. Wir sahen Beispiele von Zusammenarbeit und gemeinsame Problemlösungsversuche aber auch, wie Eigeninteresse und Selbsterhaltung über das Wohl der Gemeinschaft gestellt wurden. Wir beobachteten Austausch, Angst, Freundlichkeit …

Nachdem wir dann unser kleines Spiel offengelegt hatten, gab es eine sehr lebhafte Diskussion über die Geschehnisse.

Im restlichen Schuljahr kamen die Schüler*innen immer wieder auf dieses Ereignis zurück – insbesondere, wenn bestimmte Ereignisse im Weltgeschehen unsere weltweiten Systeme bedrohten. Es war ein eindrucksvoller Teil unseres Unterrichtsjahres und dadurch, dass die Schüler*innen das Experiment »erlebten«, wurden sie von dem, was sie dabei gelernt hatten und den damit verbundenen Fragen, sehr berührt.

Andy Ashton, Lehrer einer vierten Klasse an der Green School, Bali

Nachdem er gemeinsam mit Daniel Goleman das Buch *Triple Focus: A New Approach to Education* (2014) geschrieben hatte, tat sich Peter Senge mit Mette Böll und anderen zusammen, um mit einigen Schulen in aller Welt darauf hinzuarbeiten, eine Kombination von Achtsamkeit, SEL und systemischem Denken in die Lehrpläne zu integrieren. (Für weitere Informationen siehe »An Introduction to the Compassionate Systems Framework in Schools« (Böll und Senge, 2019).

Unsere Arbeit ausrichten

Der andere Schlüsselbereich, aus dem wir Unterstützung für unsere Arbeit beziehen können, ist die Vernetzung mit anderen und die Ausrichtung unserer Bemühungen an parallele weltweite Trends. In Kapitel 8 haben wir uns mit dem Thema »Unterstützung in unseren Schulen und von unseren Schulleitungen« beschäftigt. Aber wir können auch Kraft daraus beziehen, uns mit Gleichgesinnten in anderen Schulen und sogar außerhalb des Bildungswesens zu verbinden. Neben den traditionellen Bemühungen um progressive Bildung, beispielsweise in Rudolf-Steiner-Schulen, Reggio Emilia, Montessori-Schulen, Quaker-Schulen etc., gibt es heutzutage viele Organisationen und Gruppen, die einen tiefgreifenden Wandel im Bildungswesen anstreben. Es gibt auch zunehmend Gemeinsamkeiten zwischen Ansätzen wie Achtsamkeit, SEL, Positiver Erziehung und systemischem Denken sowie zwischen Denkschulen, die daran interessiert sind, »Bildung neu zu denken oder zu transformieren«. In komplexen Systemen kann ein Punkt erreicht werden, an dem eine Kombination unterschiedlicher Faktoren zusammenwirkt und eine rasche, radikale Veränderung in Systemen auslöst, die unveränderlich und resistent gegen Veränderung zu sein schienen. Der Zusammenbruch des alten Systems geschieht dann plötzlich, neue Ideen fließen zusammen und völlig andere Bedingungen können entstehen. In vieler Hinsicht fühlt es sich an, als erreichten Bildungsinitiativen überall auf der Welt nun einen solchen Konvergenzpunkt.

Das Unmögliche *ist* möglich

Die Idee der »Disruption« ist in der Theorie des Wandels in der Bildung kein neuer Begriff, aber mit dem Aufkommen der globalen Covid-19-Pandemie haben wir gesehen wie eine enorme, plötzliche Unterbrechung die Bildung rund um den Globus beeinflusst hat. Was lernen wir aus dieser Zeit, in der bisherige Strukturen aufgebrochen wurden?

- Erstens haben viele Schulen und Schulleitungen ihr Profil in Bezug auf Gesundheit und Wohlbefinden geschärft und das Interesse an der Förderung von SEL und psychischer Gesundheit hat allgemein wieder zugenommen.

- Zweitens »ist uns«, wie es ein Schulleiter ausdrückte, »zunehmend bewusst geworden, was wirklich *wichtig* ist und was tatsächlich *möglich* ist«. Wir sind beispielsweise oft frustriert über die Langsamkeit der Veränderungen im Bildungswesen und die Dominanz der starren Zeitpläne, aber während der Pandemie änderten sich die Zeitpläne über Nacht, weil engagierte Schulleitungen und Lehrkräfte versuchten, ihre Schulgemeinschaften so nahtlos wie möglich zu unterstützen.
- Drittens haben wir eine signifikante Zunahme an Bildungsdialogen gesehen, bei denen zu hören war, dass diese Disruption auch als Chance gesehen werden könnte, über die Umsetzung sinnvoller Veränderungen nachzudenken. Schauen Sie sich beispielsweise die Reihe der WISE-Konferenzen und das e-Book *»Education Disrupted, Education Re-imagined«* an: www.salzburgglobal.org/news/publications/article/education-disrupted-education-reimagined-special-edition-e-book

In vieler Hinsicht spiegelt das Bildungswesen unsere Welt im weiteren Sinne und andere große Institutionen wider. Unsere Gesundheits-, Bildungs- und Sozialsysteme sowie unser Justizsystem wurden alle gegen Ende des Industriezeitalters geschaffen und bei allen »knirscht es im Gebälk«, denn das 21. Jahrhundert unterscheidet sich in Bezug auf die Bevölkerungszahlen und sozialen Anforderungen stark von den Gesellschaften, denen diese Institutionen einst dienen sollten. Selbst unsere Regierungssysteme und demokratischen Institutionen geraten unter Druck bei ihrem Versuch, sich an ein post-industrielles, digitales Zeitalter anzupassen. Und während die Entropie an den Rändern dieser Systeme zerrt, werden die Dinge zunehmend hinterfragt und es entsteht ein tieferes Gewahrsein, das uns drängt, den tieferen Sinn und Zweck dieser Institutionen zu überdenken und sie im Kern zu erneuern.

Eine Expertin

Nach 25-jähriger Tätigkeit als Lehrerin in Großbritannien, 18 Jahre davon in leitender Funktion, habe ich Veränderungen beobachtet, die sowohl ein Gefühl tiefer Verzweiflung als auch großer Hoffnung auslösten. Meine Verzweiflung wurde durch den zunehmenden Fokus auf Leistung, Leistungsbeurteilung und Nachweispflicht ausgelöst. Dieser Prozess, der gewöhnlich auf faktischem Wissen basiert, das den Schüler*innen »serviert« und dann durch einen gänzlich prüfungsbasierten Prozess bewertet wird, lässt die Erfahrung von Schüler*innen und Lehrkraft fast zur Nebensache werden, ebenso wie das eigentliche »Instrument« des Lernens: den menschlichen Geist.

Meine Hoffnung speiste sich wiederum daraus, dass sich der Schwerpunkt allmählich verschob und psychische Gesundheit und Wohlbefinden als ebenso wichtiger Teil des Lehrens und Lernens anerkannt wurden, wie jedes andere Element des traditionellen Curriculums. Da ich inzwischen das große Privileg hatte, acht Jahre lang beim *Mindfulness in Schools Project* mitzuarbeiten, habe ich spannende Ergänzungen zu diesem Dialog mitbekommen, einschließlich einer Erweiterung des Fokus: vom Unterrichten von Achtsamkeit zum *achtsamen* Unterrichten. Das stellt sowohl für die Intention als auch den Prozess des Unterrichtens eine radikale Herausforderung dar. Und es erkennt an, dass Bildung sich weiterentwickeln muss, um den Anforderungen in einer unsicheren, aber sich rasch verändernden Welt gerecht zu werden.

Die Notwendigkeit zur Neubewertung nicht nur dessen, was wir lehren, sondern auch wie und mit welcher Intention wir lehren, war nie dringender. Bildungsbeauftragte, Lehrende und politische Entscheider haben nun Gelegenheit, innezuhalten und zu erkennen, welche bedeutsamen Entscheidungen getroffen werden müssen. Wir müssen Wege finden, zukünftige Generationen zu unterstützen, die in der Lage sein müssen, mit komplexen Entwicklungen, kultureller Vielfalt sowie dynamischen ethischen Fragen und Realitäten umzugehen, die sich aus neuen Technologien und dem begrenzten Zugang zu Ressourcen ergeben.

Eine Bildung, die sowohl den jungen Menschen dient als auch der Gesellschaft, in der sie leben, ist eine, die uns auf eine unsichere Zukunft vorbereitet – aber eine mit enormen Möglichkeiten zur Veränderung. Achtsamkeit spielt eine Schlüsselrolle bei unserer Identitätsfindung, unserer Wirksamkeit, unserem Wohlbefinden, unseren Einstellungen, unserer Ethik, unserer Art zu leben, unserem Handeln in der Welt und unserer Fähigkeit, intelligent auf Lebenssituationen zu antworten. Es ist mit Sicherheit eine aufregende Zeit, Lehrerin zu sein!

Claire Kelly, Director of Curricula und Training
für das Mindfulness in Schools Project, Großbritannien

Es gibt außerdem viele andere hoffnungsvolle Zeichen um uns herum. Das bedeutsamste ist vielleicht, dass zunehmend die Ziele von Regierungen infrage gestellt werden. Das Konzept, die Gesundheit und das Wohlergehen eines Landes am »Bruttonationalglück« zu messen anstatt am »Bruttoinlandsprodukt«, geht auf die Gründerväter der Europäischen Union in den 1970er-Jahren zurück und wurde vor einiger Zeit als erklärtes Ziel der Regierung von Bhutan genannt. Im Jahre 2011 nahmen die Vereinten Nationen eine Resolution an, mit der sie anderen Nationen dringend empfahlen, diesem Beispiel zu folgen. Erst kürzlich machten sowohl Neuseeland als auch Island Wohlbefinden zum Organisationsprinzip ihres Staatshaushalts und schlossen sich mit Schottland zusammen, um eine Gruppe von Ländern mit einer Ökonomie des Wohlbefindens zu bilden. Finnland, Dänemark, Island und Norwegen finden sich regelmäßig auf den ersten Plätzen des Welt-Glücksberichts (World-Happiness-Report) wieder und allen diesen Ländern ist eines gemeinsam: die Erkenntnis, dass der Hauptzweck einer Regierung darin besteht, das Wohlergehen und Wohlbefinden seiner Bürger*innen zu fördern und zu schützen, auch wenn für uns alle ein gewisses Maß an ökonomischer Stabilität wesentlich ist. Wirtschaftspolitische Maßnahmen können dazu beitragen, Wohlbefinden zu etablieren, aber sie sind nicht das letztendliche Ziel. In den vergangenen 20 Jahren gab es signifikante Fortschritte in der Ökonomie des Wohlbefindens – und neue Ansätze,

Wohlbefinden unter dem Gesichtspunkt zu betrachten, dass wir messen sollten, was wir wertschätzen und nicht wertschätzen, was wir messen. Das ist auch ein hilfreiches Credo für die Bewertungspolitik in den Schulen!

Einige dieser Länder beginnen nun, den Aspekt »Wohlbefinden« zunehmend in ihre Lehrpläne einzubeziehen. Zum Beispiel:

Sowohl Island als auch Wales sind in die Fußstapfen von Neuseeland getreten und haben Gesundheit und Wohlbefinden zu wesentlichen Bereichen des Lernens bestimmt. Im neuen landesweit gültigen Lehrplan von Wales für 2022 ist festgelegt, dass alle Schulen Gesundheit und Wohlbefinden zu einem der sechs Kernbereiche des Lernens machen müssen. Viele Schulen in Wales und Island setzen bereits Achtsamkeitstraining als eines der Tools ein, die das Wohlbefinden der Schüler und Schülerinnen fördern sollen und diese Initiativen stoßen auf zunehmendes Interesse bei nationalen Behörden und erhalten Unterstützung.

- In 2019 brachte die britische Regierung eine groß angelegte Initiative für psychische Gesundheit auf den Weg, bei der in 370 Schulen Achtsamkeitsanwendungen ausprobiert wurden. Im Jahre 2015 startete der Wellcome Trust eine große, randomisierte Kontrollstudie, bei der die Wirksamkeit von Achtsamkeitsunterricht und Training in 84 Schulen über sieben Jahre beobachtet wurde.

- Im Jahre 2017 definierte das Bildungsministerium von Britisch-Kolumbien neue Kernkompetenzen in den Lehrplänen von Provinzschulen, um die Entwicklung von persönlichen und sozialen Kompetenzen einzubeziehen. Die Programme sollen sich nun auf persönliches Gewahrsein und persönliche Verantwortung, Empathie für andere und soziales Gewahrsein/soziale Verantwortung fokussieren (wozu auch gehört, sich um die Gemeinschaft und die Umwelt zu kümmern), (Mind & Life, 2020). Einige Ausbildungsstätten für Lehrkräfte in Kanada bieten inzwischen Achtsamkeits- und Resilienzkurse für neue Lehrkräfte an. Dieser entscheidende nächste Schritt, der nun auch in einigen anderen Ländern allmählich gemacht wird, ist unerlässlich, wenn wir tatsächlich Wohlbefinden in unsere Bildungssysteme einbetten wollen.

- In den USA ist SEL in vielen Teilen des Landes inzwischen ein fest etablierter Bestandteil der Bildung und wird zunehmend von verschiedenen Achtsamkeits-Anwendungen begleitet. In *Healing America: How a Simple Practice Can Help Us Recapture the American Spirit* (2017) nannte der amerikanische Kongressabgeordnete Tim Ryan diese Bewegung eine stille Revolution und fragte: »Warum lehren wir nicht alle unsere Kinder diese einfache, enorm wirksame Technik, um ihnen zu helfen, ihre Lernfähigkeit und ihre Fähigkeit zur Emotionsregulation zu verbessern? … Sie scheint so einfach und kostengünstig zu sein und ihre Wirksamkeit wurde wissenschaftlich bestätigt.«

Ein Beispiel unter zahlreichen internationalen Bemühungen auf diesem Gebiet ist der inspirierende Rahmenplan der Organisation for Economic Co-Operation and Development (OECD). »The future of education and skills 2020« (Die Zukunft von Bildung und Kompetenzen 2030, OECD, 2018) plädiert dafür, dass Staaten mit der Organisation zusammenarbeiten, um ihre Bildungssysteme zu transformieren und Schulen zu schaffen, die »… sich verpflichten, jedem Lernenden zu helfen, sich als ganze Person zu entwickeln, sein oder ihr Potenzial zu entfalten und dazu beizutragen, eine gemeinsame Zukunft zu gestalten, die auf dem Wohlergehen von Individuen, Gemeinschaften und dem Planeten basiert«.

Schulleiterinnen: Gemeinsame Vision und Gleichheit

Wie wirkungsvoll wäre es, wenn Schulen, die achtsam unterrichten, sich zusammenschlössen, um sich gegenseitig zu unterstützen, voneinander zu lernen und in Richtung einer gemeinsamen Vision voranzuschreiten?! Das würde der Achtsamkeit in der Bildung einen weiteren Schub geben.
Das war der erklärte Traum von Barnaby Spring, Director of Mindfulness in Education am New York City Department of Education, der im Jahre 2018 bei mir den Wunsch auslöste, die Coalition of Schools Educating Mindfully (Zusammenschluss der achtsam unterrichtenden Schulen) zu

gründen. Achtsamkeitsübungen und -techniken bieten Kindern *und* Erwachsenen gesunde Bewältigungsstrategien, die uns helfen, unser Nervensystem zu regulieren und unser Gehirn in einen lernbereiten Zustand zu versetzen. Achtsamkeit gibt uns nicht nur die Instrumente an die Hand, um mit dem Stress des modernen Lebens fertigzuwerden, sondern kann, wie Barnaby feststellt, so viel mehr sein, einschließlich eine Verbündete der Demokratie.

Tracy Heilers, Gründerin und geschäftsführende Direktorin, Coalition of Schools Educating Mindfully (COSEM)

Auf der Basis von Meditation und Selbstgewahrsein entstehen Mitgefühl und Empathie, und das befähigt Menschen, sich für Gleichheit und Gerechtigkeit einzusetzen. Wir alle tragen Vorurteile mit uns herum und als Lehrkräfte arbeiten wir mit zu vielen Menschen, um nicht mit unseren Vorurteilen in Kontakt zu kommen. Ob unterschwellig oder explizit: Unsere Vorurteile sind Teil unserer Konditionierung. Stellen Sie sich Konditionierung wie eine Zwiebel vor, von der Sie eine dünne Schicht nach der anderen abschälen können, bis Sie am Ende im innersten Kern ankommen. So ähnlich ist es auch, wenn wir die Schichten unserer Konditionierung eine nach der anderen abschälen. Selbstgewahrsein durch Meditation ermöglicht es uns, diese Konditionierung genauer anzuschauen, was ziemlich unangenehm sein kann. Wenn wir über Gleichheit sprechen, müssen wir das Unbehagen, das von schwierigen Gefühlen ausgelöst wird, wirklich zulassen können. Wir müssen den Mut haben, da zu sein und engagiert zu bleiben. Unsere Arbeit mit Achtsamkeit kann uns, zusammen mit Mitgefühl, helfen, bessere Vorreiter für Gleichheit zu sein, sodass wir uns »reinknien« und echte Gespräche führen können, emotionale Gespräche, authentische Gespräche über rassistische und geschlechtsspezifische Ungleichheit. Auf diese Weise können wir für fairere und gerechtere Bedingungen sorgen.

Tovi Scruggs-Hussein, Educational Leader und National Board President, COSEM

Soziale Gerechtigkeit

Durch diese Arbeit mit sozial-emotionalen Kompetenzen und Achtsamkeitstrainings tragen wir zu einem achtsamkeitsbasierten Systemwandel bei, der jungen Leuten helfen kann, mit einer mehr von Herzen kommenden Wertschätzung der Demokratie und demokratisch geführten Regierungs- und Wirtschaftssystemen aufzuwachsen – mit dem ethischen Bewusstsein, dass eine Gemeinschaft oder ein Land nicht dadurch aufblüht und gedeiht, dass immer mehr konsumiert wird, und dass sinnvolles »Wachstum« innerhalb der Gesellschaft tatsächlich persönliches und soziales Wachstum bedeutet, anstatt rein finanziellen Gewinn. Mit anderen Worten, dass wir selbst wirklich bereit sind, zu lernen, wie wir für diesen Planeten sorgen und ihn gerechter miteinander teilen können.

Wenn Lehrkräfte in Schulen und Organisationen, die mit jungen Menschen arbeiten, diese Qualitäten verkörpern, können sie ein wirkungsvolles Instrument bieten, um Fragen der sozialen Gerechtigkeit und Ungleichheit zu untersuchen. Ibme (Inward Bound Mindfulness Education) ist eine solche Organisation, die junge Menschen begleitet, um die Entwicklung dieses entscheidenden Gewahrseins zu fördern:

Eine Expertin: Junge Menschen und soziale Gerechtigkeit

Wir sehen, dass viele in unseren Gemeinden aktiv benachteiligt werden und täglich mit systemischer Unterdrückung konfrontiert sind. Das hat eine besonders starke Auswirkung auf unsere jungen Leute, aufgrund der zusätzlichen Entmächtigung von Kindern und Jugendlichen in unserer Gesellschaft. Indem wir junge Menschen unterstützen, ihr Gewahrsein, ihr Mitgefühl und ethisches Empfinden zu entwickeln und ihnen eine Stimme geben, investieren wir in unsere gemeinsame Zukunft – eine mit mehr Freiheit, Gerechtigkeit und Wohlbefinden für uns alle.

Ziel der Ibme-Programme ist es, Jugendliche und junge Erwachsene bei der Entwicklung ihres Gewahrseins, ihres Mitgefühls und ethischer Entscheidungsfindung anzuleiten und sie zu ermächtigen, diese essenziellen Skills in ihrem eigenen Leben und ihren Gemeinschaften anzuwenden. Wir wurden gefragt, wieso es angemessen sei, das Engagement für soziale Gerechtigkeit als einen Aspekt des Unterrichtens von Achtsamkeit zu betrachten. Wie unsere Freundin Rhonda Magee, Autorin und Aktivistin für achtsame Soziale Gerechtigkeit (2019), schreibt, lautet die »kurze und schlichte Antwort, dass [soziale] Gerechtigkeit wie auch Mitgefühl einfach eine Form einer ethisch begründeten, achtsamen Antwort auf das Leiden in unserem Leben ist«.

Letztendlich zeigt uns unsere kontemplative Praxis, dass das Leben kostbar ist – jeder einzelne Moment.

In den stillen Momenten unseres eigenen Geistes und in der Veränderung, die wir an unseren Jugendlichen im Retreat wahrnehmen, können wir erfahren, dass in einer Atmosphäre der Sicherheit, Freundlichkeit und bedingungslosen Akzeptanz der Gegenwart das so genährte menschliche Herz Weisheit und eine grenzenlose Fähigkeit zu lieben, offenbart.

Mit freundlicher Genehmigung von Jessica Morey, Gündungsmitglied und leitende Lehrkraft, Inward Bound Mindfulness Education, www.ibme.com

Die Fähigkeit, mit Stress, Ängsten, Depressionen und Traumata zurechtzukommen, ist im 21. Jahrhundert zu einer Schlüsselkompetenz geworden. Aber Zurechtkommen ist nicht genug. Wir müssen die nächste Generation mit der gesamten Bandbreite menschlicher Fähigkeiten ausstatten, die sie in die Lage versetzt, kreativ zusammenzuarbeiten, um hochkomplexe globale Herausforderungen zu bewältigen. Zu verstehen und zu lernen, wie man auf der geistigen, körperlichen und emotionalen Ebene für sich sorgt, gibt einem heranwachsenden Kind eine »Toolbox« fürs Leben in die Hand. Indem Schlüsselqualitäten wie Freundlichkeit und Neugier gefördert werden, helfen wir jungen Menschen, die beziehungsfördernden Qualitäten und die Weisheit zu verkörpern, die unsere Gesellschaft so dringend braucht. Und während sie nach Wegen suchen, unseren Planeten nachhaltig und gerecht miteinander zu bewohnen, müssen sie in der Lage sein, die tiefen systemischen Ursachen des Klimawandels, der Ungleichheit und Ungerechtigkeit zu verstehen. Sie müssen in der Lage sein, mit Herz und Verstand zu begreifen, welche Auswirkungen diese Faktoren auf uns alle haben. Und sie werden fähig sein müssen, gemeinsam zu handeln, um eine gerechtere, fairere und fürsorglichere Welt zu schaffen.

Eine Expertin: Das Paradigma in der Bildung verändern

Bildung wird immer noch sehr einseitig als die Entwicklung akademischer Fähigkeiten verstanden. Aber wir wissen, dass sozio-emotionale Kompetenzen und akademische Entwicklung eng miteinander verknüpft sind. Nur durch die ganzheitliche Entwicklung von Schüler*innen und Lehrkräften können Schulen ihr wahres Potenzial entfalten: indem sie mitfühlende, proaktive, kreative und in jeder Hinsicht gesunde Individuen und Gesellschaften hervorbringen.

Wie in vielen anderen Ländern werden auch in Kroatien die Bedeutung der Fürsorge für Lehrkräfte, ihr Wohlbefinden und ihre psychische Gesundheit noch immer unzureichend erkannt und marginalisiert. Während der Lehrerausbildung werden die angehenden Lehrkräfte nicht ausreichend dabei unterstützt, ihre eigenen sozio-emotionalen Kompetenzen und die Fähigkeit zur Selbstfürsorge zu entwickeln, und jede Fortbildung, die sie nach ihrem Examen erhalten, hat fast ausschließlich die akademischen Leistungen ihrer Schüler*innen im Blick. Folglich wurde die Notwendigkeit, in die persönliche Weiterentwicklung und das Wohlbefinden der Lehrkräfte zu investieren, nicht erkannt.

Im Laufe der vergangenen Jahre haben Forscher*innen in Kroatien Interventionen durchgeführt, die sich auf die persönliche Entwicklung und mentale Gesundheit von Lehrkräften auf der Basis einer Achtsamkeitspraxis und sozio-emotionalem Lernen fokussierten. Diese Initiativen wurden von den Lehrkräften sehr gut angenommen und führten zu einer Verbesserung ihrer psychischen Gesundheit und einer Steigerung des Wohlbefindens. Damit diese Programme aufrechterhalten werden können, müssen Bildungspolitiker*innen die Bedeutung solcher Programme verstehen, aber vor allem muss sich das Paradigma im Bildungswesen ändern.

Lernen und Wohlergehen sind nicht möglich, wenn das Wohlbefinden des Individuums vernachlässigt wird. Deshalb ist es an der Zeit, den Sinn und Zweck von Bildung in unserer heutigen Gesellschaft zu überdenken und sicherzustellen, dass wir Schüler*innen und Lehrkräfte als ganze, komplexe menschliche Wesen sehen – kognitive, aber auch soziale, emotionale und spirituelle Wesen – die zu Großem fähig sind, wenn sie ganzheitlich gefördert werden.

Josipa Mihić, Lehrerin und Wissenschaftlerin

Am Ende dieses Kapitels und Buches wollen wir noch einmal betonen, wie wichtig die Arbeit der Lehrerinnen und Lehrer ist und darauf hinweisen, wie notwendig es ist, dass wir gut für uns sorgen. In den meisten Ländern nimmt Bildung einen hohen Stellenwert ein, aber die Lehrkräfte werden nicht ganz so hoch geschätzt. Und manchmal bringen wir selbst uns als Lehrer*innen nicht genug Wertschätzung entgegen. Aber die Arbeit, die wir tun, hat großen Einfluss und ist sinnvoll. Wir tragen praktisch dazu bei, die Gehirne der nächsten Generation zu formen! Wir können unsere Schüler*innen durch unsere Begeisterung für das Lernen und dadurch, wie wir als Menschen sind, wie wir uns verbinden und auf andere beziehen, stark prägen. Aber wir müssen uns zuerst selbst die Sauerstoffmaske aufsetzen und emotionale und psychische Gesundheit zum Fundament unseres persönlichen Wohlbefindens machen.

»Glückliche Lehrer verändern die Welt!«

Als wir dieses Zitat von Thich Nhat Hanh zum ersten Mal sahen, dachten wir, es sei vielleicht ein bisschen zu simpel. Unterrichten ist ein harter und stressiger Job und wir können unmöglich die ganze Zeit über glücklich sein. Aber jetzt verstehen wir, was er damit sagen will, und wissen es zu schätzen. Die Arbeit der Lehrenden ist so enorm wichtig für die Gesellschaft, dass wir, wenn wir uns wirklich wohlfühlen können, wenn wir, so gut wir können, für uns selbst sorgen, einen bedeutsamen Einfluss auf unsere Schüler*innen haben, der ihnen helfen wird, zu positiven Veränderungen in der Welt beizutragen. Wir reden hier nicht von der perfekten »achtsamen Lehrkraft«, die nie Fehler macht. Es geht nicht um Perfektion, sondern um Verbundenheit.

Wir müssen Zeit und Raum erübrigen, um in diesem höchst fordernden Beruf unsere emotionale und mentale Gesundheit aufrechtzuerhalten. Wir können uns dieser Selbstfürsorge in dem Wissen widmen, dass die Verbindung zu unseren Schüler*innen umso tiefer und der Lernprozess umso intensiver ist, je präsenter und engagierter wir sind. Auf diese Weise leben wir ihnen Fürsorglichkeit vor und können dazu beitragen, dass sie sich zu ausgeglicheneren jungen Menschen entwickeln, die sowohl weise als auch clever sind, die wissen, wie sie für sich selbst und füreinander sorgen können, und die das Zeug und die Motivation haben, für unseren großartigen, aber bedrohten Planeten zu sorgen.

Wenn es je eine Zeit gab, in der wir eine Generation von jungen Menschen brauchten, die bereit und fähig sind, für unseren Planeten zu sorgen, dann ist es mit Sicherheit jetzt.

LISTE DER ABBILDUNGEN

Über den Autor und die Autorin

Kevin Hawkins arbeitet seit über 40 Jahren mit Kindern und Jugendlichen als Lehrer, Schulleiter und Sozialarbeiter in Großbritannien, Europa und Afrika. In London arbeitete er als Berater für drogenabhängige Jugendliche und in einem Wiedereingliederungsprogramm für obdachlose Jugendliche. Er hat in allen Altersgruppen an staatlichen und internationalen Schulen unterrichtet, wobei sein Schwerpunkt auf der ganzheitlichen Entwicklung des Kindes durch die Balance zwischen akademischen, sozialen und emotionalen Aspekten des Lernens liegt. Er war Leiter des Arusha Campus der International School Moshi in Arusha, Tansania, und 10 Jahre lang Rektor an der International School of Prague in Tschechien.

Im Jahr 2008 begann Kevin Hawkins, Schüler*innen, Lehrer*innen sowie Eltern an achtsames Gewahrsein heranzuführen und war 2012 Mitbegründer des MindWell-Education-Netzwerks (www.mindwell-education.com), das Bildungsgemeinschaften und -einrichtungen bei der Entwicklung von achtsamkeitsbasiertem Wohlbefinden durch Gewahrsein und sozial-emotionales Lernen unterstützt. Sein erstes Buch, *Achtsame Lehrer – achtsame Schule: Ein Weg zu mehr Gelassenheit im Schulalltag* wurde 2018 im Arbor Verlag veröffentlicht. Kevin Hawkins ist heute als Vortragsredner sowie als Berater und Ausbilder von Lehrerinnen und Lehrern tätig. Er hat drei erwachsene Kinder und lebt mit seiner Frau und Co-Autorin Amy Burke in Valencia, Spanien.

Amy Burke ist pädagogische Beraterin und war 15 Jahre lang als Gymnasiallehrerin und Vertrauenslehrerin in Kanada und den Niederlanden tätig. Sie erwarb einen Master-Abschluss in kontemplativer Bildung an der Naropa University und war 2012 Mitbegründerin von MindWell Education. Burke ist Moderatorin beim CARE-Programm (Cultivating Awareness and Resilience in Education), bildet Lehrerinnen und Lehrer für das Mindfulness in Schools Project aus und ist Mentorin bei Inward Bound Mindfulness Education (iBme UK). Amy Burke ist international tätig und bietet Workshops und Retreats für Pädagog*innen, Schüler*innen und Eltern an, wobei der Schwerpunkt auf Selbstfürsorge und Stressbewältigung liegt.

Krysten Fort-Catanese hat an diesem Buch mitgewirkt und Kapitel 1 verfasst. Sie arbeitet seit über 20 Jahren in progressiven und innovativen Schulen als Pädagogin und Schulleiterin. Im Jahr 2012 wurde sie Gründungsdirektorin im Bereich soziales und emotionales Lernen und Achtsamkeit an der Phuket International Academy, dem heutigen United World College in Thailand. Sie ist Ausbilderin beim Mindfulness in Schools Project und trat 2013 dem MindWell-Education-Team bei. Derzeit leitet Krysten Fort-Catanese die Friends Elementary School in Boulder, Colorado, USA.

DANKSAGUNG

Ein herzliches Dankeschön allen Lehrkräften, die bereits Schritte unternommen haben, um sich selbst, ihren Kolleg*innen und Schüler*innen mit mehr Achtsamkeit begegnen zu können und dadurch zu mehr Wohlbefinden in ihren Schulgemeinschaften beizutragen: Ohne eure Bemühungen würde dieses Buch nicht existieren. Wir hoffen, dass unser Buch diese Bemühungen auf irgendeine Weise widerspiegelt und unterstützt, und vielleicht andere, die sich von dieser Arbeit angesprochen fühlen, dazu ermutigt, erste eigene Schritte auf dieser globalen Reise hin zu mehr Gewahrsein, Wohlbefinden und Frieden auf diesem Planeten zu machen.

Für das hilfreiche Feedback zu unseren ersten Druckfahnen gilt unser aufrichtiger Dank:

Michael Anderson, Susan Burbidge, Paul Fisher, Lucy Hawkins und Rachel Read.

Für ihre großzügigen Beiträge und die freundliche Genehmigung, ihre Worte, Erfahrungen, Ideen und Bilder zu verwenden, danken wir herzlichst.

Judson Brewer, Christa Turksma, Leandro Johner, Terry Taylor, Maike Wagner, Adam Avin, Jake Holgate, Kat Holgate, Kara Smith, Charlotte Record, Michael Anderson, Arian Bethune, Linda Lantieri, Vicki Zakrzewski, Chris Willard, Otto Scharmer, Arawana Hayashi, David

Treleaven, Ellie Kimber, Kareem Ghandour, Doug Worthen, Simoon Franzen, Bree Greene, Sarah Silverton, Claire Kelly, Clare Winter, Terry Taylor, CASEL, Jessica Morey, Pauline McKenna, Chrystal Kelly, Andy Ashton, Karim Vergnes, Simone Morelos, Zaragoza Wotherspoon, Isabela Canavati, Yixin Zou, Amberly Adema, Helen Maffini, Bart Dankaerts, Josipa Mihić, Tovi Scruggs-Hussein, Tracey Heilers und Arnie Bieber.

Besonderer Dank gebührt auch Julia Coto für die freundliche Erlaubnis, die wertvolle Arbeit von Juan Coto zu nutzen.

Ein von Herzen kommendes Dankeschön auch an unseren lieben Freund Kevin Fong, dessen Weitblick und Weisheit unsere Arbeit weiterhin beeinflussen.

Tiefer Dank gebührt ebenfalls Mark Greenberg, nicht nur für sein Vorwort, sondern auch für die wundervolle Arbeit, die ihr, du und Christa, für Lehrende leistet sowie für eure Unterstützung und Freundschaft (und für die Nutzung des Mouse House!).

Ganz besonders dankbar sind wir auch unserer lieben Freundin und MindWell-Kollegin Krysten Fort-Catanese, die Kapitel 1 geschrieben hat. Wir haben deine Beiträge, deine Unterstützung und transatlantische Ermutigung sehr geschätzt! Und natürlich bedanken wir uns auch herzlich bei unseren anderen MindWell-Kolleginnen, Kara Smith und Linda Paumgarten, für ihre langjährige Verbundenheit und Kameradschaft und für ihre konkreten Beiträge zu diesem Buch. Was für ein Team!

Von Kevin:

Ganz besonders möchte ich meinen wunderbaren Kindern Lucy, Bill und Rosa, meinen tollen Schwestern Anne und Julie und ihren liebenswerten Familien, meiner Mama und meinem Papa und vor allem Amy, meiner großartigen Frau, Co-Autorin und Reisegefährtin auf dieser unglaublichen Reise (wohin geht es als Nächstes? …) für ihre unaufhörliche Ermutigung, Liebe und Unterstützung danken.

Von Amy

Mein tiefer Dank gilt meiner Familie dafür, dass ihr mich immer liebt (und nicht nur, weil ihr müsst).

Meiner Mama: Mit dir zu wachsen ist super cool.

John: dafür, dass du immer für mich da bist. Immer noch.

Meinen Ladys: für eure spirituelle Großzügigkeit und wahre Freundschaft.

Morry: dafür, dass du mich siehst.

Und der Liebe meines Lebens, Kevin: für deine wahrhaft bedingungslose Liebe und Unterstützung. Danke, dass du mir erlaubt hast, meinen Wagen an deinem Stern festzumachen. Mit dir reise ich überallhin.

RESSOURCEN UND WEITERFÜHRENDE LITERATUR

Sie finden hier Ressourcen zu den einzelnen Kapiteln. Teils sind es englischsprachige Bücher, Kurse oder Videos, die, sofern vorhanden, um deutschsprachige ergänzt wurden.

Einleitung

Kurse und Trainings, um eine eigene Achtsamkeitspraxis zu erlernen:
Arbor Seminare bietet Seminare und Weiterbildungen online und in Präsenz: www.arbor-seminare.de

Achtsamkeitslehrende finden Sie hier:
www.arbor-seminare.de/achtsamkeitslehrer

Kurse zu Stressbewältigung durch Achtsamkeit, MBSR, finden Sie auf:
www.mbsr-verband.de

Englischsprachige Ressourcen:
CARE: Gewahrsein und Resilienz im Bildungswesen kultivieren: www.createforeducation.org
Anfänger-Kurs »101: Mindfulness Foundations«: www.mindfulschools.org/

Bücher

Hawkins, K., *Achtsame Lehrer – achtsame Schule, Ein Weg zu mehr Gelassenheit im Schulalltag*, Arbor Verlag, Freiburg, 2018

Jennings, P., *Teacher Burnout Turnaround: Strategies for Empowered Educators*, New York, W.W. Norton & Company, 2020

Williams, M. und Penman, D., *Das Achtsamkeitstraining: 20 Minuten täglich, die Ihr Leben verändern,* München, Goldmann, 2015

Video

Amy Burke, TEDx Vortrag, Mindfulness in Education: Learning from the Inside Out, www.youtube.com/watch?v=2i2B44sLVCM&t=5s

Kapitel 1

Achtsamkeitsprogramme

Dots Curriculum (Mindfulness in Schools Project) – für 3–6-Jährige: https://mindfulnessinschools.org/teach-dots-3–6/

Kindness Curriculum – Center for Healthy Minds der University of Wisconsin-Madison, 12-Wochen-Programm für den Kindergarten, https://centerhealthyminds.org/join-the-movement/sign-up-to-receive-the-kindness-curriculum (Das Programm ist als Buch im Arbor Verlag erhältlich: *Achtsame Herzlichkeit im Kindergarten*)

MindBe Vorschul-Curriculum für 2–6-Jährige, https://mindbe-education.com

The Present Mindfulness Approach. Curriculum für Kinder von 3 bis 13: https://www.thepresentcourses.org/mindfulness-in-primary-schools/

Bücher

Kaiser-Greenland, S., Wache Kinder: *Wie wir unseren Kindern helfen, mit Stress umzugehen und Glück, Freude und Mitgefühl zu erleben*, Arbor Verlag, Freiburg, 2011

Portele, C. und Jansen, P., *Achtsame Herzlichkeit im Kindergarten. Kindern helfen, emotionale Intelligenz und Resilienz zu entwickeln. Ein Curriculum mit Stundenplänen und Übungsanleitungen*, Arbor Verlag, Freiburg 2021.

Thich Nhat Hanh und die Gemeinschaft von Plum Village, *Achtsamkeit mit Kindern.* Nymphenburger Verlag, München, 2012

Bücher zum Vorlesen

Auswahl englischsprachiger Titel

MacLean, K., *Moody Cow Meditates*, Wisdom Publications, Boston, MA, 2009

O'Leary, W. und Willard, C. *Breathing Makes it Better: A Book for Sad Days, Mad Days, Glad Days and All the Feelings in Between*, Shambala Publications, Berkeley, CA, 2019

Rechtschaffen, D. und Willard, C., *Alphabreaths: The ABCs of Mindful Breathing*, Sounds True, Boulder, CO, 2019

Verde, S., Illustriert von Peter Reynolds, *I Am Peace: A Book of Mindfulness*, Abrams Books for Young Readers, New York, 2017

Lieder

Achtsamkeitslieder für Kinder – www.mindfulteachers.org/2016/05/songs-for-children.html

Kapitel 2

Achtsamkeitsprogramme

Holistic Life Foundation – verschiedene Programme, https://hlfinc.org/

Mindful Schools – für die Altersgruppe der 5 – 10-Jährigen, www.mindfulschools.org/

MindUP – für 3 – 13-Jährige, https://mindup.org/

PATHS Programm – für 3 – 10-Jährige, evidenzbasiertes SEL-Programm, (zertifiziert von CASEL) https://pathsprogram.com/

Mindfulness in Schools Project) – Paw b für 7 – 11-Jährige, https://mindfulnessinschools.org/teach-paws-b/

Still Quiet Place – für 5 – 18-Jährige, https://stillquietplace.com/sqp-10-week-online-training/

Bücher

Bethune, A. *Wellbeing in the Primary Classroom: A Practical Guide to Teaching Happiness*, Bloomsbury Publishing London, 2019

Thich Nhat Hanh und Weare, K., *Happy Teachers Change the World: A Guide for Cultivating Mindfulness in Education*, Parallax, Berkeley, 2017

Rechtschaffen, D. *Die achtsame Schule. Achtsamkeit als Weg zu mehr Wohlbefinden für Lehrer und Schüler,* Arbor Verlag, Freiburg 2016

Bücher zum Vorlesen

DiOrio, R., illustriert von Eliza Wheeler, *What Does It Mean to Be Present*? Little Pickle Press, San Francisco, 2010

Edwards, N., illustriert von Katie Hickey, *Happy: A Children's Book of Mindfulness*, Little Tiger Press, London, 2019

Muth, J. *Die drei Fragen*, Bombus Media, 2003

Willard, C. und Weisser, O. *Ich atme ein, ich atme aus,* Riva Verlag, München, 2021.

App

Inner Explorer: Kurze, unkomplizierte, geführte Übungen für 5–10-Jährige (zertifiziert durch CASEL), https://innerexplorer.org/

Webseiten

Go Noodle – Bewegungs-Aktivitäten und Achtsamkeitsübungen, www.gonoodle.com/

Kapitel 3

Achtsamkeitsprogramme

»dot b«/».b« – »Mindfulness in Schools Project« für die Altersgruppe der 11 – 18-Jährigen, https://mindfulnessinschools.org/teach-dot-b/

Mindful Schools – für 11 – 18-Jährige, www.mindfulschools.org/

Wake Up Schools – https://wakeupschools.org/

Bücher

Siegel, D., *Aufruhr im Kopf: Was während der Pubertät im Gehirn unserer Kinder passiert,* mvg Verlag, München, 2015

Srinivasan, M., *Teach, Breathe, Learn: Mindfulness In and Out of the Classroom*, Parallax Press, Berkeley, 2014

Apps

Inner Explorer: Kurze, unkomplizierte, geführte Übungen (zertifiziert durch CASEL), https://innerexplorer.org/

Bewegung

Für Ideen für einfache Bewegungsübungen, die gut zum Achtsamkeitstraining für Schüler*innen passen, empfehlen wir Qi Gong von Lee Holden, www.holdenqigong.com

Kapitel 4

Achtsamkeitsprogramme

»dot b«/».b« – »Mindfulness in Schools Project« für die Altersgruppe der 11 – 18-Jährigen, https://mindfulnessinschools.org/teach-dot-b/

iBme (Inward Bound Mindfulness Education) Achtsamkeitstraining für Lehrkräfte, https://ibme.com/mindfulness-teacher-training/

MBSR für Teenager von Gina Biegel, www.stressedteens.com

Bücher

Broderick, T., *Learning to Breathe: A Mindfulness Curriculum for Adolescents to Cultivate Emotion Regulation, Attention and Performance,* New Harbinger Publications, Oakland, 2021

Rogers, H. und Maytan, M., *Mindfulness for the Next Generation,* Oxford, Oxford University Press, 2019

Vo, Dzung X, *The Mindful Teen: Powerful Skills to Help You Handle Stress One Moment at a Time*, Instant Help Books, Oakland, 2015

Willard, C., *Aufwachsen in Achtsamkeit,* Arbor Verlag, Freiburg, 2016

Retreats für junge Leute

iBme – Inward Bound Mindfulness Education, https://ibme.com/ in den USA und www.ibme.org.uk in Großbritannien

Apps

Calm – https://app.www.calm.com/meditate

Headspace – www.headspace.com/

Inner Explorer – https://innerexplorer.org/

Smiling Mind – www.smilingmind.com.au/smiling-mind-app

Video

Zum Umgang mit digitalen Medien: www.thelikemovie.com

Jill Bolte-Taylor, TEDx Talk, The Neuroanatomical Transformation of the Teenage Brain, www.youtube.com/watch?v=PzT_SBI31-s

Kapitel 6

Achtsamkeitsprogramme

Online-Coaching für Sportler*innen und Trainer*innen – von Todd Corbin, https://www.toddcorbin.com/pages/coaching

Stiller Raum für Sportler*innen und Trainer*innen – von Dr. Amy Saltzman, https://stillquietplace.com/still-quiet-place/iet-place-athletes

The Mindful Athlete Course – von George Mumford, https://georgemumford.com/the-mindful-athlete-course/

Bücher

Biegel, G. und Corbin, T., *Mindfulness for Student Athletes: A Workbook to Help Teens Reduce Stress and Enhance Performance;* New Harbinger Publications, Oakland, 2018

Education 4 Peace, Football – A Path to Self-Awareness: Becoming Master of Your Emotions (Sport-Attitude), 2013, www.education4peace.org/

Jackson, P., *Sacred Hoops: Spiritual Lessons of a Hardwood Warrior*, Hyperion, New York, 2006

Mumford, G., *The Mindful Athlete: Secrets to Pure Performance*, Parallax Press, Berkeley, 2015

Saltzman, A., *A Still Quiet Place for Athletes: Mindfulness Skills for Achieving Peak Performance and Finding Flow in Sports and Life*, New Harbinger Publications, Oakland, 2018

Apps

Calm – Train Your Mind with LeBron James, https://app.www.calm.com/meditate

Headspace – Meditation for Sports, www.headspace.com/meditation/sport

Smiling Mind – Sports Program, www.smilingmind.com.au/smiling-mind-app

Videos

George Mumford, The Sports World's Mindfulness Whisperer, www.youtube.com/watch?v=WVplE1WoA1E

Headspace, How Mindfulness helped a young Basketball Player,

www.youtube.Com/watch?v=09Fd-H6akUk

Kapitel 7

Achtsamkeitsprogramme

Sea Change Mentoring – Beziehungs-orientiertes Lernen und Wohlbefinden, https://seachangementoring.com/

SEE Learning – Soziale, emotionale und ethische Bildung für die Vorschule, Grundschule, Mittelschule und höhere Schule, https://seelearning.emory.edu/

SEL Everyday Online Courses – für Lehrkräfte und Schulleitungen von Meena Srinivasan, www.meenasrinivasan.com/

Whole School. Mindfulness-centered SEL-Programs von Gina Biegel, https://www.stressedteens.com/whole-school-program

Bücher

Hawkins, K. *Achtsame Lehrer – achtsame Schule: Ein Weg zu mehr Gelassenheit und Freude im Schulalltag*, Arbor Verlag, Freiburg, 2018

Ribas, W.B., Brady, D.A., und Hardin, J., *Social-Emotional Learning in the Classroom: Practical Guide for Integrating All SEL Skills into Instruction and Classroom Management*, Ribas Publications, Norwood, MA, 2017

Srinivasan, M. *SEL Every Day: Integrating Social and Emotional Learning with Instruction in Secondary Classrooms*, W.W. Norton & Company, New York, 2019

Webseiten

CASEL – Collaborative for Academic, Social, and Emotional Learning, https://casel.org

Kapitel 8

Achtsamkeitsprogramme

Mindful Schools – ein Programm zur Implementierung in der gesamten Schule, www.mindfulschools.org/

Bücher

Brown, V. und Olson, K. *The Mindful School Leader: Practices to Transform your Leadership and School;* Corwin, Thousand Oaks, CA, 2015

Heilers, T., Iverson, T., und Larrivee, B., Hrsg. *Educating Mindfully: Stories of School Transformation through Mindfulness*, Coalition of Schools Educating Mindfully; St. Charles, Il, 2020

Marturano, J., *Mindful Leadership. Ein Weg zu achtsamer Führungskompetenz*, Arbor Verlag, Freiburg, 2015

Schonert-Reichl, K. und Roeser, R., *Handbook of Mindfulness in Education: Integrating Theory and Research into Practice*; New York, Springer, 2014

Weare, K. Und Bethune, A., *»Implementing Mindfulness in Schools: An Evidence-Based Guide«*. The Mindfulness Initiative, 2021 www.themindfulnessinitiative.org/implementing-mindfulness-in-schools-an-evidence-based-guide

Schlusswort

Trainingsprogramme

Theorie U – Kostenlose Kurse beim MIT Presencing Institute. www.presencing.org/

Transformative Educational Leadership, www.teleadership.org/

Bücher

Bristow, J., Bell, R. und Nixon, D., *Mindfulness: Developing agency in urgent times,* The Mindfulness Initiative, 2020. www.themindfulnessinitiative.org/agency-in-urgent-times/

Goleman, D und Senge, P., *The Triple Focus: A New Approach to Education.* 2014

Magee, R. *The Inner Work of Racial Justice: Healing Ourselves and Transforming Our Communities Through Mindfulness,* TarcherPerigee, New York, 2019

Rowland, D., *Still Moving: How to Lead Mindful Change.* Wiley, London, 2017. Auch erhältlich bei www.deborahrowland.com/still-moving

Scharmer, C. O., *Theorie U: Von der Zukunft her führen,* Carl Auer Verlag, Heidelberg, 2020

Senge, P., Cambron-McCabe, N., Lucas, T., Smith, B., Dutton, J. und Kleiner, A., *Schools That Learn: A Fifth Discipline Fieldbook for Educators, Parents and Everyone Who Cares About Education*, Nicholas Brealey, London, 2000.

Kevin Hawkins und Amy Burke sind Mitbegründer von MindWell Education, das die Integration eines Trainings für achtsames Gewahrsein und sozial-emotionales Lernen in Schulgemeinschaften unterstützt, um das Wohlbefinden aller zu fördern.

www.mindwell-education.com

Auf der MindWell Education-Website finden Sie eine Seite, die speziell diesem Buch gewidmet ist und englischsprachige Ressourcen zur weiteren Unterstützung bereithält.

www.mindwell-education.com/mtt-resources

Deutschsprachige Ressourcen

Im **Arbor Online Center** finden Sie zahlreiche Texte, Videos und Interviews zu Achtsamkeit mit Kindern und Jugendlichen, Amiki. Darunter auch Interviews mit Kevin Hawkins und Amy Burke:

https://www.arbor-online-center.de/themen/amiki-achtsamkeit-mit-kindern-fuer-lehrkraefte-und-alle-die-mit-kindern-arbeiten

https://www.arbor-online-center.de/online-kongresse/glueckliche-lehrer-veraendern-die-welt-amy-burke-und-kevin-hawkins-im-gespraech-mit-christiane-portele

https://www.arbor-online-center.de/videos/den-fokus-veraendern-geist-und-herz-ins-gleichgewicht-bringen-beim-lehren-und-lernen-vortrag-von-kevin-hawkins-und-amy-burke

https://www.arbor-online-center.de/videos/achtsame-lehrer-achtsame-schule-interview-mit-kevin-hawkins-amy-burke

https://www.arbor-online-center.de/amiki-kongress-2022

Bücher zu Achtsamkeit mit Kindern und Jugendlichen finden Sie im Arbor Verlag:

https://www.arbor-verlag.de/bücher/achtsamkeit-der-arbeit-mit-kindern-und-jugendlichen/themen

Arbor Seminare bietet eine Ausbildung zu Achtsamkeit mit Kindern und Jugendlichen an:

http://arbor-seminare.de/amiki

Ein Portal für Achtsamkeit in der Pädagogik:

Institut für Achtsamkeit, Verbundenheit, Engagement: https://ave-institut.de

Weitere Literatur aus dem Arbor Verlag

ISBN 978-3-86781-200-9

KEVIN HAWKINS

Achtsame Lehrer – achtsame Schule

Ein Weg zu mehr Gelassenheit und Freude im Schulalltag

Achtsamkeit in Schulen hat das Potenzial, uns zu einem wahrhaft an der menschlichen Entwicklung orientierten Bildungssystem zu führen. Dieses Buch ist gefüllt mit Übungen für Sie zum Ausprobieren, mit Aktivitäten für den Unterricht und mit Hinweisen auf Quellen und weiterführende Literatur.

Es wird Ihr Herz ansprechen und Ihre Leidenschaft für das Unterrichten neu entfachen.

ISBN 978-3-86781-375-4

CHRISTIANE PORTELE &
PETRA JANSEN (HG.)

Achtsame Herzlichkeit im Kindergarten

Kindern helfen, emotionale Intelligenz und Resilienz zu entwickeln – Ein Curriculum mit Stundenplänen und Übungsanleitungen

In unserer sich schnell verändernden, technisch dominierten Zeit sehnen sich Kinder danach, achtsame Hilfestellung zu erhalten, um mit ihrem ganzen Menschsein in Stabilität und Beziehungskompetenz zu wachsen – jenseits eines bloß technischen Leistungsdenkens.

Dieses Curriculum für den Kindergarten zeigt Ihnen, wie Sie Kinder auf diesem Weg stärken und begleiten.

ISBN 978-3-86781-138-5

DANIEL RECHTSCHAFFEN

Die achtsame Schule

Achtsamkeit als Weg zu mehr Wohlbefinden für Lehrer und Schüler

Die achtsame Schule lädt Lehrerinnen und Lehrer und alle, die mit jungen Menschen arbeiten, dazu ein, Verfechter einer achtsamen, mitfühlenden, ethischen und effektiven Art des Unterrichtens zu werden.

ISBN 978-3-86781-206-1

AMY SALTZMAN

Ein friedlicher, ruhiger Ort

Ein Achtsamkeitskurs für Kinder und Jugendliche zum Umgang mit Stress und schwierigen Gefühlen

Ein friedlicher, ruhiger Ort lädt Kinder und Jugendliche dazu ein, Wege zu finden, um gut durch stressige Phasen und Zeiten der Angst in der Schule zu kommen. Der von Amy Saltzman entwickelte 8-Wochen-Achtsamkeitskurs enthält Übungen, die die Aufmerksamkeit, Resilienz und das Mitgefühl stärken. Kinder und Jugendliche lernen, einen friedlichen, ruhigen Ort im eigenen Inneren zu finden und gelassener in Konfliktsituationen zu reagieren.

Eine wertvolle Unterstützung für alle, die in therapeutischen Berufen, als Lehrende oder als Eltern Kinder und Jugendliche begleiten.

ISBN 978-3-86781-186-6

PATRICIA JENNINGS

Achtsamkeit im Klassenzimmer

Mit einfachen Strategien eine gute Lernatmosphäre schaffen

Patricia Jennings destilliert ihre langjährige Erfahrung als Lehrerin, Schulinspektorin, Dozentin und Wissenschaftlerin zu einem praktischen Leitfaden für den Unterricht. Achtsamkeit wird so nicht zu einer weiteren Aufgabe im ohnehin schon von Ansprüchen überfrachteten Unterricht. Stattdessen helfen die Achtsamkeitstechniken als Herzstück einer ganzheitlichen Didaktik, die aktuellen Anforderungen an die Schule zu meistern.

Arbor Verlagsprogramm

Umfangreiche Informationen zu unseren Themen, ausführliche Leseproben aller unserer Bücher, einen versandkostenfreien Bestellservice und unseren kostenlosen Newsletter. All das und mehr finden Sie auf unserer Website.

www.arbor-verlag.de

Mehr von Kevin Hawkins

www.arbor-verlag.de/kevin-hawkins

Arbor Seminare

Die gemeinnützige *Arbor-Seminare gGmbH* organisiert regelmäßig Seminare und Weiterbildungen mit führenden Vertreter*innen achtsamkeitsbasierter Verfahren. Zudem informiert sie über aktuelle Entwicklungen in diesem Bereich und trägt Achtsamkeit auf diese Weise nachhaltig in die Gesellschaft. Nähere Informationen finden Sie unter:

www.arbor-seminare.de

Arbor Online-Center

Mit dieser Plattform hat Arbor einen virtuellen Ort der Inspiration und des Lernens rund um das Thema Achtsamkeit geschaffen. Lernen Sie die Autor*innen unserer Bücher und die Referent*innen unserer Veranstaltungen kennen: in Interviews, Vorträgen, Meditationsübungen, Webinaren, Podcasts sowie Online-Kursen und zahlreichen weiteren Ressourcen.

www.arbor-online-center.de